하나님은 정말 어디 계시는가?

하나님의 존재와 주소지를 찾는 11문 11답

하나님은 정말 어디 계시는가

안환균

규장

추천사

하나님은 정말 어디 계실까요? 그분의 현주소는? 이 질문은 무신론자와 정직한 구도자, 그리고 시험에 든 유신론자가 함께 묻는 질문입니다. 설교는 많이 들리는 시대이지만 정직한 구도(求道)의 물음에 대한 진솔한 대답이 없는 때에 안환균 목사님이 다시 소중한 시도를 하셨습니다. 우리가 궁금해하는 거의 모든 구도의 물음을 피해 가지 않고 정면으로 대답을 시도하는 이 책은 또 하나의 변증론의 보고(寶庫)입니다. 전도자들에게는 실용적인 변증의 무장을 돕고, 구도자들에게는 천국의 문을 두드리게 하는 소중한 열쇠를 제공받게 할 것입니다. 이 책을 손에서 내려놓을 때 독자들은 하나님의 현주소를 짐작하게 될 것입니다. 부디 그분과 만남의 축복을 누리게 되시기를 기도합니다.

이동원 목사 지구촌교회 원로, 국제 코스타 이사장

사람들 사이에 무섭도록 무신론이 확산되어가고 있습니다. 이것은 하나님의 심판이 가까웠다는 의미이기에 두려운 일입니다. 심각한 것은 전통적으로 신앙을 가진 사람들조차 흔들리고 있다는 것입니다. 특히 교회 안의 젊

은 세대들의 문제는 심각할 정도입니다. 이런 무신론의 확산을 시대 흐름이라고 무기력하게 지켜보고만 있어서는 안 될 것입니다. 현대 지성인들에게 하나님의 존재에 대하여 설득력 있게 설명할 수 있기 때문입니다. 이 책은 그중에서도 매우 탁월한 책입니다. 라비 재커라이어스나 팀 켈러처럼 진지한 구도자들에게 하나님의 존재에 대한 눈을 놀랍게 열어주고 있습니다. 이 책은 교회 밖의 비신자들만이 아니라, 교회 안에 있는 많은 수의 명목상 기독교인들, 인격적으로 예수님을 만나지 못한 청소년, 청년 세대들에게 신앙의 눈을 뜨게 해주고 기독교 복음의 뿌리를 든든하게 다져줄 것입니다.

유기성 목사 선한목자교회 담임

예전과 달리 교회나 전도에 대해 거부감이 많은 시대입니다. 이런 시대이기에 일방적인 주입식 전도는 잘 통하지 않습니다. 본능적으로 마음에 품고 있는 하나님의 존재에 대한 근본적인 의문을 접촉점으로 삼아 복음을 전하려는 시도가 필요합니다. 이런 점에서 저자 안환균 목사님의 애쓰심이 귀하고 감사합니다. 저자는 이 책을 통해 '하나님은 정말 어디 계시는가?'라는 질문을 던지는 이들에게 설득력 있는 답을 제시합니다. 이 책은 지혜롭게 복음을 전하고자 하는 분들은 물론이고, 하나님이 진짜 창조주신인지를 알아보고자 하는 모든 분들에게 유익한 책이라 믿습니다. 진리에 대한 순수한 의문이 많은 교회 안의 청소년, 청년 세대와 초신자들에게도 일독을 권합니다.

이찬수 목사 분당우리교회 담임

하나님을 믿건 믿지 않건 그분의 이름을 입에 담기 전에 이 책을 읽는다면 얼마나 좋을까요? 혹시 신앙의 어두운 터널 가운데를 걷고 있다면 빛을 볼 것이요, 어쩌다가 하나님을 떠났다면 여전히 그분 안에 머무르고 있음을 알고 놀랄 것입니다. 하나님이 '정말 계신가?', '어디 계신가?'를 질문하거나 질문 자체를 조소하는 모든 분들의 눈에서 비늘이 벗겨지는 환상을 봅니다.

조정민 목사 베이직교회 담임

나이를 먹어갈수록 성경이야말로 참된 진리요 기독교야말로 구원에 이르는 하나밖에 없는 길임을 더 절실히 느끼게 됩니다. 이 책은 종교 다원주의와 상대주의 시대를 사는 오늘 우리에게 기독교의 절대 진리 됨을 아주 설득력 있게 전해줍니다. 오랫동안 이런 주제를 놓고 구도자들의 입장에서 진지하게 고민하며 다뤄왔던 저자는 세계 4대 종교인 힌두교, 불교, 이슬람교와 비교하여 기독교의 진리를 잘 보여주며, 또한 믿지 않는 이들의 여러 질문들에 대해서도 아주 명쾌하게 잘 설명해주고 있습니다. 우리 주변에 있는 믿지 않는 이들을 위해 전도용으로 유익하며, 이제 갓 신앙생활을 시작한 초신자들과 복음의 진리에 대해 견고하지 못한 많은 이들도 큰 유익을 얻게 될 것이라 여겨 기쁘게 추천합니다. 하나님께서 조국 교회의 근간을 튼튼하게 하고 성경을 더욱 사랑하게 해주는 좋은 도구로 이 책을 사용해주시길 기대해봅니다.

화종부 목사 남서울교회 담임

종교 다원주의의 명암이 드리워진 시대입니다. 타종교에 대하여 서로 간에 열린 논의가 가능하게 된 밝은 면과 "어느 것도 진리라 주장할 수 없다"라는 주장에 모든 이의 굴복을 요구하는 어두운 면이 공존합니다. 성경의 하나님께서는 당신 자신에 대하여 열린 토론을 허용하실 뿐 아니라 "오라 우리가 서로 변론하자"(사 1:18)라고 초청하시는 변증가이십니다. 하나님에 대한 변증을 시대적 언어로 쉽게 풀이한 저자의 변증전도적 시도는 이 시대의 교회 사역에서 가장 시급하게 요구되는 노력입니다. 하나님께서 이 책을 기뻐하시며 축복하시고 사용하시리라 믿습니다.

이재훈 목사 온누리교회 담임

절대적 진리를 부정하고, 하나님을 해체하기 위한 시도가 끊이지 않는 포스트모던 시대에 진리에 대한 명료한 답을 제시하는 변증서를 만난다는 것은 또 하나의 큰 기쁨입니다. 세계적인 석학들로 대표되는 신무신론자들의 등장과, 과학자가 제사장이 되어가는 과학주의 시대, 환상과 형이상학적 자연주의에 기대어 사람들을 현혹하는 여타의 종교들이 난무하는 오늘날, 이 책은 기독교만이 진정한 진리로 인도하는 것임을 논증적으로 알려주는 친절한 안내서로서 충분하기에 기쁜 마음으로 이 책을 추천합니다.

이인호 목사 더사랑의교회 담임

인간은 끊임없이 왜 사는가, 어떻게 사는가를 질문합니다. 만약 인간이 우연히 존재하게 되었다면, 이런 근본적인 물음에 절대적인 답을 찾을 수 없습니다. 각자가 옳다고 느끼는 것이 옳은 것이 되어버립니다. 그러나 만약 인간을 창조하신 하나님이 진정으로 존재한다면, 이 하나님을 배제하고 인생의 의미와 방법을 찾는 것은 어리석은 일입니다. 그렇기에 하나님의 존재는 우리 인생에 우리가 던져야 할 가장 중요한 질문입니다. 이 책은 이 질문에 현학적이거나 이론적이 아니라, 진지하고 실제적으로 접근하고 있습니다. 근본적인 질문에 답을 미루고 있는 분들과, 사랑하는 사람들에게 하나님의 존재를 설득하고 싶은 분들에게 매우 유용한 길라잡이가 될 이 책을 추천합니다.

김형국 목사 나들목교회, 하나복DNA네트워크 대표

오래 전부터 탁월한 변증가이면서 전도자로 활동해온 안환균 목사님의 새로운 책이 나온다는 소식에 기쁜 마음입니다. '답은 갖고 있지만 질문을 이해하지 못하는 기독교'라는 자조어린 말이 나오는 이 시점에 이 책은 '이 시대의 질문과 거기에 대한 답을 동시에 품은' 중요한 자료가 될 것입니다. 대학에서 늘 젊은이들과 만나 복음을 소통하는 저로서도 귀한 변증의 지혜를 얻게 되어 참 좋습니다.

하덕규 교수 백석예술대, 시인과 촌장

기독교 신앙에 대한 가장 근원적인 공격은 신의 존재에 대한 의심으로부터 시작합니다. 과거의 무신론은 기독교에 대한 편견과 설익은 인본주의적 낙관에 근거하였습니다. 최근의 무신론은 자연주의 유물론과 포스트모던 상대주의, 그리고 인간과 세계를 데이터와 알고리즘으로 환원시키는 과학혁명이라는 신무기를 장착하여 우리 앞에 나타나고 있습니다. 이처럼 한층 강화된 무신론의 시대에 이 책은 정교하고 치밀한 유신론적 변증으로 대응합니다. 단순히 신이 존재한다는 확언만이 아니라, 성경에 독특하게 계시된 하나님을 현대 이데올로기 및 타종교들과의 비교 속에서 지루할 틈 없는 가독성과 설득력으로 독자를 끌어들입니다. 이 책은 21세기 마르스 언덕(사도행전 17장의 아레오바고) 위의 사람들에게 '알지 못하는 신'을 변증하고 있습니다.

김선일 교수 웨스트민스터신학대학원대학교 전도학

하나님을 증거하기 위해, 믿는 사람들은 어떤 지식과 방법을 갖고 있어야 할까? 믿지 않는 사람들은 어떤 질문들을 가지고 있으며 어떤 대답을 들어야 할까? 많은 분들의 소중한 고민들에 대해 정말 쉽게, 그러나 정말 깊게 옆에서 질문하고 답해주듯이 쓴 책입니다. 하나님이 계시는지 궁금한 모든 분들, 하나님이 어디 계시는지 찾고 계시는 분들께 이 책을 꼭 권해 드립니다.

문애란 대표 G&M글로벌문화재단 대표

contents

모든 종교가 다
창조주 신을 만나게 해주는가?

"세상에 이리도 종교가 많은데, 어찌 기독교만 유일한 구원의 절대 진리라고 우기나? 이런 독단적인 태도가 어디 있어?"

요즘 비기독교인에게서 흔하게 들을 수 있는 말입니다. 나도 예수님을 통해 하나님을 인격적으로 만나지 못한 구도자 시절에 비슷한 의문을 품은 적이 있습니다. '성경에 나오는 하나님이 천지만물을 만든 바로 그 신이라는 것을 어떻게 알 수 있나? 세상에는 여러 신을 섬기는 종교도 많고 신들의 이야기를 담은 신화도 많은데.'

이 책은 바로 이 하나의 물음에 대한 하나의 답이며, 지금도 이런 의문을 가진 분들에게 제 나름으로 찾은 답을 함께 나누고자 한 것입니다. 개인적으로 나는 오늘날과 같은 다원주의 시대에는 복음을 전하거나 전달받고자 할 때 이 문제를 분명하게 해두는 일보다 시급한 것이 없다고 생각합니다. 적어도 이 하나의 문제로 교회 안팎에서 혼자서든 전도 현장에서든 자주 속앓이하고 고민해 오신 분들이 있다면 이 책은 바로 그 분들을 위한 책이라고 할 수 있습니다.

하나의 물음에 대한 하나의 답

달리 말하면, 이 책은 창조주 하나님이 존재하는지, 존재한다면 어디서 그를 만날 수 있는지에 관해 소개한 책입니다. 하나님이 존재하는지를 알려면 먼저 세상이 우연히가 아니라 누군가에 의해 만들어졌다는 사실을 확인하고 인정할 수 있어야 합니다. 하나님이 어딘가에 존재하기는 하는데, 그 존재가 나를 만들고 세상과 온 우주 만물을 만든 바로 그 창조자가 아니라면, 그를 만난다 해도 내 삶과 죽음의 절박한 문제들을 전혀 해결해주지 못할 것입니다.

지금은 "어떤 종교를 통해서든 신을 만날 수 있다"라는 종교 다원주의 분위기가 많은 포스트모던 시대입니다. 신이 있는 것까진 좋은데 그 신이 어디에 있는 신이냐가 더 뜨거운 감자인 세대 같기도 합니다. 이런 혼란을 틈타 정말 중요한 문제, 곧 하나님이 정말 존재하느냐에 대한 이슈는 어물쩍 넘어가는 분위기도 자주 감지됩니다.

사실 무신론은 신이 없었으면 좋겠다고 믿고 싶은 것일 뿐, 딱 부러진 증거는 어디에도 없습니다. 오히려 객관적으로 관찰하고 성찰할수록 창조주의 존재를 부인할 수 없습니다. 차라리 그 창조주가 어느 종교 소속인지를 모르겠다는 게 무신론보다 더 양심적이고 합리적이라고 생각합니다.

이 세상과 사람을 만드신 창조주 하나님이 분명히 존재한다면, 그분은 자신을 어디서 어떻게 만날 수 있는지도 분명히 제시해두었을 것이며, 그러지 않았다면 창조주 하나님이 존재한다는 것 자체가 거짓말일 것입니다. 하나님께서 그것을 세상에 확실히 제시해두었는데도 사람들이 제대로 찾지 못하는 것이라면, 그분은 그 길을 찾도록 도와줄 매체들 또한 풍부하게 제공하실 것이라고 믿습니다. 이 책은 바로 그러한 매체들 가운데 하나가 되길 소원하는 마음으로 쓰인 작은 안내서입니다.

물론 하나님은 사람들이 조금만 더 관심을 기울이면 자신을 어디서 어떻게 만날 수 있는지 충분히 알 수 있게 이미 분명히 자신을 드러내셨습니다. 지금 교회를 다니든 안 다니든 문명사회에 사는 사람들치고 예수님의 십자가를 들어보지 못한 사람은 거의 없습니다. "그분이 바로 하나님이다, 아니다" 하는, 인류사의 해묵은 논쟁에 관해 들어보지 못한 사람도 이제는 드물 것입니다.

객관적으로만 따져도 만약 창조주 신이 존재한다면 누구일 가능성이 가장 클까요? 공식 종교 인구로도 인류의 절반가량이 신봉하고 유대인이라는 한 민족 전체의 실제 역사가 뒷배경이며 인류사 연대를 BC와 AD로 나눈 한 실존 인물이 그 얼굴입니다. 이만하면 대충 심증이 갈 만도 하지 않을까요?

이 책이 시도해본 것은 하나님을 찾을 수 있도록 이미 다 드러내신 그 약도를 좀 더 분명하고도 구체적으로 드러내는 작업입니다. 그 작업을 위해 창조주 하나님이 정말 존재하는지에 관한 문제부터 살펴보았습니다. 이 과정에서 자연스럽게 진화론에서 잠정적인 창조주 신으로 가정하는 '우연'이라는 존재의 허구적 실체를 드러내고자 했으며, 일반적으로 신들의 주소지로 알려진 인류의 대표적인 종교들과 신화에 등장하는 신들의 정체를 점검한 후 최종적으로 신의 진짜 주소지를 알려드리고자 하였습니다.

반드시 한 번은 확실히 확인해야 할 절대 진리

특별히 기독교와 더불어 세계 4대 종교로 일컬어지는 힌두교와 불교, 이슬람교 안에 진짜 창조주 신이 존재하는가를 중심으로 그 종교들을 면밀하게 들여다보고자 했습니다. 세계의 주요 종교나 신화들에 대한 무지나 무관심이 그 안에도 진짜 창조주 신이 존재하는 듯한 막연한 신비감을 불필요하게 확대시키는 경향이 다분합니다. 그러나 조금이라도 자세히 현미경을 들이대 보면, 그것들은 하나같이 이 세계의 이치에 부합하는 인격적인 창조주 신의 존재를 배제한 채 인간 자신을 구원 역사의 중심에 놓고 있다는 사실을 발견할 수 있습니다.

이 책은 진화론과 힌두교, 불교, 이슬람교, 그리고 신화에 존재하는 신들의 실체를 탐지하는 작업을 통해 기독교의 저자이신 창조주 하나님이 왜 유일무이한 절대 진리가 되시는지를 드러내고자 시도한 '조금은 묵직한', 그러나 한국적인 정서와 문화에 좀 더 어울리는 접근으로 기독교 변증의 대중화를 시도한 '까다롭지 않은' 기독교 변증서로 선보이고자 했습니다. 줄곧 비기독교적인 문화 환경 가운데서 창조주 신이 정말 어디에 있는지 그 정확한 주소지를 놓고 진지하게 고민하거나 방황해본 경험이 있는 분들에게는 기준점이 될 만한 해답을 얻는 데 유익하리라 확신합니다.

그동안 교회공동체 안에서나 비신자들을 초청한 변증전도 집회에서 제가 전한 변증설교들을 토대로 주제에 맞게 다시 많이 다듬고 보충해서 이렇게 한 권의 책으로 내놓게 되었습니다. 처음부터 글로 썼던 이전 책들과 달리 일단 말의 형태로 전해진 메시지여서 훨씬 더 쉽게 전달되리라 기대합니다.

이 책을 쓰며 독자로 기대하는 분들은 교회 밖 비신자들만이 아닙니다. 교회에 갓 나오기 시작한 새신자들, 교회 안의 수많은 명목상 기독교인들, 믿는다고는 하지만 건성으로 교회를 왔다 갔다 하는 사람들, 부모 따라 교회 나왔지만 아직 인격적으로 예수님을 만나지 못한 청소년, 청년세대 또한 염두에 두었습니다.

그들에게 기독교가 그저 종교의 하나가 아니라 이 세상에 사람으로 태어난 모든 생명이 이 땅에 사는 동안 반드시 적어도 한 번은 확실하게 확인하고 지나가야 할 절대 진리라는 사실을 알리고 싶었습니다. 증거를 위한 증거가 아니라 하나님의 생명을 얻게 하기 위한 증거를 찾아 전해주고 싶었습니다. 지금은 그들이 교회 안에 있어도 제대로 복음을 만나지 못하면 언제든 교회를 떠나는 시대가 되었기 때문입니다.

이 책을 쓸 수 있도록 오래 전부터 독려하고 기다려주신 규장의 여진구 대표님께 감사의 마음을 전하고 싶습니다. 이 책을 완성하는 데 여 대표님의 아이디어와 가이드가 특히 유용했습니다. 또한 이동원 목사님을 비롯하여 부족한 책에 추천의 글을 써주신 모든 분께 감사드리며, 저와 함께 교회공동체를 세우고 하나님의 말씀에 담긴 삶의 진리를 캐나가는 일에 동역해온 그말씀교회의 모든 지체들에게도 감사드리고 싶습니다. 책을 쓰느라 가족과 함께하는 시간을 많이 희생

해왔는데도 늘 힘이 되어준 아내 은용과 딸 성주에게도 사랑과 감사의 마음을 나눕니다.

이 책을 쓰는 동안 어려운 고비가 참 많았습니다. 그러나 그때마다 지혜와 용기를 주시고 오직 예수님을 모든 사람의 주님으로 전해야 한다는 소원 하나로 다시 일어설 수 있도록 도우신 하나님의 손길에 무한 감사를 드립니다. 부디 이 책을 통해 하나님의 형상으로 지어진 모든 사람 한 사람 한 사람이 자신들의 영원한 영혼의 본향(本鄕)을 발견하게 되며, 그 놀라운 일들로 인해 오직 모든 사람의 주(主)가 되시는 하나님께만 모든 영광이 돌려지길 간절히 기도합니다.

안환균

1

하나님은
정말
존재하는가?

Q1

우연을 창조주로 믿는 게 뭐가 어색하고 이상한가

?

그냥 모든 게 우연히. 저절로 만들어졌다고 믿는 게 제일 속 편하다. 지금 내가 보는 만물이 원래부터 항상 이대로 존재해왔다고 믿는 게 가장 자연스러운 거 아닌가? 창조주가 있다면 자신이 창조했다고 왜 만천하에 모두가 알 수 있도록 밝히질 않나? 이미 내게 익숙한 자연의 질서를 따라 그저 여유롭게 살다 가면 그만이다.

성경을 믿지 못할 때 나는 거기에 나오는 한 분의 이름을 쉽게 받아들이지 못했다. 바로 '하나님'이라는 이름이다. 성경에 나오는 문장들은 주어가 하나님인 경우가 압도적으로 많다. 나로서는 선뜻 인정하기 어려운 하나님이라는 존재를 성경은 처음부터 당연히 존재하는 분으로 여기는 듯했다. 하나님이 없다면 성경이라는 책도 없다고 할 수 있을 정도이다.

"하나님이 세상을 이처럼 사랑하사 독생자를 주셨으니 이는 그를 믿는 자마다 멸망하지 않고 영생을 얻게 하려 하심이라." 성경의 내용을 한 문장으로 압축한 구절로 널리 알려진 요한복음 3장 16절이다. 너무도 유명한 이 구절에서도 여전히 주어는 하나님이다. 그 하나님이 세상을 사랑했는데 얼마큼이냐면 독생자를 주시기까지라고 한다. 그 이유도 간단하다. 세상에 사는 사람이 그 독생자를 믿어 멸망하지 않고 영생을 얻게 하려는 것이라고 한다.

다 좋다. 무슨 말인지 못 알아들을 단어도 없다. 문제는 주어이다. 그렇게 세상을 사랑한 분, 그래서 독생자를 주신 분, 그 독생자를 믿는 사람은 멸망하지 않고 영생을 얻게 하시는 분이 누구냐는 것이다. 여기서는 그 분이 '하나님'이라고 분명히 밝힌다. 그렇다면 그 하나님이라는 분이 과연 존재하는가 하는 것이 이 말씀의 진실성 여부를 가려줄 것이다. 그 분이 살아 있지 않다면 이 말씀 자체도 무의미한 죽은 문장에 불과할 테니.

'하나님'이라는 심상찮은 주어

"하나님은 뭘 먹고 사세요?"

일전에 초등학교 2학년 학생이 내게 카톡으로 던진 질문이다. 이 질문을 가만히 묵상할 때 사실은 하나님이 정말 살아 계신가를 묻고 싶은데 직접 그렇게 물을 수는 없어서 어린아이의 상상에 맞게 약간 돌려서 던진 질문이 아닌가 싶었다.

"하나님이 있나, 없나?" 이것은 정말 인류사에서 수많은 사람들이 던져온 해묵은 질문이다. 물론 요즘처럼 바쁜 세상에는 하나님이 있는지 없는지 아예 관심조차 없는 사람이 대다수지만, 그래도 이 질문은 여전히 쉽게 떨쳐낼 수 없이 만만찮게 사람들 가슴 한편에 묵직한 물음표 하나로 남아 있다.

요한복음 3장 16절에서 예수님은 하나님이 세상을 '이처럼' 사랑했다고 하셨다. 이 말씀을 전하시는 예수님의 관심사는 하나님이 존재하심을 증명하려는 데 있는 것 같지 않다. 그분의 관심사는 하나님이 자신의 독생자를 내어주시기까지 이 세상을 아주 많이 사랑하셨다는 것이다. 그 사실을 아주 많이 힘주어 강조하고 싶어 하시는 것 같다.

어쩌면 이 말은 교회를 다니든 안 다니든 많은 사람들이 수없이 들어서 대충 알고 있는 너무도 흔한 문구 같고, 그래서 이제는 사람들에게 별다른 감흥을 못 주는 말 같기도 하다. 이유가 뭘까? 바로 이 말씀의 주어가 되는 '하나님'이라는 존재에 대한 확신이 없기 때문이다. 주어가 미심쩍은데 이어지는 서술어가 제대로 눈에 들어올 리 없다.

그러나 만약 사람들이 '하나님'이라는 이 주어에 대해 살아 있는 감각을 가질 수 있다면 그 다음에 이어지는 모든 명사나 형용사, 동사가 전에 느끼지 못하던 엄청난 의미를 갖고 전부 다 살아날 것이다. 사실 이 짧은 말씀 한 구절이 세상에서 가장 중요한 진리들을 다 품고 있다. 각 사람의 영원한 운명은 이 말씀 한 구절을 어떻게 이해하고 받아들이느냐에 따라 완전 딴판으로 갈린다 해도 과언이 아니다.

이 말씀을 그렇게 운명적인 구절로 만나려면 먼저 이 구절에 등장하는 주어를 인격적으로 만나야 한다. 그 하나님과의 만남이야말로 각 사람의 일생에서 가장 중대하다고 믿는다. 그 하나님을 창조주로 만나려면 먼저 나를 물리적으로 이 세상에 존재하게 해준 부모님을 있는 그대로의 진실 가운데 다시 새롭게 만나야 한다.

3억 대 1의 경쟁

유튜브에서 아기가 생겨나 태어나기까지의 과정을 담은 영상들을 본 적이 있다. 아버지의 몸에서 출발한 정자 하나가 3억 대 1의 경쟁을 뚫고 어머니 몸속의 난자와 결합하여 수정란이 된 후 세포 분열을 하면서 10개월 동안 한 치의 오차도 없이 정확한 성장 과정을 거쳐 세상에 태어난다.

이런 영상들을 보면 나 역시 과거 어느 한때는 정충 한 마리로 존재했다는 것을 새삼 깨닫는다. 도저히 믿고 싶지 않지만 부인할 수 없는 사실이다. 이 세상에 태어나기 전에 나는 어머니와 아버지의 몸속에 있다가 모종의 결합을 통해 지금과 같은 나라는 존재로 있게 되었다.

내가 이 세상에 지금 이 몸을 갖고 태어나 이런 모양으로 살아가고 있는 것은 일차적으로 부모님이 존재했기 때문에 가능했다. 이 사실 하나만 봐도 나라는 존재가 우연히 만들어지지 않았다는 것은 분명한 사실이다. 그런데 어머니의 뱃속에서 내 몸이 형성되어가는 그 모든 과정이 어쩌면 그렇게 한 치의 빈틈도 없이 정교하고 정확하게 진행될 수 있는 것일까?

개인적으로 나는 그런 영상들을 볼 때마다 두 가지를 느낀다. 내가 나를 만든 게 아니며, 어머니가 나를 만드신 것도 아니라는 것이다. 만일 어머니께 "어머니가 직접 나를 '어떻게 만들어야지' 하는 무슨 계획을 세우고 그 계획에 따라 내 얼굴과 장기와 손발을 만드셨나요?"라고 묻는다면 분명히 "난 그런 적 없다" 하실 것이다.

그러면 누가 만들었을까? 이것을 놓고 그 창조의 주체를 찾는 일에서 우리가 가정할 수 있는 가능성은 '우연히 그렇게 만들어졌거나 누군가가 아주 치밀한 계획을 갖고 만들었거나' 단 둘 뿐이다. "모른다"라는 불가지론 역시 하나의 답이 된다고 주장하는 이들도 있으나 이것은 답의 자격이 없다. 어떤 문제에 대해 모른다고 하는 것은 답을 한 것이 아니라 모른다는 자기 의견을 피력한 것뿐이다. 모른다는 것은 어떤 질문에 대한 답을 가지고 있지 않다는 말과 같으며 문제의 답을 찾는 데 전혀 도움이 되지 않는 무의미한 말에 불과하다.

나를 어머니 몸속에서 만든 어떤 창조의 신이 존재할까, 아니면 나는 그냥 우연히 만들어졌을까. 이것은 창조주가 있느냐 없느냐는 것인데, 우연히 만들어졌다는 것은 창조주가 없다는 의미와 통한다. 이 둘 사이에 어중간한 중간지대나 또 다른 어떤 제3의 원인은 없다. 창조주가 없다면 반드시 우연히 만들어졌을 것이고, 창조주가 있다면 그 창조주의 정교한 계획과 능력과 지혜에 따라 만들어진 것이다.

그러므로 이 문제와 관련해 사람은 딱 두 종류의 입장만 취할 수 있다. 창조주 신의 존재가 반드시 있어야만 창조된 내 몸을 포함해 만물이 어떻게 지어졌는가가 제대로 설명된다고 믿든지, 그냥 우연히 지금과 같은 몸이 만들어진 거라고 믿는 것이다.

우연히 만들어지지 않았다는 게 분명하면 창조주 신이 존재한다는 쪽으로 방향을 바꿔야 논리적이고도 합리적인 생각을 하는 사람이다. 다시 "난 모르겠다"라는 쪽으로 가는 것은 만에 하나 창조주 신이 존재할 경우 훗날 예기치 못한 뒤탈을 경험할 위험이 높으므로 결코 안전하거나 지혜로운 입장이 아니다.

우연 = 인과관계 없이 뜻하지 않게 일어난 일

창조주 없이 우연히 내 몸이 만들어졌을 가능성을 한 번 살펴보자. 먼저 '우연'이라는 말의 뜻부터 살펴볼 필요가 있다. 네이버 국어사전은 우연을 "아무런 인과관계 없이 뜻하지 아니하게 일어난 일"이라고 정의해놓았다. 인과관계 없이 일어났다는 것은 원인 없이 결과만 나타난 상황을 의미한다. 무신론적인 자연주의자들, 진화론자들이 물질이나 생명의 기원에 관해 "아무것도 없는 데서 우연히 뭔가가 생겨났다"라고 말할 때 그 우연이라는 말의 뜻이 이렇다는 것이다. '원인 또는 원인이 되는 힘 그 자체의 부재'를 뜻한다고도 볼 수 있다.

우연의 뜻이 이렇다보니 진화론자들도 무조건 우연히 물질이나 생명이 생겨났다고 말하기를 머쓱해한다. 그래서 거기에다 수억, 수십억 년의 시간이 지나면 그 사이에 무언가가 우연히 생겨날 환경이 이루어질 것이라고 막연히 추측하는 것이 진화론이다. 그러나 그런 가설들의 사실 가능성을 입증해보려 한 실험이나 발견들 역시 나중에 과학자들에 의해 확실하게 사실이 아닌 것으로 밝혀진 예가 많다.

우연이라는 말은 기본적으로 '비일관성', '돌발성'을 의미한다. 즉, 전적으로 아무 원인 없이 일어나고 전혀 예기치 않게 일어나는 일을 가리킨다. 그렇다면 우리 몸을 구성하는 분자 염색체의 정교한 결합과 구성이 아무런 인과관계 없이 정말 비일관성, 돌발성을 뜻하는 우연으로 지어질 수 있을까? 그 배열에 따라 부모의 모든 유전적인 형질이 자녀에게 그대로 유전되는데 이것은 결코 우연히 이루어질 수 없는 일이다.

우연을 인격적인 창조주로 믿지 말라고 억지로 강요할 생각은 없다. 다만 스스로 한번 진지하게 생각해보라고 도전하고 싶다. 무엇보다 우연은 어떤 물질적인 실체도 아니고 아무런 인격적인 능력이나 논리를 갖고 있지 않은 추상적인 개념에 불과하다. 이 사실을 분명히 인정하고 붙잡는다면 진화론의 실체와 그 허구성도 분명히 확인하게 될 것이다. 우연은 사실 아무 힘도 없다. 동전 던지기를 예로 들어보자. 동전을 던져 앞면이나 뒷면이 나올 확률은 50퍼센트이다. 그러면 동전을 9회 연속으로 던져 앞면만 나온 상태에서 마지막으로 10회째 동전을 던져 앞면이 나올 확률은 얼마나 될까? 앞에서 이미 아홉 번이나 앞면만 나왔으니까 열 번째 동전 던지는 일에 '우연'이 어떤 특별한 영향력을 행사해서 앞면이 더 많이 나오도록 할 수 있을까? 그래서 열 번째에 앞면이 나올 확률이 1퍼센트라도 더 커지게 될까? 아니다. 앞서 아홉 번 동안이나 줄기차게 앞면이 나온 것과는 전혀 상관없이 열 번째로 동전을 던졌을 때에도 앞면이 나올 확률은 여전히 50퍼센트이다. 동전을 열 번째로 던졌을 때에도 우연히 앞면이 조금이라도 더 나올 확률은 전혀 없다. 우연이라는 것 자체가 어떤 존재가 아니고 그 자체에 어떤 영향력이나 효력을 전혀 가지고 있지 않기 때문이다.

우연은 아무것도 아니다. 그런데 왜 그렇게 많은 사람이 어떤 물질을 오랜 시간 그냥 두면 '우연히' 자연스럽게 어떤 특정한 존재로 만들어져갈 것이라고 믿는지 이해하기 어렵다. '우연에 의해서' 무언가가 만들어졌다는 진화론자들의 말은 전적으로 속임수에 불과하다. 우연 자체가 아무것도 아닌데 어떻게 우연에 의해서, 그러니까 아무것도 아닌 우연을 도구로 해서 무언가가 만들어질 수 있다는 것인가? 0 더하기 0은 아무리 오랜 시간이 흘러도 0이지 1이나 2가 되지 않는다. 그동안 별 생각 없이 이런 우연의 논리에 속아왔다면 이제라도 당장 그 미신과도 같은 뿌리 깊은 편견을 버리라. 우연은 결코 어떤 것을 창조할 수 없고, 일정한 패턴을 반복해서 실제로 운영하는 법칙이 될 수도 없다. 우연은 결코 창조주 하나님이 될 수 없다는 사실을 인정해야 한다.

반복되는 우연은 우연이 아니다

정자와 난자가 만나 아기로 자라나는 과정을 담은 영상들은 한결같이 사람의 몸이 아주 정교하고도 예측 가능한 특정한 법칙에 의해 만들어진다는 것을 보여준다. 어머니 뱃속을 거쳐 이 세상에 태어난 모든 사람은 반드시 그 모든 태아의 형성 과정을 정확히, 단 한 과정도 빠뜨리는 일 없이 정확히 다 거쳤다.

만일 이 모든 정교한 과정이 항상 동일한 패턴으로 반복되지 않고 그때그때 우연히 이루어진다면 어떻게 될까? 다들 모습이 다르고 지금 보통 사람의 모습이 나오는 것은 엄청난 확률을 뚫고 일어난 기적일 것이다. 그래서 사실 '나'라는 존재뿐만 아니라 모든 사람이 나와 똑같은 몸을 입고 이 세상에 살아가는 것 자체가 기적이라고 할 수 있다. 그렇지 않은가?

상식적으로 생각해보자. 우연이 계속 똑같은 패턴으로 반복된다면 우연이라고 할 수 있을까? 점심때 사무실 앞에서 우연히 어떤 친구를 만나서 반갑게 인사하고 밥을 함께 먹었다. 그런데 그 날 이후로 점심때 밥 먹으러 나갈 때마다 사무실 앞에서, 그러니까 같은 시간 같은 장소에서 매번 그 친구를 만난다면 우연이라고 할 수 있을까? 그 친구가 처음부터 계획적으로 그 시간에 정확히 맞춰 내 사무실 앞에서 기다리고 있어야만 가능한 일이다. 아마 그 친구가 요즘 돈이 궁해져서 점심은 꼭 내 신세를 져야 할 상황이 생겼다거나 어떤 특별한 이유가 있을 것이다. 그렇게 어떤 특정한 목적이 있어서 매번 똑같은 과정을 거쳐 이루어지는 일은 우연이라고 말하지 않는다.

내 몸이 형성되려면 먼저 정자가 있어야 하는데, 보통 아버지의 몸 안에서 특정 영양분으로부터 정자가 만들어지기까지 70일이 걸린다고 한다. 그 정자가 어머니 몸속의 난자를 만나서 수정란이 되고 그 수정란이 2세포기, 4세포기, 8세포기를 거치는 세포 분열을 해서 배아가 되고, 그 배아에서 머리와 심장과 장기와 손발이 생기는 과정이 어떤 일정한 계획과 법칙을 따라 매번 정확하게 진행된다. 이런 과정이 그저 우연히 진행된다고 믿는 것이 과연 합리적일까?

우주의 디자이너와 미세조정

태양은 지구상의 어디에나 누구에게나 그 빛을 비춰준다. 그리고 어디 있든지 모든 사람이 다 태양을 볼 수 있다. 원시인들은 이 태양을 절대적 존재로 여겨 아예 신으로 숭배할 정도였다. 태양은 사실 빛이신 하나님, 만물을 친히 생장시키시는 창조주 하나님을 가장 가깝게 상징하는 것이기도 하다. 무엇보다 태양빛이 없으면 식물이 광합성 작용을 못 해 사람들이 식물을 재배할 수가 없고, 그러면 곡식도 과일도 먹지 못할 것이다.

그런데 태양과 지구와의 거리가 1억 5천만 킬로미터로 정확하게 조정되어 있지 않다면 생명체 유지에 필수적인 식물이 생장하는 환경을 제공해주지 못한다. 이 거리가 조금만 더 가까워지거나 멀어지면 지구의 기후는 너무 뜨겁거나 추워져 생명체가 살 수 없게 된다.

과학자들은 태양과 지구간의 거리가 생명체가 생존할 수 있도록 정확하게 유지되는 것을 가리켜 "우주에 존재하는 미세조정의 중요한 예"라고 한다. 과학자들은 온 우주 공간의 에너지 밀도, 곧 우주

상수가 작디작은 지구상에 생명체가 생존할 환경을 유지하는 데 기여하도록 미세조정되어 있다고 주장해왔다. 우주에는 아주 정교하고도 미세하게 조율된 질서가 있는데, 그 질서와 균형이 조금이라도 흐트러지면 우주가 한시라도 지금과 같은 형태로 존재할 수 없다는 것이다.

예를 들어, 우주에는 강력이나 약력, 전자기력, 중력 같은 물리적 힘들이 정교하게 균형을 이루고 있는데, 중력이 지금보다 조금만 더 컸어도 별들이 너무 뜨거워져 빨리 타버려서 지금과 같은 우주를 형성하지 못했을 것이라고 한다.

과학자들은 우주의 기본 구조가 특별히 생명체의 존재를 위해 거의 모든 면에서 마치 면도날 위에 서 있듯이 아슬아슬한 균형을 이루고 있다고 말한다. 우주 전체에 정밀한 자를 들이대면 1밀리미터를 더 잘게 쪼개야 할 만큼 정밀한 공간과 밀도의 질서가 들어차 있다는 것이다. 그래서 우주 공간의 에너지 밀도를 의미하는 우주상수를 포함해 모든 조건들이 아주 미세하게 조금만 흐트러져도 중력이 엄청나게 증가해서 지구상의 동물들은 몸이 찌그러져버리거나 지구가 지금보다 훨씬 더 작아지는 것과 같은 일이 생길 수도 있다고 한다.

이러한 우주의 미세조정은 달라졌을 수도 있는 우주 내의 근본적인 물리 법칙이나 우주상수들이 지금 지구상에 생명체가 존재할 수 있게 하는 딱 그만큼의 수치로 고정되어 있다. 기본적으로 이 수치들이 지금과 같아야 할 본질적인 이유가 전혀 없는데도 모든 물리적 법칙과 상수들이 수학적으로 도저히 믿기 어려운 방식으로 완벽하게 서로 결합하여 우주에서 지금과 같은 생명의 탄생과 생존이 가능해졌다는 것이다.

지구를 공전하는 달과 지구의 거리는 평균 38만 4천4백 킬로미터이다. 달이 지구 주위를 타원형으로 돌고 있어 지구와 가장 가까울 때와 멀 때의 거리 차이는 존재하지만, 전반적으로 이 거리 또한 아주 중요한 미세조정의 한 예이다. 달이 지구에서 멀어지면 바다의 밀물과 썰물의 강도가 약해져 해양 생태계에 큰 영향을 준다. 특히 얕은 바다에 사는 어패류가 큰 타격을 받고, 밤이 지금보다 훨씬 더 캄캄해지며, 달의 인력이 줄어들 경우 태양이나 다른 태양계 행성들의 인력이 상대적으로 커져 지구의 공전 궤도가 변한다고 한다.

태양 주위를 도는 지구의 공전 궤도를 안정되게 잡아주는 역할도 달의 중력이 맡고 있다. 달이 없었다면 지구는 다른 천체의 중력 때문에 지금보다 훨씬 불안정한 공전 궤도를 지녔을 것이라 한다. 또한 달은 지구 자전축을 23.5도로 안정되게 잡아주는 중요한 역할을 한다. 달이 없었다면 지구의 자전축이 어떻게 기울어졌을지 알 수 없다. 태양의 중력 때문에 태양 쪽으로 심하게 기울어졌다면 지구에는 사계절도 없고 남북극의 얼음들이 다 녹아내려 생물이 생존할 수 없었을 것이다.

지구가 태양을 한 바퀴 도는 데 365일이 걸리고, 달이 지구를 공전하는 데 한 달이 걸리기 때문에 태양과 달은 우리 삶의 시간 주기를 결정하는 데 아주 중요하고도 친근한 요소이다. 지구의 하루가 24시간이 된 것도 달 덕분이다. 달이 없었다면 지구의 자전 주기는 지금보다 3배나 빨라져 하루가 8시간밖에 되지 않았을 것이라 한다. 그러면 편서풍과 해류 등의 속도가 지금보다 빨라져 지구의 기후도 변화무쌍해졌을 것이다.

생명체의 생존에 끼치는 이 모든 영향력 또한 지구와 달의 거리가 지금처럼 미세조정되어 있지 않다면 불가능했을 것이다. 이처럼 달이 지구에 미치는 영향은 우리가 상상하는 것보다 훨씬 더 크다. 이렇게 우리는 이들과 아주 밀접한 관계를 맺고 있지만, 우리 생명을 유지하는 데 그 태양과 달이 얼마나 필수적이며 미세한 영향을 끼치는지는 그리 중대하게 생각하지 않는다.

일상에서 사람들이 달을 보며 갖는 생각은 늘 단조롭고 비슷하다. '오늘은 달이 얼마나 밝나? 보름달은 언제 뜨나?' 아니면 달을 보면서 시를 짓거나 노래를 읊어대는 정도이다. 그 달이 나 한 사람이 지구상에서 땅에 발을 붙이고 숨 쉬고 살아가는 데 얼마나 중요한 역할을 하는지 깊이 생각하는 사람은 거의 없다. 창조주 하나님과의 만남은 바로 사람들이 그렇게 상식적으로 익숙하게 여겨 무심히 지나치는 것들 속에서 비범한 창조의 질서와 설계를 발견해내는 데서부터 시작된다고 해도 과언이 아니다.

누가 그것의 도량법을 정하였느냐?

이렇게 정교한 미세조정은 지구와 태양, 지구와 달 사이 뿐 아니라 생명체가 살아가는 지구에서도 볼 수 있다. 우리 일상에 가까운 예로 공기의 성분이 있다. 공기는 지구에서 사람이 생명을 유지하는 데 필수적인 기체로 지구를 둘러싼 대기의 하층 부분에 해당한다. 공기의 성분은 질소 78퍼센트, 산소 21퍼센트 정도로 구성되어 있고, 그 외 아르곤이나 네온, 헬륨, 메탄, 수소 등 여러 성분이 모두 1퍼센트 이하의 비율로 결합되어 있다.

만약 공기 중에 수소가 지금보다 더 많았다면 지구는 불덩어리가 되었을 것이고, 산소가 더 많았다면 생물들이 오래 살지 못했을 것이라고 한다. 공기 중에는 다행히도 질소가 많은데, 질소는 음식물이나 다른 물질들이 쉽게 부패하는 것을 막는 역할을 한다. 만약 산소가 더 많고 질소가 적었다면 상처 난 풀이나 잎들이 쉽게 썩어 버렸을 것이고, 작은 상처에도 부패가 발생해 인간의 생존에도 큰 영향을 주었을 것이다.

이처럼 우리가 흔하게, 당연한 존재로 여기고 지나치는 공기의 성분 하나에도 생물이 살아갈 수 있도록 정교한 질서가 꽉 들어차 있다. 그렇다면 이런 질서를 누가 만들었겠는가? 성경 욥기 38장에는 우주에 존재하는 미세조정을 누가 설계했는지 하나님께서 직접 밝히시는 대목이 나온다.

4 내가 땅의 기초를 놓을 때에 네가 어디 있었느냐 네가 깨달아 알았거든 말할지니라 **5** 누가 그것의 도량법을 정하였는지, 누가 그 줄을 그것의 위에 띄웠는지 네가 아느냐 **6** 그것의 주추는 무엇 위에 세웠으며 그 모퉁잇돌을 누가 놓았느냐 **7** 그 때에 새벽 별들이 기뻐 노래하며 하나님의 아들들이 다 기뻐 소리를 질렀느니라 **8** 바다가 그 모태에서 터져 나올 때에 문으로 그것을 가둔 자가 누구냐 **9** 그때에 내가 구름으로 그 옷을 만들고 흑암으로 그 강보를 만들고 **10** 한계를 정하여 문빗장을 지르고 **11** 이르기를 네가 여기까지 오고 더 넘어가지 못하리니 네 높은 파도가 여기서 그칠지니라 하였노라

욥 38:4-11

이 말씀은 마치 창세기 1장에 나오는 천지 창조의 사건들을 하나님의 입장에서 좀 더 생동감 있게 묘사해주는 대목 같아서 참 신기하기도 하고 놀랍기도 하다. "태초에 하나님이 천지를 창조하시니라"(창 1:1)라는 말씀 한 마디에 사실은 얼마나 많은 세세한 물리학적, 지구과학적 설계와 물밑 작업이 있었는지를 상상할 수 있게 해준다.

마치 창세기 1장에 나오는 천지창조 사건의 부록이나 뒷이야기처럼 땅과 바다, 하늘을 만들 때의 과정도 친히 묘사해주신다. 특히 지구에 기초가 있다는 사실을 과학자들이 발견한 것이 얼마 되지 않는데, 4절에서는 하나님께서 친히 지구의 기초를 놓으셨다는 사실을 밝힌다.

5절에는 지구의 위치와 운행을 놓고 그 도량법을 정하고 줄을 그

위에 띄웠다는 표현이 나온다. 이런 표현이 바로 지구상에 생명체가 살 수 있도록 우주의 에너지 밀도를 미세하게 조정하신 과학적 사실과 직접 관련 있는 말씀이라고 볼 수 있다. 여기서 '도량법'은 지구라는 땅의 둘레와 넓이와 길이 등의 치수를 측량하고 지정하는 것을 가리킨다. '줄을 띄웠다'라는 것은 척량 줄을 지구 위에 가로질러놓는 것으로, 건축 공사에 들어가기에 앞서 평면을 헤아려 보기 위해 먹줄을 치는 것과 같은 작업이다. 말 그대로 정확한 의도와 계획 가운데 미세조정 작업을 먼저 거쳤던 것을 가리킨다고 볼 수 있다.

9절에서 "흑암으로 강보를 만들었다"라고 한다. 강보는 보통 갓난아기를 둥글게 둘러싸는 보자기로, 이 말씀은 지구가 둥글다는 사실을 간접적으로 암시한다. 10절 이하에 바닷물의 경계를 정해주셨다고 하는데, 이것 역시 지구의 위성에 해당하는 달과의 인력이라든지, 우주의 타 행성들과 지구 사이에 존재하는 미세조정의 질서에 관해 직접적으로 언급하는 대목이라 하겠다.

수천억 개가 넘는 별들이 모여 한 은하계를 이루고, 그 은하계가 수천억 개 이상 모여 우주를 이룬다면 별들이 얼마나 많을까? 그런데 우주 공간에서 그 별들이 서로 충돌하지 않고 제 궤도를 지키며 운행한다. 사실 우주가 운행자 없이 그냥 돌아간다는 것은 도로에 차들이 각기 부딪치지 않고 운행되는데 운전석을 보니 하나같이 운전자가 없더라는 말처럼 황당하기 그지없다.

그러나 우주의 모든 정교한 운행 질서는 하나님께서 정하신 도량법과 그들 위에 띄우신 줄 때문에 가능한 질서라고 할 수 있다. 그 질서가 오로지 이 지구상에 우리와 같은 생명체가 살게 하시기 위한 것이라는 사실은 또 얼마나 가슴을 뛰게 하는지 모른다.

어떻게 보면 이런 구조는 공간적으로나 에너지 분배 차원에서 너무도 비효율적인 우주 경영일지도 모른다. 그러나 뒤집어 생각해보면 온 우주에서 유일하게 지구상에만 존재하게 하신 사람, 곧 하나님의 형상을 가진 그 사람이라는 생명체 하나하나가 정말 온 천하보다 더 귀하다는 진리를 이렇게 창조세계에 명백하게 보여주는 것이다.

세포 안에 트럭이 다니는 고속도로가 있다

이렇게 지구를 포함해 전체 우주 공간에는 특별히 지구상에 생명체가 생존할 수 있도록 미세조정의 질서가 조성되어 있으며 이는 성경에 나오는 창조주 하나님과 같은 지성적인 인격체가 반드시 존재해야만 한다는 중요한 증거가 된다. 뿐만 아니라 인간을 포함한 지구상의 생물체에는 이러한 미세조정보다 훨씬 정교하고도 복잡한 질서 체계와 특정한 정보가 심겨져 있다. 이 또한 창조주 하나님의 존재가 필연적이라고 볼 수밖에 없게 만드는 굉장히 중요하고도 결정적인 증거인데 그 증거를 가장 잘 드러내주는 것이 인체의 세포이다.

현재 지구상에 사는 생명체의 가장 작은 기본 단위는 세포이다. 이 세포들이 모여서 동물이나 식물의 형체를 이루며, 박테리아나 효모 같이 세포 하나가 생명체인 단세포 생물도 있다. 세포는 현미경으로 외관만 관찰하면 그저 모든 내용물이 출렁거리는 물주머니같이 단순해 보이지만, 그 안을 들여다보면 수많은 생체 분자들로 이루어져 있는데 정밀 기계 또는 정밀 공장 같은 그 정교한 복잡함에 놀라움을 금할 수 없다.

박테리아를 제외한 모든 생물의 세포인 진핵 세포 안에는 수많은 칸막이 방이 있다. 한 세포 안에는 DNA가 있는 핵, 에너지를 생산하는 미토콘드리아, 단백질을 처리하는 소포체, 다른 곳으로 수송되는 단백질의 중간역인 골지체, 폐기물 처리장치인 리소좀, 세포 밖으로 내보낼 화물을 저장하는 분비소포, 지방의 물질대사를 돕는 페록시좀 등 다양한 기관들이 칸막이 방을 이루고 있다. 각 방에는 벽이 있고 문이 달린 방처럼 막으로 밀폐되어 있다.

세포는 끊임없이 오래된 성분을 제거하고 그 속의 리보솜에서 새로운 성분들을 만들어낸다. 리보솜은 1백만 개 이상의 원자를 담고 있는 커다란 분자가 50개 정도 모인 집합체이다. DNA의 지시에 따라 어떤 단백질이라도 합성해내는 자동화 공장인 셈이다. 세포 안에는 모터가 달린 분자 트럭이 있어서 리보솜에서 만든 성분들이 제몫을 다할 수 있도록 이것들을 올바른 방에 운송해준다. 어떤 부품이 어떤 트럭에 실리는지 알 수 있도록 트럭에는 신호기가 달려 있고, 세포에는 이 트럭이 다닐 수 있는 작은 고속도로가 있으며, 트럭이 부품을 내려야 하는 칸막이 방에도 화물을 식별하게 해주는 보조 신호기가 있다.

우리가 지금 매일 보고 만지고 씻어주기도 하는 우리 몸은 이러한 세포 100조 개로 이루어져 있고, 한 세포는 100조 개의 원자로 이루어진다. 어떤가? 그 100조 개의 세포 하나하나에 방금 소개한 여러 기관의 방들이 있고, 그 방들에 필요한 부품을 실어 나르는 트럭과 고속도로가 있고, 딱 알맞은 신호기와 그 신호기를 알아보는 보조 신호기들이 있다는 사실을 한번 상상해보라.

우리가 평상적으로 하루하루 생명을 유지하며 살아가는 이 일상적인 삶을 위해 우리 몸의 세포들이 정말 단 한 순간도 쉬지 않고 얼마나 부지런히 일하고 있는지 모른다. 우리는 그저 호흡하는 것, 맥박이 뛰는 것만 느끼면서 내 폐와 심장이 살아 있구나 하는 정도로 겨우 생명을 감지하고 살아가지만, 우리가 볼 수 없는 몸의 각 영역에서 창조주 하나님은 얼마나 부지런히 손을 놀리셔서 우리 생명을 한순간 한순간 지켜주고 계시는지 모른다.

우연이 만들어낼 수 없는 특정성

인간의 몸이 너무 흔하다 보니까 사람들은 그것을 별로 대단치 않게 여기기 쉽다. 그러나 어디든 몸의 한 부분을 정해서 관찰하면 그 부분을 좁히고 좁혀 관찰할수록 복잡하고 정교한 세계가 끝도 없이 펼쳐진다. 과학자들이 아무리 연구를 거듭해도 이 신비를 끝까지 다 캐낼 수는 없을 것이다.

누군가가 사람이 만든 바늘과 나비의 날개를 현미경으로 자세히 관찰해보았는데, 바늘 끝은 겉으로 볼 때는 정교해 보였지만 현미경으로 들여다본 결과 울퉁불퉁한 부분이 많이 발견되었다. 그러나 나비의 날개는 현미경으로 확대해서 들여다볼수록 한없이 섬세하고 정교한 질서와 복잡성을 가지고 있었다고 한다. 나비 날개의 한 부분을 잘라서 관찰하고 거기서 한 부분을 잘라서 관찰하고 거기서 또 한 부분을 잘라서 관찰하는 식으로 계속 미세하게 쪼개어 관찰해가면 한없이 정교한 질서와 구조가 계속 나타난다.

사람의 몸뿐만 아니라 동식물의 몸, 곤충의 작은 몸체도 모두 이렇게 한없이 정교한 질서와 구조를 갖고 있다. 인간의 몸을 구성하는 세포의 복잡한 구조도 아직 과학적으로 다 알아내지 못했다. 생명체에 나타나는 이러한 복잡성은 생명체가 단순히 우연에 의해서 만들어졌다고 볼 수 없게 만든다는 사실 하나만큼은 분명하다.

바로 이렇게 우연은 도저히 만들어낼 수 없는 경우를 가리켜 생명체에 나타나는 '특정된 복잡성'이라고 한다. 생명체는 복잡하면서도 구체적이고도 지적인 특성을 나타내는 의미 있는 정보를 갖추고 있는데, 이런 특정된 복잡성은 결코 우연히 만들어질 수는 없다. 생명체는 이러한 질서와 복잡성뿐만 아니라 '특정성'을 가지고 있다. 이 특정성은 생명체가 구체적이고도 지성적인 패턴으로 누군가가 의도를 갖고 분명하게 지정해둔 것과 같은 특성을 두드러지게 갖고 있음을 뜻한다.

이를 닦다가 치아 모양을 보고 새삼 감탄한 적이 있다. 안쪽의 어금니는 음식물을 씹기에 좋도록 넓적하고, 앞니는 음식물을 물고 자르기 좋도록 가느다랗다. 그리고 윗니와 아랫니에 붙은 치아의 수가 똑같다. 우연히 이렇게 되었을까? 치아만 봐도 우리 몸은 그 특정한 기능과 목적에 맞게 아주 구체적이고도 지성적인 패턴으로 정확히 지정된 것처럼 특별하게 조립되어 있는 것을 알 수 있다.

보통 머리털은 많이 자라서 적어도 한 달에 한 번 이상 깎아줘야 하지만, 겨드랑이털이나 다리털 같은 것은 평생 깎지 않아도 다 자란 길이가 정해져 있다. 깎아도 다시 자라되 원래 나 있던 길이까지만 자라고 더 이상 안 자란다고 한다. 그렇지 않고 머리카락만큼 계속 길게 자란다면 얼마나 거추장스럽고 불편할까? 이런 것을 신기하게 생각해본 적이 한 번도 없다면 그 또한 비정상적인 편견이 아닌가 생각되기도 한다.

이러한 특정성이 생명체의 각 부위에 아주 정교하고도 명확하게 나타나 있다. 그 대표적인 예가 바로 세포의 DNA 구조이다. 이 구조에는 질서와 복잡성이 있고 또한 특별한 지적 패턴을 지닌 특별한 성질, 즉 특정성이 있다. DNA 염기들이 일정하게 결합되어 지적 정보들을 제공해주는 것부터가 특정성의 명백한 증거이기도 하다. 단백질 분자 하나는 100여 개의 아미노산이 결합해 만들어진다. 세포 하나가 구성되려면 복잡한 생화학 정보를 지닌 DNA의 유도로 단백질 분자 200여 개가 각기 올바른 기능에 따라 결합되어야 한다. 이 모든 특정하고도 지적인 결합이 과연 돌발적으로 우연히 만들어질 수 있을까?

지금도 아기나 동물들의 새끼가 태어날 때마다 창조는 반복된다. 아미노산의 결합 과정도 지적이고도 정확한 컨트롤 가운데 착오 없이 진행된다. 진화론을 믿는다면, 한 치의 오차도 허용되지 않는 이러한 세포 생성 프로그래밍이 돌발적으로 우연히 이루어진 것이라고 믿어야 한다. 남자와 여자의 신체나 성 기관의 차이도 생각해보면 사실 얼마나 정교한가? 이 뚜렷한 차이 또한 특정적으로 의도된 정교한 복잡성의 중요한 예라고 할 수 있다.

그런데 진화론자들은 원시 단세포에서 이 모든 복잡한 구별이 우연히 저절로 이루어졌다고 주장한다. 세상의 〈사이언스〉나 〈타임〉지 같은 매체가 이런 이야기를 대서특필하는 것을 보면 확실히 세상이 딴 세상이긴 한 것 같다.

주께서 나를 젖과 같이 쏟으셨으며

성경은 우리 각자의 인체가 그저 우연히 제멋대로 만들어진 게 아니라 창조주 하나님의 정교한 설계와 기막힌 장인 같은 손길에 의해 만들어졌다고 분명히 증언하고 있다.

13 주께서 내 내장을 지으시며 나의 모태에서 나를 만드셨나이다 14 내가 주께 감사하옴은 나를 지으심이 심히 기묘하심이라 주께서 하시는 일이 기이함을 내 영혼이 잘 아나이다 15 내가 은밀한 데서 지음을 받고 땅의 깊은 곳

에서 기이하게 지음을 받은 때에 나의 형체가 주의 앞에 숨겨지지 못하였나 이다 16 내 형질이 이루어지기 전에 주의 눈이 보셨으며 나를 위하여 정한 날이 하루도 되기 전에 주의 책에 다 기록이 되었나이다 17 하나님이여 주의 생각이 내게 어찌 그리 보배로우신지요. 그 수가 어찌 그리 많은지요 18 내 가 세려고 할지라도 그 수가 모래보다 많도소이다. 내가 깰 때에도 여전히 주와 함께 있나이다 시 139:13-18

15절의 '형체'는 뼈의 구조를 가진 물질적 존재를, 16절의 '형질'은 원어로는 아직 몸이 다 형성되지 못한 '태아'의 상태를 가리킨다. 요즘은 초음파 사진으로 태아의 모습을 볼 수 있지만, 여기서는 사람의 눈으로는 그 어떤 형태나 모습을 식별하기 어려운 상태인 태아 때에 이미 창조주 하나님께서는 나의 모든 완성된 형태를 아셨다는 말씀이다. 이는 13절에서 "나의 모태에서 나를 만드셨다"라는 말씀과 연결되어, 태아 상태에 이미 '나'라고 할 수 있는 인격을 가진 생명의 한 개체가 되었다는 것을 나타낸다. 그런 점에서 낙태는 정말 살인과 똑같은 죄라는 것을 여기서도 분명히 확인할 수 있다.

부모의 정자와 난자가 만나 수정란이 되고 거기서부터 세포 분열 과정이 이루어지는 모든 단계 역시 15절, 곧 "내가 은밀한 데서 지음을 받고 땅의 깊은 곳에서 기이하게 지음을 받은 때에 나의 형체가 주의 앞에 숨겨지지 못했다"라는 말씀에 잘 나타나 있다.

여기서 '은밀한 데'나 '땅의 깊은 곳'은 사람의 눈에서 숨겨진 곳인 어머니의 자궁 속을 의미한다. '기이하게 지음을 받았다'라는 말은 문자적으로 "수놓아졌다"라는 뜻으로, 여러 색깔의 실들로 천을 짜거나 직조할 때 사용하는 용어이다. 인간의 신체를 조직하는 힘줄, 신경, 혈관, 근육 등이 사람의 두뇌로는 이해할 수 없는 직조 기술을 통해 놀라운 하나의 형태를 이루는 것을 비유적으로 표현한 대목이다. 욥기는 이 태아 형성 과정을 좀 더 구체적으로 묘사한다.

> **9** 기억하옵소서 주께서 내 몸 지으시기를 흙을 뭉치듯 하셨거늘 다시 나를 티끌로 돌려보내려 하시나이까 **10** 주께서 나를 젖과 같이 쏟으셨으며 엉긴 젖처럼 엉기게 하지 아니하셨나이까 **11** 피부와 살을 내게 입히시며 뼈와 힘줄로 나를 엮으시고 **12** 생명과 은혜를 내게 주시고 나를 보살피심으로 내 영을 지키셨나이다 욥 10:9-12

이 말씀은 마치 자궁 속에서 수정란으로부터 열 달 동안 태아가 섬세하게 몸을 구성하며 자라가는 과정을 정확히 묘사해주는 듯하다. 전도서 11장 5절에도 "바람의 길이 어떠함과 아이 밴 자의 태에서 뼈가 어떻게 자라는지를 네가 알지 못함같이 만사를 성취하시는 하나님의 일을 네가 알지 못하느니라"라는 말씀으로 하나님의 기묘한 창조 능력을 증언한다.

물론 시편 139편 말씀 또한 생명체가 만들어지는 이 모든 과정을 하나님께서 친히 정하시고 그 모든 정교한 과정을 그분의 눈이 다 보시고 아셨다는 사실을 정확하게 묘사해주는 정말 놀라운 말씀이다. 17,18절에서는 우리가 세포 하나하나의 구조와 기능에서 감지한 것처럼, 그 모든 구체적인 설계와 창조의 과정이 정교하고 꼼꼼해서 그것을 만드신 주의 생각이 너무도 보배롭다고 감탄하며 그 수가 모래보다 많다고 고백한다.

'주의 생각'이라는 말은 한 생명체가 태어나서 놀라운 방법으로 그 형질이 조성되고 그 형태가 이루어지고 신비하게 영양을 공급받아 태아로 자라나는 과정, 그리고 그 태아가 계속 보호받고 더 성숙하여 완전한 아이가 되기까지의 모든 과정을 이루게 하시는 하나님의 계획을 말한다. 바로 그렇게 지성적으로 완벽하고도 전능하신 분이 구체적으로 계획하고 설계하신 대로 그 모든 정교한 과정이 진행된 결과로 지금 내가 보는 것과 같은 나의 몸이 만들어졌다. 그리고 나라는 사람 역시 하나님의 형상인 지성과 감정, 의지를 가진 존재로 지어서서 그 창조주 하나님의 놀라운 생각과 솜씨를 보고 감탄하며 감사하고 경배할 수 있게 하셨다.

하나님의 형상이 없는 동물이나 식물은 아무리 아름답고 정교하게 지어졌어도 그것을 만든 분을 알아봐드릴 수 있는 지성이나 이성이 없다. 이런 모든 질서를 보고도 창조주 하나님을 부인한다면 그것은 어쩌면 스스로 지성적인 존재이기를 포기하는 처사일 수도 있다.

Q2

진화론은 과학, 창조론은 신앙 아닌가?

학교에서 맨날 진화론만 배우고 자랐는데 이제 와서 창조론을 어떻게 믿나? 하나님이 세상 만물을 창조했다는 말이 교과서에 나온다 해도 어색하긴 마찬가지다. 진화론은 객관적인 증거들이 많은 과학이지만 창조론은 종교적인 신앙을 가진 사람들이나 믿는 거 아닌가? 상식대로 살자.

나뭇잎을 자세히 관찰해본 적이 있다. 몸에 혈관이 있는 것처럼 작은 나뭇잎 하나에도 곳곳에 미세한 혈관이 매설되어 있는 듯했다. 그 잎을 들여다보면서 새삼 하나님은 무한히 광대하시지만 무한히 미세하기도 하시다고 느껴졌고, 큰 쪽으로만 무한한 것은 어쩌면 반쪽 무한이고 정말 무한하려면 큰 쪽으로도 작은 쪽으로도 다 무한해야 한다는 생각도 들었다.

나뭇잎은 잎몸과 잎맥, 잎자루로 구성된다. 잎몸은 잎의 가장 중요한 부분으로 햇빛을 받기 쉽도록 모양이 평평하다. 엽록체 때문에 녹색을 띠고, 뒷면에는 많은 기공들이 있다. 주맥과 측맥으로 구성된 잎맥은 양분이나 수분이 지나는 통로인 물관과 체관으로서 줄기의 관다발과 이어져 있다. 잎몸과 줄기를 연결하는 잎자루는 잎몸이 햇빛을 많이 받을 수 있도록 비틀어져 있다.

이 모든 정교한 구성과 기능은 처음부터 완벽하게 각기 다양한 모양과 기능에 맞게 모든 식물의 구조를 조직하신 창조주 하나님의 설계를 통해서만 가능하다. 우연히는 이렇게 정교하게 만들어질 수가 없다. 하늘에서 내리는 눈송이도 그 구조가 아주 다양하다. 우리 주변의 모든 피조물 자체가 끊임없이 창조주 하나님의 놀라운 창조의 능력을 증언하고 있다고 해도 과언이 아니다.

하나님의 광대하심과 전능하심은 사람이 각자 개성 있고 다양한 것에도 나타나지만 그에 못지않게 동식물 세계의 정교함과 다양함에서 경이롭게 드러나기도 한다. 육지뿐만 아니라 바다 속에도 온갖 동식물이 헤아릴 수 없이 다양하다. 사람들의 눈에 쉽게 띄지 않는 곳에도 하나님은 하나님이셔서 창조주로서의 무한 광대함을 숨기실 수 없어서가 아닐까 상상해본다.

피조물의 다양한 본질에 하나님의 무한성이 반영되어 있다. 그들을 하나하나 만드신 분이 무한하지 않다면 이토록 속속들이 정교하고 다양할 수가 없다. 이걸 우연으로 돌리려 하면 무한히 소모적인 방황에 빠지고 만다. 하나님이 정말 무한하신 분이라면 그분을 함부로 무시하지 않는 것이 좋다. 피조물은 하나님을 다 담을 수 없다. 오히려 내가 아무것도 아닌 만큼 무한하신 그분을 더 잘 이해하는 자리에 선다고 봐야 할지도 모른다.

이성적인 존재가 만든 이성적인 존재

지금 당신의 몸을 새로운 눈으로 한번 보라. 하나님께서 친히 고안하신 완전 규격품으로 만들어져 있다는 게 금세 확인될 것이다. 정상적으로 태어났다면 처음부터 눈이 중간에 하나만 박혀 있다거나 콧구멍이 하나만 있다거나 하는 경우가 없다. 그것은 우리 몸이 우연히가 아니라 창조주 하나님이 처음에 설계하신 창조 법칙대로 하나하나 규격화된 채로 만들어졌기 때문이다. 이런 것들을 창조물에게서만 볼 수 있는 특정성이라고 한다.

"아라러아ㅏ난토ㅜㅇㅇ의아우어아아…"

한 번은 아무렇게나 자판을 막 쳐보았더니 이런 글 아닌 글이 나왔다. 스마트폰 자판을 잘못 눌러 "감사합니다"를 "간사합니다"라고 보낸 적도 있다. 이런 것은 내가 쓰려던 글은 원래의 내 의도에 따라 특정된 복잡성을 가지고 있었는데, 내 손가락이 그 의도를 충족시키지 못한 결과이다.

아기가 자판을 아무렇게나 마구 두들겼다고 상상해보자. 글을 모르는 그 아기가 어떤 의미를 전달하는 특정한 복잡성을 가진 한 문장을 완성할 확률이 얼마나 될까? 거의 불가능할 것이다. 그만큼 우연히 지금 우리 몸과 같은 생명체가 특정된 복잡성을 가지게 될 가능성은 완전 제로라고 보면 정확하다.

인간의 몸에 있는 약 100조 개의 세포 중에서 단 1개의 세포만 관찰해도 한 도시의 구조보다 훨씬 더 복잡한 구조와 기능을 발견할 수 있다. 세포를 쪼갤수록 단순해질 줄 알았는데, 실제로는 쪼개고 쪼개도 더 정교하고 복잡한 구조를 가지고 있다는 것이 드러났다.

세포 분자를 구성하는 원자만 해도 과학자들이 더 쪼개어 들어가면서 더 작은 입자들이 발견되었다. 한동안은 원자가 더 이상 쪼개질 수 없는 가장 작은 입자로 알려져 있었으나, 그 원자는 전자와 원자핵으로 이루어져 있고, 원자핵은 다시 양성자와 중성자로 구성되었다는 것이 발견되었다. 이러한 소립자들은 다시 쿼크(quark)로 이루어져 있음이 발견되었는데, 앞으로 과학이 더 발전하면 더 작은 것까지 새롭게 관찰될 가능성이 높다.

이렇듯 세포는 처음부터 완전히 서로 상호작용해서 작동하지 않으면 제 기능을 수행해내기가 불가능한 기관이다. 이러한 생물체의 정교한 복잡성은 생명체 하나하나가 진화론에서 주장하는 것처럼 작은 변이들이 오랜 시간에 걸쳐 연속적으로 축적되어서는 결코 생겨날 수 없는 복잡한 기관이라는 사실을 보여준다. 과학이 발전할수록 이러한 사실이 더욱더 확실하게 드러나고 있다.

따라서 현대 과학이 발전할수록 다윈의 자연주의적 진화의 개념은 더 이상 설 자리가 없어질 만큼 유명무실해지고 있다. 다윈 스스로도 수많은 연속적인 작은 변이들에 의해서는 결코 생겨날 수 없는 어떤 복잡한 기관의 존재가 증명된다면 자신의 이론이 무너지게 될 것이라고 말했다. 이제 오늘날의 과학은 다윈이 그렇게 하나의 가능성으로만 내세웠던 것들이 실현 불가능하다는 사실을 실제로 입증하고 있다.

유기체는 처음부터 완성품이어야 한다

생물체 안에 있는 복잡한 체계는 그 내부의 모든 부분이 제 기능에 맞게 다 갖춰지고 긴밀한 조정을 통해 서로 협력하기 전까지는 작동하지 않는 특성을 가진다. 사람이 죽는 것은 몸의 모든 기관이 다 고장나거나 파괴되어서가 아니다. 어느 한 부위가 심하게 손상되면 몸 전체가 죽음에 이른다. 손톱이나 발가락 같은 아주 작은 부위 하나만 아파도 온 몸이 아플 만큼 몸은 전체가 유기적으로 연결되어 있다.

하나님의 말씀인 성경은 그분을 믿는 신자들의 모임인 교회를 유기적인 생명체에 비유하면서 이렇게 말씀한다.

20 이제 지체는 많으나 몸은 하나라 21 눈이 손더러 내가 너를 쓸 데가 없다 하거나 또한 머리가 발더러 내가 너를 쓸 데가 없다 하지 못하리라 … 26 만일 한 지체가 고통을 받으면 모든 지체가 함께 고통을 받고 한 지체가 영광을 얻으면 모든 지체가 함께 즐거워하느니라 27 너희는 그리스도의 몸이요 지체의 각 부분이라 고전 12:20,21,26,27

이 말씀은 우리 몸을 구성하는 작은 지체들까지도 전체적으로 생명 활동을 유지해나가는 데 각자만의 자리와 역할을 온전히 감당한다는 사실을 다시금 분명히 보여주며, 그런 만큼 각 지체가 완벽한 조화를 이루며 서로 협력하는 것이 정말 소중하다는 진리를 밝혀준다. 사회적으로도 공동체성의 회복이 한 사회의 진정한 성숙도를 보여준다는 진리를 내포하지만, 좀 더 직접적으로는 예수님의 몸으로 일컬어지는 교회의 구성원들이 한 몸처럼 서로 화목한 가운데 서로 돕고 의지하며 살아야 한다는 뜻이기도 하다.

이렇게 처음부터 완벽하게 조화로운 기능을 갖춰야만 하는 특성을 가진 생명체는 진화론에서 주장하듯 순전히 우연에 의해서 하나씩 점진적으로 어떤 기관들이 무작위로 보태지는 방식으로는 결코 만들어질 수 없다. 진화론은 단순한 데서 점점 더 복잡한 상태로 진화가 이루어진다고 주장하는데, 생명체의 복잡성은 점진적으로 누적되어 생기는 그런 복잡성과는 전혀 차원이 다르다.

생명체에 담긴 정교한 복잡성은 시간을 두고 서서히 진화되면서 생기는 게 아니라 한 번에 동시에 완벽하게 생겨난 것이어야 제 기능을 발휘할 수 있다. 애초부터 어떤 지성적인 존재가 치밀하게 설계하고 조직해서 처음부터 하나의 완성품으로 짜맞추어 만들지 않으면 이렇게 정교하고도 복잡한 특정성을 가진 생명체는 아예 존재할 수조차 없다. 다시 말해, 점진적인 진화의 과정으로는 처음부터 치밀하고도 완벽한 설계가 필요한 생명체와 같은 이런 유기적인 체계를 만들 수 없다.

진화론은 메탄과 암모니아, 수소 같은 게 결합되어 있던 수억 년 전의 원시 대기에서 어느 순간 번개가 내려치자 세포의 주성분인 단백질을 만들 수 있는 아미노산이 우연히 만들어지고, 오랜 세월이 지나 그 아미노산이 서서히 돌연변이와 자연선택 과정을 거쳐 원시 단세포가 되고, 그 공통의 유기체 조상으로부터 결국에는 인간을 포함한 지구상의 모든 동식물이 만들어졌다고 주장한다.

이것은 마치 스마트폰에 들어가는 아주 작은 부품 하나가 오랜 세월이 지나면서 스스로 점점 더 다른 요소들을 부가적으로 만들어내면서 차차 저절로 서로 결합하더니 오늘날 우리가 보는 스마트폰처럼 완벽하게 작동하는 그런 복잡하고도 정교한 시스템으로 만들어졌다고 주장하는 것과 같다. 그러나 스마트폰은 그 내부의 여러 전자 부품들이 서로 완벽하게 상호작용해서 전체적으로 작동하지 않으면 그 기능을 온전히 수행할 수 없다. 이런 가설을 내세우는 진화론을 가리켜 '어른들을 위한 동화'라는 말이 나올 만하지 않은가?

육체는 다 같은 육체가 아니니

다윈이 살았던 19세기에는 전자 현미경 같은 게 없었다. 그래서 배율이 그다지 높지 않은 당시의 광학 현미경으로 들여다보았을 때 세포는 핵에 해당하는 검은 점이 있는 작은 젤리 덩어리처럼 보였을 뿐이다. 각 세포가 스스로 나뉘고 이리저리 움직이는 것 같은 활동을 관찰할 수는 있었지만, 그 당시 과학자들은 세포가 어떻게 그런 일을 하는지, 얼마나 복잡한 구조를 갖고 있는지는 몰랐다. 그들은 세포를 깊이 탐구할수록 더욱 단순한 구조를 가진 것으로 발견될 것이라고 추측했다.

그러나 지금 과학자들은 세포를 연구하면 할수록 더 세밀한 기능과 복잡한 구조를 발견해가고 있다. 세포가 엄청나게 복잡하며, 세포 내의 각 구성 요소가 적당한 모양과 힘을 갖고 적절한 상호작용을 하는 정밀한 기계와 같은 아주 정교한 생체 기관이라는 사실을 알게 된 것이다.

더구나 진화론은 동물세포나 식물세포 간에 정교한 질적 차이가 있다거나 동물의 몸을 구성하는 세포와 사람의 몸을 구성하는 세포 간에도 미세한 차이가 있다는 사실에는 별로 개의치 않는다. 그래서 식물과 동물이 상호 연관되어 있고 아메바 같은 단세포에서 모든 동식물과 사람이 나왔다고 주장한다. 그러나 염색체 수가 다르듯 사람과 동물의 몸 자체가 서로 다르다는 것이 성경의 증언이다.

육체는 다 같은 육체가 아니니 하나는 사람의 육체요 하나는 짐승의 육체요 하나는 새의 육체요 하나는 물고기의 육체라 고전 15:39

물론 인간의 몸이든 동물의 몸이든 각 육체를 구성하는 세포는 어떤 하나의 단일한 시스템에서 여러 부분들이 서로 잘 연결되어 있어야만 작동하도록 각 구성 요소가 섬세하고 정교하게 연결되어 있다. 그 부분들 중에서 한 부분이라도 제거된다면 그 세포라는 시스템의 전체 기능을 완전히 상실한다.

거듭 강조하지만, 사람의 몸은 그 모든 구성 요소들이 처음부터 다 유기적으로 연결되어서 작동해야만 전체적으로 맞물려 돌아가 생명체를 유지할 수 있게 되어 있다. 진화론에서는 박테리아 같은 단세포 생물에서 오랜 시간 동안 다양한 환경 변화에 따라 그때그때 적응하기 위해 서서히 눈이 생기고 심장이 생기고 손발이 생기고 하는 식으로 사람의 몸이 만들어졌다고 주장한다. 그러나 이런 과정을 통해서는 처음부터 완벽하게 작동하도록 설계되어 있어야만 쓸모 있는 우리 몸과 같은 유기적 생명체를 결코 완성할 수 없다.

진화론이 얼마나 어처구니없는 억지 주장인지는 이런 면에서도 자연스럽게 드러난다. 사람은 자신의 몸이 내외부적으로 아주 섬세하고 조직적으로 구성되어 있고, 또 매순간 정교하게 유기적으로 작동하는 특별한 창조물이라는 것을 매순간 실감하며 살아간다. 이렇게 놀라운 창조물을 매순간 직접 관찰하고 경험하며 살아간다는 사실 자체가 창조주 하나님의 존재를 있는 그대로 증언해준다고 생각되지 않는가?

이렇게도 정교한 복잡성을 갖춘 생물학적 체계가 어떻게 생겨나게 되었는가에 대한 유일한 답은 우연이 아닌 어떤 특별한 지성적인 설계자가 있어야 한다는 것뿐이다. 이것 외에 다른 답을 찾기가 불가능하다는 사실을 인정하지 않을 수 없다.

성경은 과학 교과서가 아닌 역사

성경은 창조주 하나님께서 먼저 지구에 생명체가 살아갈 수 있을 만한 환경을 처음부터 완벽하게 설계해서 만들어놓은 다음에 생명체를 만들었다고 말한다.

성경 창세기 1장에는 하나님께서 6일 동안 천지를 창조한 이야기가 나온다. 첫날에 빛, 둘째 날에 궁창 위의 물과 궁창 아래의 물, 셋째 날에 땅을 만들고, 넷째 날부터는 이렇게 미리 조성해둔 환경에 맞는 피조물들을 만들어 배치했다. 첫째 날에 만든 빛과 관련하여 넷째 날에는 해, 달, 별을 만드셨고, 둘째 날에 만든 궁창과 관련하여 다섯째 날에는 거기에서 날아다닐 수 있는 새와 궁창 아래의 물인 강과 바다에 사는 물고기를 만드셨다. 여섯째 날에는 셋째 날에 만들어진 땅에서 살아갈 동물과 사람을 만드셨다. 이들이 먹고 생존해나가야 할 식물은 이미 셋째 날에 땅을 만들 때 함께 만드셨다.

하나님께서 인간의 몸을 만드실 때 아주 정교한 세포의 모든 구조와 기능도 창조하셨다는 사실을 이미 살펴보았다. 그 세포가 그렇게 정교한 구조 가운데 복잡한 기능을 감당하는 생체 기관이라는 사실을 되새기면서 새롭게 실감한 사실이 있다. 한 세포가 인체의 생명 유지에 꼭 필요한 수많은 기능을 감당하려면 지속적으로 영양소가 공급되어야 하는데, 그 영양소가 바로 우리가 평소에 먹는 음식물이라는 것이다. 그렇다면 그 인체의 세포를 만드신 분과 자연세계에서 식물이든 동물이든 사람의 몸에 영양소가 될 수 있는 음식물을 만드신 분은 동일한 분이어야 한다는 사실을 인정하지 않을 수 없다. 음식물을 제대로 못 먹으면 우리 몸의 세포들이 생명력을 갖고 유지될 수 없다. 그렇게 인체의 세포를 생명력 있게 유지시켜줄 생기를 제공해주실 분은 인체 내의 세포가 어떤 성분으로 구성되어 있는지를 아는 분이어야 할 것이다.

사실 먹은 음식이 몸 안에서 복잡하고도 질서정연한 여러 화학작용을 차례대로 거쳐 피를 통해 세포를 살리는 생기가 된다는 것도 얼마나 신기한 일인지 모른다. 의학자들은 이 인체의 놀라운 구조나 기능에 대해 평생토록 연구해도 그 신비를 다 캐내지 못할 것이다.

성경은 과학 교과서가 아니라 단지 일어났던 역사를 있는 그대로 기록한 책이다. 그래서 창세기 1장에서 보는 것처럼, 창조의 사실도 다른 복잡한 설명 없이 단지 그때의 역사를 이야기 형태로 전달할 뿐이다. 그러나 그 모든 이야기의 면면을 자세히 살펴보면 논리적으로 조금도 빈틈이 없다. 그런 면에서 보면 철저히 과학적이기까지 하다.

그러나 진화론에서는 이런 생명체에 필수적인 지구상의 환경이라든지 공기의 상태나 지구와 태양 간의 거리, 지구와 달의 거리 같은 적당한 세팅도 없이 무조건 단세포 생물에서 수많은 시간이 지나면서 우연히 지속적인 돌연변이와 자연선택의 과정을 거쳐 지금과 같이 아주 정교한 질서와 특정한 복잡성을 가진 유기적인 생명체가 만들어졌다고만 주장한다. 곰곰이 생각해보면 얼마나 터무니없는 억지인지 모른다.

창조론과 진화론, 어느 것이 더 과학적인가?

다윈에게 진화론의 영감을 준 것은 남미 근처 태평양의 갈라파고스 섬에 사는 핀치새들이었다. 그 새들의 부리가 다양한 환경에 적응하느라 다양한 모습을 띠게 된 것을 관찰하고는 자연선택이나 돌연변이로 인한 진화의 단서를 잡았다. 그러나 이것은 대진화(종과 종 간의 변이)가 아니라 소진화(종 안에서의 변이)의 증거일 뿐이다. 아무리 많은 소진화의 증거를 들이대도 그것이 대진화의 증거는 될 수 없다.

하나님은 같은 종 안에서는 다양한 환경에 따라 변이가 일어나는 진화적 체계를 허용하셨다. 이것 역시 엄연한 창조질서에 속한다. 그러나 종을 넘나드는 변종은 처음부터 "종류대로"(창 1:11) 만든 디자인에 위배된다. 생물체의 기원에 대해 과학의 기본법칙에마저 위배되는 진화론적 유추는 그래서 더 주제넘고 위험하다.

오히려 화석 등의 증거를 볼 때 생명체는 원시적 형태를 거치는 일 없이 처음부터 완전한 형태로 종류대로 만들어졌다는 성경의 기록을 입증해주는 듯하다. 창조론을 신봉하는 이들도 환경 적응에 따른 소진화는 당연히 인정한다(지금은 하나님의 창조를 믿는 과학자들 가운데 하나님이 진화의 방법을 사용해 창조를 진행했을 수 있다고 주장하는 이들도 기독교 내에 존재한다). 그러나 대진화의 확정적인 증거는 단 한 건도 없다. 이것은 진화론자를 자처하는 수많은 과학자들도 스스로 인정하는 사실이다.

더구나 진화론은 과학적인 실험을 통해 단 한 번이라도 확정된 적이 있는 어떤 진리 체계가 아니며, 아직도 논란 중에 있는 '가설'일 뿐이다. 다윈의 《종의 기원》에서 흔하게 많이 나오는 동사가 "이러저러한 것으로 추정된다"라는 말이다.

과학의 가장 기초적인 과정은 '반복 관찰, 실험, 입증'이다. 그런데도 진화론자들은 이 과정을 무시한 채 그저 과학적 사고인 것처럼 여겨지는 논리로 도출된 것이면 다 과학이라고 우기는 경향이 있다. 논리가 먼저 있고 명제가 나오는 게 아니라 명제를 먼저 내놓고 논리를 개발한다. 진화를 과학으로 만들려고 과학의 정의까지도 마음대로 진화시켜버린 느낌마저 든다.

그러면서 그들은 "진화가 모든 것을 설명하지는 못하지만 언젠가는 사실이라는 게 완전히 밝혀질 것이다"라는 말을 즐겨 쓴다. 과학의 잠정성을 오용한 과학 우상화의 한 측면을 여실히 보여주는 말이다. 수많은 젊은이들이 이러한 과학 우상화의 미끼에 현혹되어 섣불리 창조론의 정당성을 무시하고 있는 것 같다.

종교는 주관적 가치, 과학은 객관적 사실을 다룬다는 것은 이분법적인 생각이다. 기독교는 합리적 지식 체계로서의 과학은 인정하지만 자연주의적 세계관과 방법론만을 과학으로 인정하려는 과학은 배격한다. 이런 과학은 과학자의 무신론적 믿음이 반영된다는 점에서 다분히 주관적이기 때문이다. "증명되기 전까지 확실한 것은 하나도 없다"라는 식의 학문적 회의주의, 과학 우상주의는 성경과 충돌하기도 한다. 성경이 문자적으로도 분명한 과학적 현상을 언명하는 경우에는 과학주의보다 성경이 우선이다. 성경을 불신하는 것이 과학주의에 빠지는 것보다 훨씬 더 쉽다.

진화론에 호의적인 신자들은 성경을 과학과는 거리가 먼 종교서적쯤으로 여긴다. 그러나 세속적 과학주의의 잣대로만 성경을 함부로 재단하면 무신론적 가치관과 편견에 의해 더 큰 진실을 보는 눈이 가려지고 만다. 성경은 과학 현상을 논술이 아닌 이야기체로 선포한다. 지구가 자전한다고 서술하기보다 사람 입장에서 그냥 해가 뜬다고 때로 문학적으로 표현하기도 한다. 그러나 그런다고 해서 하나님만 남기실 수 있었던 창조의 사실, 다양한 과학적 현상들에 대한 성경 기록의 신성한 권위가 폄하될 순 없다. 성경은 과학서만은 아니고 과학주의에도 매이지 않지만 과학적으로 입증될 만한 것을 기록한 경우 오류가 없다.

인격적인 창조주 하나님을 무시한 채 세상의 체계 자체가 세상의 전부인 줄 알면 그때부터 세상에 인격이 부여된다. 얽히고설킨 세상의 그물망 자체가 무언가 인격을 가진 전지전능한 존재로 보인다. 그래서 마녀가 맘대로 요술을 부리는 디즈니 애니메이션에 온갖 기적들이 저절로 일어나도 요즘 사람들은 전혀 어색해하지 않는다. 자연주의 세계관에서는 모든 게 신이고 또 신이 아니다. 그러나 이런 막연한 생각이야말로 어떻게 하든 창조주 하나님을 애써 무시하고 배격하려는 사람들의 악한 죄성에서 비롯된 것이라고 볼 수 있다.

창조론은 무에서 유, 진화론은 유에서 유

고전적인 과학의 방법은 귀납과 연역, 경험과 합리성의 결합으로 이루어져 있다. 모든 과학적 실험이 이 방법들로 진행되고 그 관찰의 결과가 하나의 과학 이론으로 제시된다. 그런데 도구적이면서도 원인적인 어떤 힘을 우연에 부여하는 것은 이러한 고전적인 과학의 방법을 전적으로 손상시키는 것이다. 그것은 명백한 비합리성이며, 바람직하지 않은 철학일 뿐만 아니라 터무니없는 과학이라고까지 일컬어진다.

우연에 도구적인 어떤 힘을 부여하는 것은 현대의 과학과 우주론에서 가장 심각한 오류요 난센스이다. 그런데도 리처드 도킨스를 포함해 현재의 내로라하는 쟁쟁한 무신론적 진화론자들은 이렇게 명백한 난센스를 아무렇지도 않게 버젓이 자신들의 책에 유신론을 반대하는 논리로 제시한다.

그들도 우연을 창조주로 내세우는 자신들의 논리가 엉성한 줄은 느껴서인지 "시간이 아주 오래 지나가면" 우연에 의해서도 무언가가 발생한다는 점진적인 자연발생설을 주장한다. 과학 교과서 같은 데서 이미 많이 들어온 대로 어떤 특정 상태에서 굉장히 긴 시간이 지나가면 거기서 우연히 원시적인 생명체가 탄생되고, 그 원시적인 생명체 역시 오랜 시간이 지나면 우연히 점점 더 복잡한 상태로 진화되어간다고 그냥 가정할 뿐인 가설이 바로 진화론이다.

지금 내가 내 몸을 볼 때 느낄 수 있는 것처럼 이토록 완벽한 유기체가 어느 순간 갑자기 무에서부터 저절로 생겨날 수 있다고 믿는 것이 과연 합리적일까? 아무것도 없는 무(無)에서는 아무리 오랜 시간이 지난다 해도 아무것도 생기지 않는다. 과학자들이 절대적인 무에서 어떤 것이든 그냥 우연히 나올 수 있다고 가정하거나 감히 과학의 이름을 남용해 함부로 주장하는 것은 한마디로 터무니없는 난센스이거나 과학의 월권이다. 그들은 단지 이미 존재하는 어떤 것들에서 다른 어떤 것들로 전환되는 일관된 방식을 수학적으로 설명할 수 있을 뿐이다.

창조와 발생은 전제 자체가 다르다. 창조론은 무(nothing)에서 유(something)를 창조한 신을 전제로 하지만, 진화론은 유(something)에서 유(something)가 발생하는 법칙을 연구할 뿐이다. 만물의 기원에 대한 문제마저 신을 배제하고 발생론적으로만 풀려고 할 때 과학은 종교가 되고 만다.

우리가 과학적으로 반복해서 관찰할 수 있는 것처럼 지구와 모든 행성들이 정확히 제 궤도를 지켜 운행되게 하고 지구상에만 유일하게 생명체가 살 수 있도록 처음부터 모든 환경을 조성하신 설계자, 디자이너가 있다. 아니, 반드시 그런 존재가 있어야 한다. 성경은 그분이 바로 여호와 하나님이시라고 분명히 밝힌다.

욥기 26장은 이 하나님께서 아무것도 없는 곳에 지구를 달았다고 분명히 말씀한다.

7 그는 북쪽을 허공에 펴시며 땅을 아무것도 없는 곳에 매다시며 **8** 물을 빽빽한 구름에 싸시나 그 밑의 구름이 찢어지지 아니하느니라 욥 26:7,8

여기에 나오는 '아무것도 없는 것'은 영어로 'nothing'이다. 하나님이야말로 아무것도 없는 무에서 유를 창조해내신 유일하신 분이라는 진리를 상징적으로 드러내 보여주는 말씀이다. 이렇게 인격적인 존재로 온 우주를 친히 창조하신 하나님이라는 분, 영원 전부터 스스로 있는 분, 자존하시는 이 분의 창조 사실에 관한 성경의 증언을 무시하면 당신은 결국 우연을 창조주로 믿어야 하는 것 외에 다른 길이 없다.

성경 외에 다른 어떤 종교의 경전이나 신화 중 이렇게 구체적이고도 사실적, 역사적으로 창조의 사실을 일관성 있게 논리적으로 언급하며 창조주 하나님의 존재를 증언하는 것은 없다. 당신의 선택에 당신의 영원한 운명이 걸려 있다.

"아, 몰라. 이 세상이 우연히 되었거나 말거나 누가 만들었든 뭐하든 무슨 상관이야? 난 그냥 하루하루 성실하게 살아가면 돼"라고만 말하면 안 된다. 내가 하루하루 살아가고 있는 이 땅에서 영원히 신 없이 살 수 있다면 이렇게 말해도 괜찮다. 그 신이 아무런 간섭도 안하는 것처럼 보이는 이 세상에서 영원히 살아갈 수 있다면야 이렇게 말하면서 살아도 괜찮을지 모른다. 그러나 이 땅에 태어난 모든 사람은 반드시 때가 되면 죽음을 맞이해야 한다. 그래서 창조주를 아는 것이 중요하다. 내가 왜 이 땅에 존재하게 되었는지를 알고, 그렇게 나를 이 땅에 존재하게 하신 창조주를 아는 것은 인생에서 풀어야 할 문제들 중 가장 중요한 문제라 해도 과언이 아니다. 내 존재의 영원한 생명과 죽음을 결정적으로 좌우하는 문제가 되기 때문이다.

1 너는 청년의 때에 너의 창조주를 기억하라 곧 곤고한 날이 이르기 전에, 나는 아무 낙이 없다고 할 해들이 가깝기 전에 2 해와 빛과 달과 별들이 어둡기 전에, 비 뒤에 구름이 다시 일어나기 전에 그리하라 전 12:1,2

지금 우리가 숨쉬고 살아갈 수 있는 것은 우리 각자에게 친히 생명을 주신 하나님이 살아계시기 때문이다. 만약 그 하나님이 죽으시기라도 한다면 이 세상에 생명을 가진 어떤 존재도 더 이상 살아갈 동력이나 근거를 얻지 못한다. 그냥 그 자리에서 다 즉사한다고 보면 된다.

13 누가 땅을 그에게 맡겼느냐 누가 온 세상을 그에게 맡겼느냐 14 그가 만일 뜻을 정하시고 그의 영과 목숨을 거두실진대 15 모든 육체가 다 함께 죽으며 사람은 흙으로 돌아가리라 욥 34:13-15

우리 인간은 하나님의 피조물이기에 이렇게 하나님의 생명에 전적으로 의존하는 존재이다. 의존적 존재는 다른 의존적 존재의 궁극적

원인이 되지 못한다. 자동차 생산라인의 조립대가 아무리 많아도 조립대는 조립대를 못 만든다. 내 부모의 부모를 거슬러 올라가도 부모는 사람의 창조자가 아니다. 사람과는 차원이 다른 독립적 초월자가 꼭 필요하다. 이 존재가 없었다면 세상은 애초부터 존재할 수 없었다는 것을 인정하지 못하는 사람에게서는 합리적인 생각을 기대하기 어렵다.

성경에 나오는 여호와 하나님만이 '스스로 있는 자'이시다. 그분은 결코 창조되신 분이 아니다. 항상 계셨고 지금도 계시고 앞으로 영원히 계실 분이다. 그분은 진화된 존재도 아니고, 만들어지지도 않았다. 만약 우주를 창조한 인격적인 창조주가 있다면 그를 우리의 이해를 뛰어넘는 영원한 존재로 여기는 것이 이치에 맞다.

모든 것에 원인이 있어야 한다?

유일하게도 하나님만이 자체적으로 존재 능력을 지니신 영원한 존재, 스스로 있는 자 곧 자존자이시다. 그분만이 어떤 원인도 없이 영원 전부터 홀로 자존하는 분이시다. 그러한 절대적인 존재 능력만이 무에서 무언가를 만들어낼 수 있는 창조의 원인이 될 수 있다. 그것 말고는 현재 우리가 보는 이 창조 세계의 원인을 찾을 수가 없다.

무신론자들은 흔히 "만일 모든 것에 원인이 있다면 하나님께도 원인이 있어야 한다. 만일 원인 없는 무언가가 존재할 수 있다면 하나님과 마찬가지로 우주 만물도 그럴 수 있다"라고 강변한다. 일견 그럴 듯해 보이기도 하지만 조금만 들여다보면 이 말의 논리적인 허점이 금세 드러난다.

"만일 모든 것에 원인이 있어야 한다면"이라는 가정 자체가 잘못되었다. 이것은 우주 안팎에 존재하는 '모든 것'에 대해 인간이 다 알 수 있다는 전제 아래서만 가능한 가정이다. 바로 그 '모든 것'에 영원 전부터 스스로 있는, 자존하시는 하나님이 포함되어 있지 않다면 이 가정은 정당하게 성립될 수 없다. 이것은 마치 무신론자들이 신이 없다고 확신하는 것이 얼마나 불완전한 지식인가를 따지는 데도 적용될 수 있다.

신이 진짜 신이 되려면 온 우주 만물을 창조한 신이어야 하는데, 그렇다면 그 신은 무신론자 한 사람보다 어마어마하게 더 큰 존재일 것이 분명하다. 전 우주에서 볼 때 한 점보다 작은 인간이라는 존재가 무한해 보이는 우주를 만들 만큼 무한한 존재인 신이 없다고 감히 단정할 수 있을까? 누군가 신이 없다고 말하려면 신이 가진 무한한 지식보다 더 많은 지식을 가져야 할 것이다. 그러므로 피조물인 인간이 함부로 창조주 신이 없다고 단정 지어 말하는 것부터가 경솔한 처사라 하겠다.

따라서 앞에 언급한 "모든 것에 원인이 있다"라는 무신론자들의 가정은 "인간이 파악할 수 있는 모든 결과에는 원인이 있다"로 바뀌어야 한다. 그래서 우리가 현재 관찰할 수 있는 이 우주와 세상 만물과 우리 인간의 정교한 몸을 보니 지성적이고도 인격적이며 전능한 어떤 존재가 처음부터 설계하고 계획하지 않았다면, 다시 말해 그런 전능한 어떤 존재라는 원인이 없었다면 절대로 이런 창조물의 결과가 저절로 생겨날 수는 없었을 것임을 알 수 있다.

철학에서는 오래전부터 이 창조자를 가리켜 '제1 원인'이라는 말을 써왔다. 그러나 군이 그런 용어를 빌리지 않고 우리가 지금 알 수 있는 대로 모든 결과에는 원인이 있어야 한다는 과학의 절대 법칙인 인과관계만을 고려하더라도, 영원히 자존하시는 창조주는 존재 자체가 없는 우연이 아니라 인격적인 여호와 하나님인 것을 인정할 수 있다.

그 하나님이 창조된 자연에 펼쳐 보여주신 자연 계시, 곧 우주 만물의 질서정연한 체계나 운행, 사람의 양심, 인간의 역사 같은 것이나 직접적인 특별 계시로 주신 성경을 본다고 할 때 그 창조주 하나님은 우연적이거나 질서가 없는 분이 아니라 매우 인격적이고 질서가 있고 지성적인 존재라는 것을 누구나 확인하고 인정할 수 있다.

물론 그 창조주 신이 성경에 나오는 그 하나님이라고 어떻게 알 수 있느냐 하는 문제는 그다음 문제이다. 다만 우주에는 창조주 하나님이 반드시 존재해야 하는가 하는 주제로 국한할 때 우연이 창조주라도 되는 것처럼 주장하는 진화론은 사실이 아니라는 것만큼은 명백해진다.

그리고 보면 요즘의 무신론자들은 단순히 신이 없다고 강변하는 이들만이 아닌 것 같다. 그들은 인간의 제반 문제들을 푸는 데 신이나 종교의 도움을 받지 않겠다는 강한 자존심을 가졌다. 세상살이의 중심에 인간을 전능자로 두려는 세속적 인본주의가 그들의 신관이다. 그래서 무신론적 진화론자들은 확실한 증거가 많다 해도 초월적인 창조주의 존재를 인정하느니 차라리 증거가 빈약해도 진화론을 옹호하는 게 낫다고 노골적으로 공언한다. 자신들이 하나님을 믿지못하는 것에 그치지 않고 그 불신의 가치관을 체계화하며 선전해온것이 진화론이다.

지금도 과학자들은 우주의 현상계에 있는 법칙들을 알아내는 데각자 일평생을 쏟아 붓지만, 그것들이 왜 때마다 정확하게 돌아가는지는 모른다. 법칙 자체보다 그 운행의 질서가 더 기이하다는 과학자들도 있다. 이 법칙의 원인을 우연으로 두면 어떤 체계적인 과학도 성립될 수 없다.

진화론자들은 "하나님의 존재는 과학적으로 입증해낼 수 없는 신앙의 영역이어서 창조론은 반과학적, 반지성적"이라고 단정하면서, 우연에 의한 창조는 과학적으로 입증해낼 수 있다고 주장한다. 무신론적 세계관을 진리로 전제한 일종의 신앙을 과학적이라고 우기는 격이다. 진화론은 우연에 의한 창조를 믿고 성경적인 창조론은 인격적인 하나님에 의한 창조를 믿는다. 둘 다 창조주를 믿는데 전자는 결코 지성적일 수 없는 우연을 창조주로 믿고, 후자는 지성적인 하나님을 창조주로 믿는다. 어느 것이 더 반지성적, 반과학적이라고 해야할까?

진화론 자체가 실험과학이 아니라 시공간적으로 아주 제한적인 데이터와 모델에 따른 가상의 역사를 전제로 하는 역사과학이다. 과학의 생명인 가설, 실험, 입증의 과정이 불완전해서 여전히 가설들만 엎치락뒤치락하는 단계의 이론일 뿐 정설이나 법칙이 된 적은 없다.

과학과 종교가 양립할 수 있느냐는 문제가 심심찮게 제기되어왔다. 두 영역이 어떤 형태로든 사실들을 다룰 때는 많은 공통분모들로 인해 양립할 수 있다. 창조가 사실이고 세상을 만든 창조주가 성경의 저자라면 과학과 성경의 내용물에 겹치는 영역들이 있다. 그 영역이 창조의 과학적 증거라고 할 수 있다. 물론 과학적 방법론의 하나로서 진화론을 인정해야 한다면 그 범위는 소진화로 제한되어야 한다. 우연에 의한 창조나 종 간의 변이를 당연시하는 진화론은 무신론적 진화주의로 유사과학조차 넘어선 철학적 과학이라고 봐야 한다.

세상에는 눈에 보이지 않는 영적 세계인 초과학적 영역, 눈에 보이는 현상계인 과학적 영역, 미신이나 무지한 관습과 같은 비과학적 영역이 있다. 과학이 발달해도 초과학적 영역은 건드리지 못한다. 그렇다고 해서 그 영역을 미신인 양 취급한다면 명백한 월권이다.

사실 천지 만물을 만들고 수많은 법칙 가운데 그 모든 것의 안팎을 질서 있게 주관하는 초월적인 절대자 하나님의 역할은 아무나 감당할 수 없다. 작은 풀잎 하나에도 정교한 지혜와 지식이 깃들어 있다면 오직 무한한 지성을 가진 존재만이 모든 순간에 그 모든 만물을 친히 설정해놓은 법칙에 따라 붙들 수 있다.

끝내 안 믿을 이유가 꼭 하나는 더 있다

우주가 생성될 때 그 현장에 있었던 사람은 아무도 없다. 그래서 생명체의 기원 문제는 우선 인간 고유의 상상이나 상식에 먼저 호소해야 한다. 우연을 창조주로 삼는 것이 인간 보편의 이성과 상식에 더 부합한다고 믿는다면 그 길을 택할 자유가 있다. 다만 지금까지 우리가 함께 살펴본 것처럼 그러한 무신론적 자연주의, 우연주의 사상에 기초한 진화론이 창조론보다 더 과학적이라고 떼쓰지는 말아야할 것이다.

시간이 지나면 음식물은 썩고 건물은 낡고 사람은 늙어 죽는다. 자연계의 물체들은 그대로 두면 점점 더 무질서해지고 해체되며 단순해진다. 이것이 과학의 기본 법칙인 열역학 제2법칙이다. 단순한 무생물이 점점 더 복잡한 생명체로 변해왔다는 진화론은 과학의 가장 기초적인 법칙마저 거스르는 모순이다.

이러한 진화론의 명백한 허구성에도 불구하고 오늘날 수많은 지식인들이 이 진화론을 믿고 따르는 것은 참으로 안타까운 일이다. 진화론과 같은 가설을 철석같이 믿는 사람이 똑똑하고 많이 배웠다는 사람들 중에 특히 많다. 왜 그럴까?

대체로 그들은 인격적인 하나님을 무시하려는 경향을 가지고 있다. 그래서 우주와 생명체의 기원에 대해 어떤 이론이든, 그럴듯한 가설이라도 등장하길 바랐는데, 마침 다윈이 진화론을 내세워 이를 충족시킬 만한 그럴 듯한 이론을 제공해준 것이다. 그래서 우선 그 이론이 타당하다는 것을 전제로 계속 연구하면서 어떻게든 인격적인 창조주 신의 존재를 부인할 수 있는 단서를 찾는 데 몰두해온 것이다.

진화론은 사실 조금만 자세히 따지고 들어가 보면, 정말 말도 안되게 비과학적이며 또 하나의 믿음에 불과한 억지 주장이라는 사실이 자연스럽게 드러난다. 그런데도 창조주 하나님의 존재를 믿기 싫어하는 죄성을 가진 인간들에게는 아주 그럴 듯해 보이는 호소력을 발휘한다는 것 자체가 오히려 도저히 믿기지 않는 기적 같은 일이기도 하다.

우리 주변에는 익숙한 자기 삶의 방식과 쾌락을 버리고 싶지 않아 하나님을 안 믿으려는 이들이 의외로 많다. 증거 부족은 핑계에 지나지 않는다. 증거가 아무리 많아도 못 믿을 핑계가 꼭 하나는 더 있다. 결국 하나님의 존재에 관한 증거가 없어서 그분을 못 믿는 게 아니다. 대체로 그들은 하나님이 존재하는 것을 원치 않아서 믿지 않는다. 딱 부러진 증거가 없다고 불평하는 것은 연막에 가깝다. 진정으로 창조주 하나님을 만나고 싶다면 이 연막을 스스로 걷어내고 눈만 제대로 뜨면 주변에 수없이 널려 있는 창조의 확고한 증거들을 볼 수 있다. 그 증거들을 통해 반드시 창조주 하나님을 찾게 되고 인격적으로 만나게 된다고 믿는다. 사람이 진리를 찾고자 한다면 빛은 충분하지만, 거부한다면 암흑 또한 충분하다.

창조 세계에 드러난 정교한 질서 체계를 볼 때 그것을 설계하신 인격적이고도 지성적인 창조주 하나님이 반드시 존재해야만 모든 면에서 실제 세계의 이치에 맞다. 성경도 이에 관해 분명히 말씀한다.

> 창세로부터 그의 보이지 아니하는 것들 곧 그의 영원하신 능력과 신성이 그
> 가 만드신 만물에 분명히 보여 알려졌나니 그러므로 그들이 핑계하지 못할
> 지니라 롬 1:20

여기서 중요한 말은 '분명히'라는 부사이다. 하나님께서는 자신과 같은 지성적 존재에 의해 분명한 의도와 계획과 설계 가운데 만물이 창조되었다는 것을 피조세계에 분명히 드러내 보여주셨다. 그냥 어설프게, 어렴풋하게 보여주신 게 아니라 확실하게 보여주셨다. 그런데도 믿지 않는다면 최후 심판 날 창조주 하나님 앞에서 "나는 세상에서 하나님이 존재한다는 증거를 못 봐서 못 믿었다"라고 핑계 댈 수 없을 것이다.

지성적 창조의 증거는 애매하지 않고 명백하므로 창조론은 진화론보다 훨씬 더 과학적이라고도 할 수 있다. 그런데도 다들 스스로 애써 눈을 감는다. 어쩌면 파스칼의 말처럼 '초자연적 실명' 상태를 자처하는 것인지도 모른다. 그렇게 스스로 눈을 질끈 감고 창조주 하나님을 끝까지 못 본 체해버린 대가는 영원히 돌이킬 수 없을 만큼 클 것이다.

Q3

말 몇 마디로
어떻게
세상을
만들어

?

주위에서 하도 성경을 읽어보래서 첫 장을 펴서 읽다가 이 내 접고 말았다. 아무리 하나님이라도 그렇지, 어떻게 아무런 건축 도구도 없이 말로만 해 나와라 달 나와라 해서 만물을 만들었다고 하나? 도깨비 방망이 할아버지가 떠올라 계속 읽어볼 의욕이 꺾여버렸다.

엄밀히 말하면 모든 사람은 사랑 없이는 이 세상에 존재할 수 없다. 생명체를 탄생시키는 정자와 난자의 만남은 그냥 우연히 이루어지는 일이 아니다. 반드시 한 남자와 한 여자가 서로 인격적으로 사랑하는 과정을 거쳐 결혼한 상황에서 일어나는 일이다. 그러니 나라는 존재도 그저 기계적으로 정자와 난자가 결합해서만 만들어질 수 있는 것이 아니다. 일정하게 정해진 창조의 법칙과 사랑이라는 관계의 법칙에 의해서만 만들어질 수 있다.

기독교에서는 이런 과정을 가리켜 창조질서라고 말한다. 이 질서는 사람의 존재 자체나 존재 방식과도 아주 밀접한 관계를 맺고 있는데, 이 창조질서에서 가장 중요한 두 가지 요소는 존재의 법칙이라고도 할 수 있는 말씀과 사랑이다. 특별히 말씀은 창조의 기본 법칙에 해당하고, 사랑은 사람들 간의 모든 관계의 기본 법칙이라고 할 수 있다.

말씀의 법칙, 사랑의 법칙

사실 '나'라는 사람이 세상에 태어나 지금까지 존재할 수 있었던 것은 모두 나라는 존재가 말씀과 사랑이라는 이 대표적인 두 가지 창조질 서에 종속되어 있어서 가능했다. 나라는 사람은 이 질서를 떠나서는 단 한 순간도 제대로 존재할 수 없었을 것이다. 그러니까 나라는 존재는 사실 특정한 법칙과 사랑으로 만들어진 존재이다.

여기서 이 법칙을 질서 또는 '말씀'이라는 말로 바꾸어 이야기할 수도 있을 것이다. 그렇다면 나라는 존재는 말씀과 사랑으로 만들어졌다고 말할 수 있으며, 그렇게 말씀과 사랑으로 만들어진 나라는 존재 자체 역시 말이고 사랑이다. 성경에서는 창조주 하나님이 사랑이시고 또 말씀이라고 말한다. 그런데 하나님은 그러한 자신의 형상으로 사람을 만드셨다고 한다. 그래서 나라는 존재 자체에도 사랑이요 말이라는 특성이 있다.

간단한 예를 들어, 사람은 어머니와 아버지의 사랑의 결정체로 잉태되어 그 이후 구체적으로 몸이 만들어지는 과정을 경험한다. 뱃속에서부터 어머니의 사랑으로 자라고, 태어나서도 부모의 사랑을 받아먹고 자란다. 그 아이가 좀 더 자라서는 친구와의 사랑, 더 자라서는 다시 이성 간의 연애를 거쳐 또 결혼해서 사랑의 결정체로 자녀를 낳는 이 사이클이 반복된다. 세상의 모든 직업 역시 이웃사랑이다. 한 나라의 대통령이라는 자리도 나라의 살림꾼으로 이웃을 사랑하기 위한 직업 중 하나이다. 생필품을 만드는 기업의 사장이나 회사원, 교사, 의사, 공무원 등 모든 사람이 사실은 이 이웃사랑이라는 하나님의 창조질서에 열심히 순종하면서 하루하루를 살아가고 있다. 그래서 세상은 이웃사랑의 관계 공동체라고 정의해도 전혀 무리가 없다.

모든 사람이 하나님의 창조질서에 따라 어머니 뱃속에서 형성되고 자라나서 태어난 것처럼, 이 세상에 태어나서도 하나님이 이미 계획하고 만들어두신 창조질서에 따라 부지런히 그 법칙에 순종하며 살아간다. 이것은 개인적으로 창조주 하나님을 믿든 안 믿든 상관없이 진행되는 일이다.

사람이 곧 말이며, 그 이유는 사람이 하나님의 말씀으로 지어졌기 때문이라는 주장 역시 이치에 맞는다. 보통 죽은 사람은 말이 없다고 한다. 그 말이 곧 사람의 영혼이기 때문이다. 죽음이란 육체와 영혼이 분리되는 것인데, 그 영혼인 내 말이 생물학적으로 죽은 내 육체에서 분리되어 떨어져 나가기 때문에 죽은 사람은 말이 없다는 말이 나온 것이다. 그래서 그의 말이 곧 그의 영혼이라는 사실 역시 이치에 맞는다.

성경은 하나님께서 사람을 포함해 세상 만물을 말씀으로 만드셨다고 한다. 단순히 말만으로 만물을 만들었다는 데 대해 많은 사람이 거부감을 느끼는데, 알고 보면 이것은 도저히 믿기 어려운 황당무계한 이야기가 아니라 아주 이치에 맞는 합리적인 이야기이다. 그동안 내가 개인적으로 살펴보고 연구하고 경험해온 바로는 기독교에서 전하는 창조에 관한 이야기는 지금 실제 세계에서 경험하는 이치와 모든 면에서 분명하게 일치한다.

하나님은 말씀이시다

많은 사람이 성경 창세기 1장에 나오는 대로 하나님께서 "빛이 있으라", "뭍이 드러나라" 하는 식으로 말씀만으로 만물을 만드셨다는 사실에 대해 미심쩍어한다. 말도 안 된다며 한마디로 억지이거나, 신화나 전설에나 나올 법한 터무니없는 이야기라고 생각한다. 이것은 사람들이 흔히 사용하는 말이 어떤 의미와 기능을 가졌는지 깊이 생각해보지 않은 데서 비롯된 오해이다. 하나님께서 말씀으로 세상 만물을 만드셨다고 할 때 그 말은 어떤 의미가 있을까?

성경은 하나님이 말씀이시라고 밝힌다.

태초에 말씀이 계시니라 이 말씀이 하나님과 함께 계셨으니 이 말씀은 곧 하나님이시니라 요 1:1

하나님의 존재의 뿌리인 말씀에 그분의 권위와 능력이 있다. 말은 생각에서 나오며 생각은 에너지이다. 생각만 해도 에너지가 소비된다. 따라서 말씀으로 에너지의 여러 전이 형태인 만물이 지어지고 보존, 유지된다고 해서 이상할 것이 없다.

창조물은 사람이 사용하는 말 자체의 특성과도 비슷하다. 말이 표현성과 논리성, 개념을 지니듯 창조물도 그러하다. "앞으로는 잘 살았구나!"라는 말은 표현은 있지만 논리가 안 맞는다. 말은 표현성과 논리성을 갖춰야 개념을 지니게 된다. 이러한 말의 특성과 창조물의 특성이 동일하다. 손이라는 창조물을 떠올려 보면, 모든 손은 엄지와 다른 손가락들의 방향이 직각이어야(표현) 무언가를 쥘 수 있는(논리) 손이 된다(개념). 사람의 몸에 표현된 구성과 기능 하나하나가 논리적이어서 개념을 지닌다. 말이 앞뒤가 안 맞고 비논리적으로 표현되면 무개념이 되듯 창조물도 동일한 속성을 갖는다.

허공에 떠 있는 둥근 지구, 정교하게 빚어진 육체, 동물에게는 없는 인간의 양심, 인류 역사에 나타난 일정한 흥망성쇠의 패턴, 이 모든 논리적 질서는 이 세상이 우연이 아니라 논리와 지성이 담긴 말씀을 통해 지어졌다는 증거들이다.

일상에서도 말에는 창조력이 있다. 말 한 마디가 사람을 살리고 천 냥 빚을 갚기도 한다. 직장에서도 리더가 뭔가를 명령하면 말한 그대로 일이 이루어진다. 말에 존재의 실체와 능력이 있고 그렇게 말한 대로 실제로 삶의 현장에서 적용이 일어난다.

사실 사람의 말보다 더 신기한 것도 없다. 말의 논리성이 세상을 구성한다. 그 논리가 없으면 세상이 안 굴러가고, 굴러가도 비논리적으로 엉망이 되어 굴러간다. 실제로 사람들이 조리 있게 말할 때마다 말씀이신 우주 경영자를 드러낸다고도 볼 수 있다. 말 못하는 짐승은 절대로 내 조상이 아니라고 확증하는 것이기도 하다.

하나님께서 말씀으로 만물을 창조했다는 것은 그 피조물에 그분의 존재가 드러난다는 뜻이기도 하다. 성경은 무엇보다 보이지 않는 그분의 속성이 말씀을 통해 보이는 세계를 창조했다고 말한다.

> 믿음으로 모든 세계가 하나님의 말씀으로 지어진 줄을 우리가 아나니 보이는 것은 나타난 것으로 말미암아 된 것이 아니니라 히 11:3

또한 말씀이 곧 하나님이시고, 그 말씀으로 만물을 만드셨기 때문에 그 피조물에 그분의 능력과 신성이 드러나 있다고 천명한다.

> 창세로부터 그의 보이지 아니하는 것들 곧 그의 영원하신 능력과 신성이 그가 만드신 만물에 분명히 보여 알려졌나니 그러므로 그들이 핑계하지 못할지니라 롬 1:20

논리정연해야 의미 있는 말이 되듯 모든 피조물에는 논리정연한 질서와 표현이 있어야 의미 있는 창조물이 된다. 성경은 또한 만물을 지으신 하나님을 집을 지은 이에 비유하여 이렇게 말한다.

집마다 지은 이가 있으니 만물을 지으신 이는 하나님이시라 히 3:4

집짓는 과정을 생각해보자. 먼저 집주인의 생각 속에 어떤 형태의 집을 지을 것인지 계획이 있다. 그 계획을 설계사에게 말로 전해서 그 말대로 설계도를 만들고, 그 설계도에 따라 실제로 집을 짓는다. 그 집은 처음에 집주인의 생각 속에 있었고 그것이 말을 통해 설계도로 구체화되어 실제로 그 말대로 만들어진 것이다. 그렇게 되면 그 집 주인의 생각 속에 있던 계획과 말이 결국 그 집의 모든 질서와 법칙을 규정하게 된다.

하나님의 생각과 계획이 말씀을 통해 구체화되어 만물이 만들어졌다. 이렇게 해서 지어진 모든 만물에는 하나님의 말씀인 법칙이 들어 있다. 오늘도 그 법칙대로 모든 만물이 존재하고 유지되며 운행된다. 일례로, 성경은 "그의 능력의 말씀으로 만물을 붙드시며"(히 1:3)라고 하는데, 이것은 능력의 말씀에 따라 실행되는 중력과도 같은 법칙의 존재를 가리키는 말씀이기도 하다.

주의 말씀이 하늘에 굳게 섰사오며

하나님은 자신의 말씀을 온 우주에 법칙으로 굳게 세웠다고 성경에 이미 천명해두셨다.

89 여호와여 주의 말씀은 영원히 하늘에 굳게 섰사오며 **90** 주의 성실하심은

대대에 이르나이다 주께서 땅을 세우셨으므로 땅이 항상 있사오니 **91** 천지가 주의 규례들대로 오늘까지 있음은 만물이 주의 종이 된 까닭이니이다

시 119:89-91

이렇게 법칙으로 세워두신 말씀을 따라 지금도 온 천지만물의 운행을 주관하고 계신다고 말한다.

15 그의 명령을 땅에 보내시니 그의 말씀이 속히 달리는도다 **16** 눈을 양털 같이 내리시며 서리를 재 같이 흩으시며 **17** 우박을 떡 부스러기 같이 뿌리시나니 누가 능히 그의 추위를 감당하리요 **18** 그의 말씀을 보내사 그것들을 녹이시고 바람을 불게 하신즉 물이 흐르는도다 시 147:15-18

이 말씀은 지구상에서 일어나는 기상의 변화가 그저 우연히 일어나는 것이 아니라 하나님께서 말씀으로 세워두신 법칙대로 이루어진다는 사실을 구체적으로 잘 표현하고 있다. 만약 이 내용을 지구과학이나 기상학을 전공한 학자들이 과학적으로 다 기술하려면 많은 논문이 쓰여야 할 것이다. 그러나 성경은 단순히 이야기하듯이 하나님의 창조와 보존의 진리들을 서술해둔 책이어서 이렇게만 표현되어 있을 뿐이다.

이렇게 만물이 말씀으로 지어지고 운행된다는 것은 또 다른 면에서 아주 중요한 진리를 알려준다. 만물이 말씀으로 지어졌기 때문에

무질서하지 않고 논리적이라는 사실이다. 우연에 의해서 만물이 지어졌다고 주장하는 진화론과는 분명히 차별화된다. 피조물 자체의 복잡하고도 정교한 구조도 질서정연하지만 그 운행도 무질서하지 않다. 우리 몸이나 지구가 다 정교한 법칙대로 존재하고 매순간 그 법칙대로 유지된다는 것을 누구나 쉽게 확인할 수 있다.

사람들은 이 땅에서 위대하고 심오하다고 여기는 사상과 예술, 정교한 문명의 이기, 수려한 건축물들을 보면서 그것을 만든 이의 지혜와 능력에 감탄하곤 한다. 그런데 정작 그렇게 창의적인 능력과 지혜를 가진 인간을 친히 만드신 하나님은 어리석게 여긴다. 피조물보다 창조주를 더 어리석고 미련하게 여긴다. 그 피조물이 애초부터 하나님의 형상인 지성과 감정, 의지를 가진 존재로 지어지지 않았다면 그 형상으로 여러 다른 문화적인 신물을 만들 수 없었으리라. 그런데도 인간이 창조주를 자기보다 더 어리석게 여기는 것은 주제 파악을 한참 못하는 것이다.

사람들은 깊이 생각해보지도 않고 말로 만물을 만들었다는 것에 대해 막연히 거부감을 갖고, 만약 말이 아니라면 무엇으로 만들었어야 했는지에 대해서도 깊이 생각하지 않는다. 말이 아니라 망치나 불도저로 세상을 만들었다면 좀 더 실감이 나거나 좀 더 과학적인 것 같아 보일까? 그 연장들은 또 언제 어떻게 만든 것이기에 만물을 창조하기도 전에 미리 사용할 수 있다는 것일까?

곰곰이 생각해보면, 아무것도 없는 데서 무언가를 창조해야 한다면 인격적인 말 외에 더 나은 도구가 없다는 것을 인정할 수 있다. 그러나 사람은 자신의 선입견이나 편견에 따라 창조주 하나님이라는 존재가 말씀만으로 온 천지만물을 만드는 불가사의한 능력을 가지고 있을 리 없다고 무턱대고 부정하고 싶어 한다.

만물의 요소 = 지혜와 지식

비행기는 사람을 싣고 공중을 날아다니는 무거운 철통이다. 만일 지금보다 문명이 덜 발달된 고대의 사람들에게 비행기에 관해 설명한다면 그들은 어떻게 반응할까? 도저히 있을 수 없는 억지라며 믿지 않을 것이다. 지금 우리는 비행기를 발달한 지혜와 지식의 산물로 이해하고 받아들이지만, 우리가 당연시하는 지혜와 지식을 갖지 못한 고대인들은 비행기의 존재와 지금의 인류가 비행기를 만들 만큼 정교한 지혜와 지식을 가졌다는 사실을 끝까지 믿지 않으려 할 것이다.

이러한 고대인들의 반응은 지금 우리보다 훨씬 탁월한 문명과 지혜와 지식을 가지신 창조주 하나님의 능력을 의심쩍어하는 모습과 많이 닮았다. 그래서 지금 우리보다 훨씬 더 큰 지혜와 지식을 가지신 하나님께는 현재와 같이 문명이 발달한 세계에 살고 있다고 자부하는 우리들 또한 고대인으로 취급될지도 모른다.

성경은 하나님께서 말씀으로 만물을 지으셨다고 표현한다. 말씀으로 하늘과 바다와 만상을 이루었다고 말씀하신다.

6 여호와의 말씀으로 하늘이 지음이 되었으며 그 만상을 그의 입 기운으로 이루었도다 … **9** 그가 말씀하시매 이루어졌으며 명령하시매 견고히 섰도다

시 33:6,9

그런데 성경은 또한 하나님께서 지혜로 세상을 창조했다고도 표현한다. 잠언 3장과 시편 104편에는 이 말씀이 동일한 창조 사역의 문맥에서 정확히 지혜로 대체되어 있다.

19 여호와께서는 지혜로 땅에 터를 놓으셨으며 명철로 하늘을 견고히 세우셨고 **20** 그의 지식으로 깊은 바다를 갈라지게 하셨으며 공중에서 이슬이 내리게 하셨느니라 잠 3:19,20

여호와여 주께서 하신 일이 어찌 그리 많은지요 주께서 지혜로 그들을 다 지으셨으니 주께서 지으신 것들이 땅에 가득하니이다 시 104:24

하나님께서 이 지혜, 곧 지성과 논리와 질서를 가진 말씀으로 만물을 만드셨기 때문에 피조물들을 가만히 관찰해보면 그 안에 하나님의 지혜가 담겨 있고 또한 오묘한 질서와 법칙이 담겨 있음을 확인할 수 있다.

하나님께서는 물리적인 우주를 창조하시기 전에 창조질서의 기초로 지혜를 세우셨다. 바로 그 지혜가 하나님의 능력을 통해 오늘날

우리가 관찰하는 만물의 실체에 구체적인 형태를 부여해주었다고 볼 수 있다. 그래서 우리가 자연세계를 탐구할 때 자연스럽게 하나님의 지혜를 분석하게 되는데, 그 지혜가 피조 세계의 물리적 구조뿐 아니라 그것의 기능도 아주 세밀하게 결정해놓은 것을 확인할 수 있다.

생각해보라. 만물이 아무런 지혜나 지성, 논리나 질서, 법칙 없이 우연히 만들어졌다고 말하는 진화론은 논리적이지 않기에 인격적이지도 않다. 반면 창조론은 논리적이기 때문에 인격적이다. 인격은 지성, 감정, 의지로 구성되어 있는데, 이것을 기독교에서는 하나님의 형상이라고 한다. 창조의 지혜를 가진 하나님께서 인간과 만물을 그분의 지성과 감정과 의지를 반영해 정교하고 섬세하고 논리적인 법칙을 따라 만드셨기 때문에 우연에 의한 진화보다 창조가 더 인격적이라고 보는 것이다.

하나님의 형상으로 지어진 인격적 존재인 인간만이 그것이 논리적이라고 감지하고 그 질서를 파악하고 감탄할 줄 안다. 그래서 그 창조주 하나님을 경외하고 그분께 경배할 수 있다. 그러나 진화론은 이렇게 지성, 감정, 의지의 차원에서 논리적으로 성립하는 어떤 질서나 법칙을 찾아볼 수 없다. 그래서 비인격적이라고 보는 것이다.

인격을 지, 정, 의의 차원에서 정의하고 그것을 창조주 하나님의 창조질서와 연관시킨다면, 어려움 없이 창조의 타당성과 진화의 허구성을 적절히 비교하며 창조의 진리를 입증할 수 있다고 믿는다.

이 모든 논리가 다 하나님께서 지혜의 말씀으로 만물을 만드셨기 때문에 가능하다. 그러므로 "신이 어떻게 말로 만물을 창조했다고 하나? 그러니까 신화지!"라고 말하는 것은 합리적이지 않다.

Q4.

보이지도 않는 하나님을 어떻게 믿어?

세상을 만든 하나님이 설령 존재한다고 한들 뭐가 그리 대수냐? 내가 볼 수도 느낄 수도 없는데 도대체 어떻게 믿으란 말인가? 기독교인들도 사실은 못 믿으면서 성경에 있으니까 무조건 믿으라는 거 아닌가? 차라리 그때그때 눈에 보이게 나타나기라도 하면 그땐 믿어줄 수 있을지 모르겠다.

"눈에 보이지도 않는 하나님을 어떻게 믿느냐?" 하나님이 존재하신다고 말하면 많은 사람들이 아주 흔하게 제기하는 반론이다. 그러나 여기에는 그냥 넘길 수 없는 큰 허점이 있다. 이 세상에는 눈에 보이지 않지만 존재하는 것들이 많기 때문이다. 얼른 상식적으로만 생각해봐도 이 세상에는 보이는 것과 보이지 않는 것이 함께 존재한다.

눈에 안 보이는 것들이 많은 세상

생물계만 해도 우리 눈에는 보이지 않지만 엄연히 존재하는 것들이 많다. 미생물들을 한 예로 들 수 있는데, 현미경으로 보면 우리 손에도 미생물인 세균들이 엄청나게 많이 득실거린다. 어떤 우유팩에는

'체세포수 1등급, 세균수 1A'라고 쓰여 있다. 그 우유를 검사한 결과 세균수가 비교적 적게 나왔다는 것이다. 이것을 보면 사실 사람은 음식을 먹을 때 세균도 함께 먹는 셈이다.

이런 미생물들은 우리 주위에서 우리와 함께 살아가고 있지만 사람의 맨눈에는 안 보인다. 안 보인다고 해서 이런 미생물들이 존재하지 않는다고 할 수 있을까? 안 보여도 분명히 존재하는 것들이 있다는 것은 이런 간단한 예만 들어도 분명히 수긍할 수 있다.

우리에게 흔한 감기 바이러스도 눈에 안 보이지만 분명히 존재하고 사람에게 실제로 고통을 주기도 한다. 몇 년 전 메르스 사태가 일어났을 때, 주말이면 사람들로 꽉 차던 한 대형 쇼핑몰이 거의 텅 빈 것을 TV에서 본 적이 있다. 눈에 안 보이는 바이러스를 실제로 눈에 보이는 위협적인 존재처럼 인식하고 경계하던 모습이 눈에 선하다.

생물뿐만 아니라 전파나 공기와 같은 물리적 실체도 눈에 보이지 않지만 분명히 존재한다. 지금도 우리 주위에는 수많은 전파가 지나다닌다. 거기에는 다양한 음성이나 영상이 담겨 있어서 이 전파가 없으면 라디오도 못 듣고 TV도 볼 수 없다. 전파는 눈에 보이지 않아도 엄연히 존재하는데, 수신기가 있어야 그 존재를 알아낼 수 있다.

공기도 우리 눈에 안 보이고 냄새도 맡을 수 없지만 분명히 존재한다. 공기가 없으면 사람은 당장에 숨을 쉬지 못해 죽고 말 것이다. 이렇게 인체의 생명 유지에 절대적으로 중요한 공기도 사실 우리 눈에 보이진 않지만 분명히 존재한다.

또한 우리 눈에 보이는 물체들도 보이지 않는 것으로 구성된 경우가 많다. 물만 해도 그 구성 요소인 수소와 산소는 눈에 보이지 않는다. 우주에서 가장 흔한 수소는 가벼운 무색의 원자이다. 사람의 생명 활동에 꼭 필요한 산소는 보통 산소 원자 두 개가 결합하여 무색, 무미, 무취인 기체 상태로 존재하는데 산소가 결핍되면 5분 후에는 뇌사 상태에 빠지고 8분 뒤면 사망한다. 수소나 산소는 우리 눈에 안 보이지만 분명히 존재하며, 수소 두 개와 산소 하나가 일정한 법칙에 따라 잘 결합되면 눈에 보이는 물이 된다.

불 역시 아무리 불에 타는 연소 물질이 있어도 눈에 보이지 않는 산소나 열이 없으면 발생하지 않는다. 아직도 과학자들은 물과 불의 구성 요소만 관찰, 분석할 수 있을 뿐 피조물로서의 물과 불의 신비 그 자체에 관해서는 별로 알아낸 것이 없다.

이렇게 세상에는 사람의 눈에는 보이지 않지만 분명히 존재하는 것들이 상당히 많다. 감정의 영역으로까지 확대하면 사랑이나 행복과 같이 사람들이 가치 있게 여기는 것은 대부분 눈에 안 보이는 것인지도 모른다. 단순히 우리 눈에 보이지 않는다고 해서 뭔가가 없다고 단정할 수는 없다. 세상은 우리 눈에 보이는 것과 눈에 보이지 않는 것들로 구성되어 있다고 보아야 한다. 성경은 하나님께서 세상을 만드실 때 보이는 것과 보이지 않는 것을 함께 만드셨다고 말씀한다.

만물이 그에게서 창조되되 하늘과 땅에서 보이는 것들과 보이지 않는 것들과 혹은 왕권들이나 주권들이나 통치자들이나 권세들이나 만물이 다 그로 말미암고 그를 위하여 창조되었고 골 1:16

이 말씀에 나오는 '그'는 육체를 입고 이 땅에 오신 하나님이신 예수님을 가리키며, 그 하나님이 '하늘과 땅에서 보이는 것들과 보이지 않는 것들'을 만드셨다고 한다. 이 땅뿐만 아니라 하늘에서도 우리 눈에 보이는 것들과 안 보이는 것들이 있다는 것을 밝혀주는 말씀이다.

안 보이는 나

좀 낯설게 들릴지 모르겠지만, 이 땅에서 하나님께서 만드신 보이지 않는 것들 중에 우리와 같은 사람도 포함되어 있다. 사람은 단순히 육체 덩어리와 신경조직체로만 구성된 존재가 아니다. 사람에게는 눈에 보이는 육체뿐 아니라 눈에 보이지 않는 영혼이 존재한다.

사람의 영혼을 일반 학문에서는 마음이나 지성, 정신이라고 일컫는데, 무신론적 진화론자들은 사람의 영혼은 단지 뇌의 기능에 불과하며 마음과 뇌가 일치한다는 가설을 사실로 증명하려고 해왔다. 프로이드 같은 무신론적 심리학자는 양심도 뇌의 한 기능에 불과하다고 주장했다. 그러나 지금은 많은 비기독교인 심리학자들조차 육체적 속성과 정신적 속성이 다르며, 인간의 뇌와 인간의 정신은 서로 다른 존재라는 사실을 인정하고 있다.

따라서 사람의 영혼은 육안으로 보이지는 않지만 분명히 존재한다고 말할 수 있다. 예를 하나 들어보겠다. 사람이 무언가를 본다고 할 때 "내 눈이 본다" 하지 않고 "내가 내 눈으로 본다"라고 말한다. 이는 그 '나'라는 존재가 눈이 아니라는 사실을 인정하는 것이다. 사람의 눈은 영혼의 창이다. 사람의 눈을 보면 그의 마음 상태를 알 수 있지만, 그렇다 해도 내 눈이 곧 나인 것은 아니다.

그렇다면 내 눈으로 보는 그 나는 내 몸 속 어디에 있을까? 의사들이 수술하려고 내 배를 열어 뱃속의 장기들을 들여다본다고 하자. 위나 폐, 심장 같은 장기들 중 어디에 '나'란 존재가 들어 있을까? 내 몸 속 어디에서도 '나'란 존재는 찾아볼 수 없다. 나는 내 몸 속에 꽉 차 있으면서도 그 안에서는 찾을 수 없다. 하나님도 꼭 그와 같다. 하나님은 온 우주에 꽉 차 계시지만 그 우주 안에서는 찾아볼 수 없다. 성경은 하나님께서 자신의 형상대로 사람을 지으셨다고 말한다.

> 하나님이 자기 형상 곧 하나님의 형상대로 사람을 창조하시되 남자와 여자를 창조하시고 창 1:27

이때의 형상은 우선적으로 사람의 진정한 실체인 영혼을 가리킨다. 하나님이 우리 눈에 보이지 않으시듯 사람의 진짜 실체인 영혼도 보이지 않는다. 사람이 몸을 갖고 있지만 그 몸 안에서 영혼을 볼 수 없는 것처럼, 하나님도 자신의 몸처럼 그렇게 우주 만상을 걸치고 계시는 듯하지만 그 안에서는 그분을 찾아볼 수 없다.

스스로 숨어 있는 신

하나님은 분명히 존재하는 분이시지만 우리 눈에는 보이지 않는다. 우리의 영혼 역시 그분의 형상으로 지어졌기 때문에 보이지 않는 것과 같다고 생각한다면, 하나님이 안 보이시면서도 분명히 존재하는 분이라는 사실을 영 이해 못할 일도 아니다.

하나님의 피조물 중 그 속을 들여다볼 수 있는 존재는 사람 그 자신뿐이라는 말이 있다. 나는 파리나 꽃, 나무 속에 들어가본 적이 없어 그들이 어떤 존재인지 모르지만, 하나님의 형상으로 지어진 내 속은 내가 안다. 하나님의 형상은 지성, 감정, 의지인데, 내 안에 이 형상이 그대로 있다. 사람의 몸은 이 형상을 드러내는 통로이다. 말하고 보고 듣고 느끼고 행동하는 모든 것이 하나님을 드러낸다. 이렇게 보면 영이신 하나님의 본질은 볼 수 없지만 천국에서 그분이 사람의 몸과 비슷한 모양으로 보좌에 앉아 계신다고 해서 어색할 것도 없다.

기독교인들이 하나님의 임재를 누리면서 산다는 것 또한 그분이 눈에 보이지 않지만 보는 자같이 여겨 동행한다는 것을 의미한다. 이스라엘 민족의 지도자 모세가 이집트에서 백성들을 이끌고 나올 때 그는 하나님의 존재에 대해 "보이지 아니하는 자를 보는 것같이 하여 참았으며"(히 11:27)라고 묘사한다. 시편 기자도 그와 비슷한 고백을 한다.

내가 여호와를 항상 내 앞에 모심이여, 그가 나의 오른쪽에 계시므로 내가

흔들리지 아니하리로다 시 16:8

물론 하나님은 작정만 하면 사람의 눈에 보이는 모습으로 우리에게 자신을 보여주실 수도 있을 것이다. 그런데 성경은 마치 신자들의 믿음을 시험하기라도 하듯, 그리고 하나님을 믿지 않는 자들에게 무언가 의미심장한 메시지를 전하기라도 하듯, 바로 그 하나님이 눈에 보이지 않는 분이실 뿐만 아니라 흥미롭게도 스스로도 자신을 노출시키지 않고 몰래 숨어 계시는 분이라고 소개한다.

구원자 이스라엘의 하나님이여 진실로 주는 스스로 숨어 계시는 하나님이시니이다 사 45:15

신이 어디 있냐며 보여달라는 것은 어쩌면 어리석은 일일지 모른다. 스스로 숨어 계시다는 것은 충분히 드러낼 수도 있지만 어떤 중요한 의도를 갖고 일부러 숨어 계시다는 의미이므로, 얼마든지 자신을 나타낼 수 있는데도 굳이 숨어 계시는 이유를 더듬는 게 더 낫다. 성경의 다른 대목에서는 하나님께서 친히 온 천지에 충만해 계시다고 선포한다.

23 여호와의 말씀이니라 나는 가까운 데에 있는 하나님이요 먼 데에 있는 하나님은 아니냐 24 여호와의 말씀이니라 사람이 내게 보이지 아니하려고 누

가 자신을 은밀한 곳에 숨길 수 있겠느냐 여호와가 말하노라 나는 천지에 충만하지 아니하냐 렘 23:23,24

하나님께서 천지에 충만하시다고 해서 그분이 우주 안에만 계시다는 의미는 아니다. 하나님께서 친히 만드신 피조물이기 때문에 우주는 사람이 보기에 아무리 커 보여도 무한할 수는 없다. 그 우주를 만드신 하나님만이 무한하신 분인데, 논리상 무한한 것은 둘 이상 존재할 수 없다. 만약 우주가 무한하다면 그 우주를 만드신 하나님이 우주 안에 있어야 하는 모순이 발생한다. 그러므로 만일 우주를 만드신 창조주 하나님이 존재한다면 그는 분명히 우주에 속하지 않은 초월적 존재여야 할 것이다.

그러한 초월적인 창조주 하나님이 존재한다면 피조물인 우주는 영원 전부터 존재해올 수 없었고, 과거의 어느 시점에서든 반드시 시작점이 있어야 한다는 사실을 인정해야 한다. 바로 이 사실에 우주를 만드신 창조주 하나님이 우주에 속하지 않은 초월적인 존재로서 반드시 존재해야만 한다는 진리가 드러나 있다.

우주를 만들었다는 그 하나님은 누가 만들었나?

누군가가 이 세상을 만들었다면 예전에는 이 세상이 없었던 적이 있다는 의미가 된다. 그러나 많은 사람들이 "이렇게 거대한 세상이 아주 오래 전에 없었던 적이 있다고 상상하기 어렵다"라고 말한다. 없었던 세계를 있게 한 신이라는 존재가 있다면 그 신은 애초부터 아무 원인 없이 어떻게 존재할 수 있었는지에 대해서도 강한 의문을 제기한다.

그래서 수많은 유물론적 무신론자들은 어떤 신적 창조자를 상정하기보다는 그냥 물질 자체가 영원하며 영원 전부터 존재해왔다고 주장한다. 이 세상에 존재하는 모든 것은 물질이며, 인간 역시 물질로만 이루어져 있고 인간의 의식은 단순히 뇌와 신경조직에서 화학작용으로 일어나는 육체적 사건일 뿐이라고 강변해왔다.

그러나 우주의 구성 요소에 불과한 물질이 아무 원인 없이 무에서 생성되어 영원 전부터 존재해왔다는 주장은 원인과 결과의 법칙, 곧 우주의 인과율 법칙에 어긋난다. 물질 자체가 우주의 구성 요소에 해당하는데 그 물질이 어떻게 우주를 생성시킬 수 있는가?

우주를 생성시킬 수 있는 최초의 원인은 우주를 초월한 어떤 존재, 시간과 공간, 물질, 그리고 어떤 물리적 에너지에도 제한받지 않는 완전히 초월적인 인격적 존재여야 한다. 왜냐하면 시간과 공간, 물질, 그리고 물리적 에너지를 구성 요소로 만들어진 우주라는 피조물을 자세히 관찰한 결과 거기에는 어떤 지성적인 존재가 의도적으로 설계해서 만들지 않았다면 도저히 불가능한 정교한 질서 체계가 깃들어 있다는 사실이 목격되었기 때문이다.

물질이 영원하다는 주장 역시 우주 안의 모든 물질이 질서 상태에서 무질서 상태로 변화되며 점점 더 낡아져 가고 쇠퇴해간다는 열역학 제2법칙에 정면으로 위배된다. 또한 이 세상에 존재하는 모든 것이 물질이라는 주장 역시 세상에는 물질 외에 인간의 정신, 사상, 논리성, 자의식, 종교적 신념, 도덕성과 같은 추상적 객체들이 경험적으로나 실제적으로 엄연히 존재한다는 사실이 명백한 이상 억지 주장에 불과하다. 때로는 이런 정신과 신념이 물질을 움직이며 지배하기도 하는데, 물질 자체에서는 그 물질을 움직일 수 있는 정신이 나올 수 없다.

또한 이 세상에 물질만 존재한다면, 인간이 육체적으로 죽은 후에 영혼이 존재한다는 것을 경험적으로 입증한 임사체험 같은 특별한 현상들이나, 귀신이나 영적 존재들로 인해 나타나는 여러 현상도 제대로 설명할 도리가 없다. 따라서 인간이 물질로만 이루어졌다는 주장 역시 전혀 설득력이 없다.

인체는 100만 개의 세포로 이루어졌는데, 계속 새로운 세포로 바뀌어서 7년마다 한 번씩 우리 몸의 세포가 다 새로운 세포로 바뀐다고 한다. 만약 내가 영혼 없이 물질적인 존재이기만 하다면 나라는 존재는 7년마다 완전히 이전과 다른 세포를 가진 새로운 '나'가 된다고 볼 수 있을 것이다. 그러나 참된 나는 육체 안에 있는 영혼이기 때문에 나의 정체성은 물질적인 세포의 변화에 상관없이 늘 그대로 보존된다고 봐야 한다.

또 만약 물질로 이루어진 내 몸이 나와 동일하다면 손이나 팔이 하나 잘려나가기만 해도 나는 이전과 똑같은 나라는 의식을 쉽게 갖지 못할 것이다. 손 하나 잘려나간 것 때문에 마치 나라는 존재 자체가 큰 손상을 입고 허물어진 것처럼 생각하게 될 것이다. 그러나 나라는 정신 또는 영혼은 나라는 물질적 육체와는 구분된 존재이기 때문에 그 의식에 따라 육체를 제어하기도 하고 훈련시키기도 하고 옳다고 믿는 바의 어떤 신념에 따라 무엇인가에 내 몸을 전적으로 던져 헌신하기도 한다.

따라서 이 세상에는 물질밖에 없다고 주장하는 유물론적 무신론자들이나 물질주의자들의 주장은 우리가 살아가는 이 세계를 올바로 이해하는 데에 균형 잡힌 해석이나 시각을 제시해주지 못한다. 오히려 세상이나 인간이 눈에 보이는 물질로만 이루어져 있지 않다는 사실은 물질을 포함한 우주를 창조한 초월적이면서도 인격적인 창조주 하나님의 존재에 대해 인정하고 믿을 만한 확실한 근거를 제공해준다고 볼 수 있다.

성경은 우주를 존재하게 한 그 초월적인 원인이 바로 하나님이시라고 말한다. 그분만이 어떤 원인도 없이 스스로 존재하시는 분이기 때문이다. 만약 피조물인 우주에 시작점이 없고 우주가 영원 전부터 존재해온 것이라면 우주를 초월하는 존재이신 창조주 하나님이 그 우주와 동급이거나 그 우주에 예속되는 존재가 되어야 하는 모순이 발생한다. 이 모순을 무시하면 피조물인 우주 스스로가 자기 존재의 원인이 되어야 하는 또 다른 모순이 발생한다. 그러므로 우주에 포함되지 않는 완전히 초월적이고 인격적 존재인 창조주 하나님만이 우주를 존재하게 한 최초의 원인이라고 말할 수 있다.

동양에서 나온 여러 종교의 기본 사상인 범신론(汎神論)은 우주의 기원을 제대로 설명할 수 없다. 범신론자들은 물리적인 우주와 같은 시공간에 존재하는 비인격적인 신을 믿는데, 그런 신이라면 무에서 우주를 창조할 수 없다. 그런 신은 물리적 우주와 독립적으로 존재할 수 없기 때문이다. 물리적인 우주가 존재하지 않았다면 애초부터 범신론적인 신도 존재하지 않았을 것이다. 존재하지 않았던 범신론적 신이 우주를 만들 수는 없을 것이다.

나는 스스로 있는 자니라

성경에는 하나님께서 이스라엘 민족의 지도자인 모세에게 처음 나타나셨을 때 자신이 누구인지 밝히시면서 '여호와'라는 그분 이름의 뜻을 '스스로 있는 자'라고 정의하시는 대목이 나온다.

> 하나님이 모세에게 이르시되 나는 스스로 있는 자이니라 또 이르시되 너는 이스라엘 자손에게 이같이 이르기를 스스로 있는 자가 나를 너희에게 보내셨다 하라 출 3:14

"나는 스스로 있는 자"라는 말은 영어로는 "I AM that I AM"인데, "나는 나다"라는 의미로 번역될 수도 있는 말이다. 무엇보다 이 말은 성경에 나오는 그 하나님만이 어떤 원인도 없이 스스로 존재하시는 유일한 분이라는 의미이다.

이 말은 그분 자체가 '존재'라는 의미이기도 하다. 그분은 '존재하는 분'이라는 말로도 부족하다. 그냥 그분 자체가 '존재'이시며 그분 이름의 뜻이 '있다'라는 의미의 'be 동사'에 해당하는 그런 분이시다. 왜냐하면 자신 외의 모든 피조물을 '있게 한' 존재는 유일하게도 그 자신은 '스스로 있는 자'이셔야 하기 때문이다. 만일 하나님마저도 하나님 외의 다른 어떤 원인에 의해 존재하게 된 분이라면 그분은 온 우주를 만든 창조자가 될 수 없다.

성경은 우주에 시작점이 있었다는 사실을 분명히 제시하면서 우주를 창조한 분이 하나님이시라고 말씀한다. 성경은 창세기 1장 1절에서 하나님께서 우주의 구성 요소인 시간과 공간, 물질을 창조하셨다고 분명히 선포한다.

태초에 하나님이 천지를 창조하시니라 창 1:1

태초는 시간을 의미하고, 천(天)은 공간, 지(地)는 물질을 가리킨다. 이 한 문장에 우주의 기본 구성요소가 다 들어 있다. 이 세상에 이 한 문장보다 더 많은 것을 함축한 문장은 없을 것이다. 이 문장의 첫 부분에 나오는 '태초에'라는 말만 해도 하나님께서 우주에 시간을 창조하신 첫 시점이 있었다는 사실을 정확하게 천명하는 놀라운 말이다.

예를 들어, 우리가 이 지구상에서 일상적으로 경험하는 24시간이라는 시간은 하나님께서 지구의 자전 주기를 24시간으로 정하셨기 때문에 존재하게 된 피조물이다. 지구가 스스로 자전 주기를 그렇게 정한 것이 아니라 그렇게 정한 분이 따로 계시다는 것이다.

영원 전부터 스스로 있는 자이신 하나님만이 우주 안의 모든 것에 필연적으로 적용되는 원인과 결과의 법칙을 초월해 계시는 유일한 존재이시다. 그분이 시간과 공간의 제한을 받지 않으시고 그것을 초월해 계시는 이유는 그분이 직접 시간과 공간을 만드셨기 때문이다. 그래서 그분은 유일하게도 과거와 현재와 미래를 다 현재로 보시고 현재로 사실 수 있다. 따라서 우주의 시공간과 물질을 창조하신 하나님만은 우주에 속해 있지 않으시고, 그 우주를 초월하여 스스로 존재하시는 분이어야만 한다는 사실을 알 수 있다.

바로 여기에 과학자들이 아무리 풀려고 해도 제대로 풀 수 없었던 딜레마 중 하나인 우주의 기원에 대한 문제를 푸는 실마리가 있다. 우주 안에서 일어나는 모든 일은 이른바 원인과 결과라는 법칙의 지배를 받는다. 그렇다면 "우주의 존재라는 결과는 애초에 어떤 원인에 의해 생겨났는가?"라는 질문에 누구도 쉽게 답해줄 수 없었던 딜레마는 오직 '스스로 있는 자'이신 창조주 하나님의 존재를 인정할 때에만 풀린다.

Q5

신을
믿든 말든
다 내 자유
아닌가

?

꼭히 하나님이 있다고 믿어야만 될 이유가 뭔가? 하나님이 있는지 없는지 잘 모르겠다고 여긴 채로 사는 게 뭐가 잘못인가? 그렇게만 믿고 살아도 내가 세상에서 일하고 보람을 느끼며 사는 데 아무 지장이 없다. 죽는 게 두려운 사람들이 사후를 보장받으려고 괜히 신을 만들어낸 거 아닐까?

주위에서 하나님이 없다며 무시하고 사는 사람 중에 이론적인 무신론자는 거의 없다. 하나님이 존재하지 않는다고 여기고, 애써 하나님이 없다 하면서 살아가는 사람들이 대부분이다. 그들 중 일부는 하나님이 존재한다는 것을 이론적으로는 대충 받아들이기도 하지만 실제로 삶을 살아가는 과정의 모든 언행에서는 하나님과 전혀 상관없는 존재처럼 산다. 이런 이들을 가리켜 '실제적인 무신론자'라고 한다. 이론적으로는 하나님이 존재할 수도 있다는 가능성의 여지를 두지만 실제 삶에서는 전혀 인정치 않고 자기 좋은 대로 살아가는 사람들이다.

차라리 하나님의 존재에 대해 이론적인 의문이나 의혹을 제기하는 사람이 정직한 사람이라고 할 수 있다. 하나님의 존재에 대해 이론적으로 정직한 의문을 제기하면서 하나님이라는 존재가 정말 있는지를 탐구해가는 사람은 반드시 무신론에 전혀 근거가 없다는 것을 발견하게 되리라고 믿는다.

난 신을 안 믿는 것은 아니야!

기독교인들에게도 하나님은 때로 없는 분처럼, 멀리 계시거나 숨어 있는 분처럼 느껴질 수 있다. 그들 역시 죄악의 본성에 연약한 자들로서 자신들의 제한된 지식으로 하나님의 뜻보다 자신들의 뜻을 더 우선하면서 시행착오를 겪기도 하기 때문이다.

이렇게 하나님을 믿는 자들 역시 때로 하나님이 안 계신 것 같은 하나님 부재의식으로 슬픔과 고통을 호소하지만, 무신론자들은 오히려 그 하나님이 없다는 의식으로 인해 악을 행하기에 더 자유롭고 아무런 거리낌이 없다. 시편 10편 2-4절에서 이런 분위기를 느낄 수 있다.

2 악한 자가 교만하여 가련한 자를 심히 압박하오니 그들이 자기가 베푼 꾀에 빠지게 하소서 3 악인은 그의 마음의 욕심을 자랑하며 탐욕을 부리는 자는 여호와를 배반하여 멸시하나이다 4 악인은 그의 교만한 얼굴로 말하기를 여호와께서 이를 감찰하지 아니하신다 하며 그의 모든 사상에 하나님이 없다 하나이다 시 10:2-4

4절 말씀은 시편 14편 1절을 그대로 반복해놓은 말씀으로 보인다.

어리석은 자는 그의 마음에 이르기를 하나님이 없다 하는도다 그들은 부패하고 그 행실이 가증하니 선을 행하는 자가 없도다 시 14:1

이 말씀을 보면 결국 사람들이 선을 행하지 않기 때문에 "하나님이 없다"라는 마음을 갖는다는 것을 확인할 수 있다. 그러니까 실제로 '하나님이 없는' 것과 '하나님이 없다 하는' 것은 천지 차이이다. 악인들은 자신이 악을 행하고 쾌락을 일삼으며 마음대로 살려면 "하나님이 없다 해야" 한다. 실제로 하나님이 계셔도 하나님이 없다고 치부하고 살아야 마음이 편하기 때문이다.

무신론자들도 하나님의 존재를 부정하는 일이 몹시 어렵다는 사실을 알고 있다. 그래서 사실은 그들도 무신론자가 되기 위해 일종의 믿음이나 신념을 갖게 되었다고 봐야 한다. 그것이 바로 성경 시편 10편에 나오는 것처럼 애써 "하나님이 없다 하는" 모습에서 드러나는 자기 신념, 자신들이 스스로 선택한 신념의 양상이라고 할 수 있다.

하나님이 있다고 믿느냐고 물어보면 현대인들은 대부분 "하나님이 있는지 없는지 잘 모르겠다!"라고 대답하곤 한다. 무신론자를 자처하는 사람들 역시 실은 엄격한 무신론자라기보다 불가지론자에 가깝다. 그것이 그들이 자연스럽게 받아들이기에 가장 쉬운 입장이기 때문이다. 그런데 일단 이런 어중간한 입장을 갖게 되면 삶에서는 하나님을 전혀 인정치 않고 무시하고 살아도 되는 양 생각하는 경향이 다분해진다.

"나는 신을 안 믿는 것은 아냐. 그러나 그 신이 내 삶을 제약하거나 간섭하는 것은 싫어!" 이런 생각이 대다수 현대인의 사고방식이라고 볼 수 있다. 그러나 사실 이런 식의 불가지론이야말로 철저한 무신론과 전혀 다를 바 없는 가치관이다. 차라리 이론적으로 정말 신이 존재하는가에 대해 정직하게 의문을 갖고 공격적으로 도전하면서 한번 따져보자고 하는 사람들이 오히려 더 솔직하고 희망이 있다. 물론 마음 깊은 데서는 끊임없이 신의 존재에 대한 질문을 던지고 있지만, 딱히 어찌할 바를 몰라 계속 어둠 가운데서 영혼의 방황을 경험하며 살아가는 사람들도 적지 않은 것 같다.

그러나 많은 사람이 이런 부분에 대한 정직한 질문을 외면하고 그저 편한 대로 불가지론에 머문다. 하지만 그런다고 해서 그들 각자의 삶마저 불가지론에 기대어 그것을 자신들의 삶을 의미 있게 만드는 기준으로 삼아 살아갈 수 있을까? 전혀 그렇지 않다. 그래서 여전히 문제가 심각한 채로 계속 남는 것이다. 불가지론자로 산다고 해서 죽음을 피할 수 있는 게 아니다. 무신론 못지않게 불가지론 역시 삶의 진정한 의미를 찾게 해주지 못할 뿐 아니라 모든 종교인과 철학자들, 예술가들이 그토록 찾고자 했던 죽음의 의미도 끝내 가르쳐주지 않고, 따라서 그 죽음을 피할 수 있게 해주지도 못한다. 죽음은 훗날 불가지론자에게도 반드시 현실로 다가온다.

그러므로 "이 세상과 나를 만들었다고 하는 신이 있는지 없는지 나는 잘 모르겠고 제대로 확인해보고 싶지도 않다"라는 불가지론만 붙잡고 살아갈 순 없다. 그렇게 살아가는 것은 답을 제대로 붙잡고 사는 것도 아니다. 어쩌면 아주 위험천만한 도박이라고까지도 말할 수 있는 무책임한 삶의 자세일 뿐이다.

진리의 자격 요건

보통 신의 존재를 만나는 통로를 종교라고 생각한다. 신을 만나는 문제를 상식적으로는 어떤 종교를 만나느냐의 문제로 여기는 것이다. 그러나 어느 종교에서 사람의 몸을 빈틈없이 정교하게 만들 만큼 인격적이고도 전능하며, 또 각 사람의 죄를 심판할 수 있을 만큼 완전히 거룩하신 창조주 하나님을 만날 수 있느냐고 할 때 그 범위가 아주 많이 좁혀질 수밖에 없다.

세상 사람들 눈에는 불교나 힌두교나 기독교나 종교인 것은 똑같아 보일 것이다. 물론 종교의 자유가 보장된 나라에서, 또 종교와 정치가 분리된 정교분리 국가에서 기독교나 불교나 이슬람교나 다 똑같이 종교로서 존중받아야 하는 것은 당연하다. 다만 종교의 본령 (本領)이 창조주 신과의 만남을 주선해주는 통로 역할이라고 할 경우, 객관적으로 볼 때 과연 기독교 외의 타 종교들에 진짜로 이 실제 세계의 이치에 부합하는 창조주 신의 주소지가 있는가? 이것은 아주 냉정하고도 합리적으로 분별해야 할 일이다.

이 부분은 상당히 깊고 다각적인 연구가 필요하지만, 그동안 내가 살펴본 바로 분명한 결론을 내리기는 그리 복잡하지 않다. 우선 기독교와 함께 세계의 4대 종교에 속하는 불교와 힌두교, 이슬람교의 경우를 예로 들어 신의 주소지 여부를 찬찬히 들여다보자. 이 종교들이 믿는 신관이 곧 구원관과도 연결되므로 신관을 있는 그대로 살펴는 것이 아주 중요하다. 그런데 이 부분을 공정하게 돌아보려면 먼저 누구나 인정할 수 있는 진리의 요건이 무엇인지에 대해 한 번쯤은 짚어둘 필요가 있다.

우리는 우주에 속한 내 몸이 정교하게 지어져 있다는 것을 우리 자신이 실제로 분명히 보고 느낄 수 있으므로 창조주 하나님이라는 존재도 반드시 있어야 한다는 사실을 이미 살펴보았다. 그렇다면 이제는 그 하나님이 어디에 계시는가, 그 하나님을 어디서 만날 수 있는가 하는 문제가 남는다.

기독교인은 그 창조주 하나님은 기독교에 계시고 성경을 통해 그 하나님을 만날 수 있다고 주장하는데, 사람들은 이런 주장이 아주 독단적이고 배타적이며 교만하다고 말한다. 그러나 무조건 독단적이라고만 하기 전에 진리란 정말 무엇을 말하는 것이냐를 객관적으로 한번 돌아본다면 이런 선입견에서 벗어날 수 있을 것이다.

사람들이 보통 다 인정하듯이, 참종교가 되려면 진리를 소유해야 한다. 그런데 여러 종교의 주장을 들어보면 신관이나 구원관에서 서로 명백하게 상충한다. 이렇게 되면 과연 어떤 종교가 참으로 진리를 소유했는가를 아는 것이 중요하다. 이것을 분별하려면 먼저 진리라는 것이 무엇인가를 이해해야 한다.

진리는 모호하지 않고 분명하다. 진리는 어떤 명제(무엇은 무엇이다)가 실재(reality), 곧 실제 세계와 일치한다. 예를 들면, "1 더하기 1은 2다"라든가 "3 곱하기 3은 9다"와 같은 진술은 확실한 진리이다. 이 수학적 진리는 지구에서뿐만 아니라 달나라에서도 진실이다. 또한 "일본은 섬나라다"라는 명제도 진리이다. 실제 세계의 그러함에 거짓 없이 잘 부합되기 때문이다. 이처럼 어떤 진술이나 주장이 실제 세계의 그러함과 일치할 때 그것을 진리라고 말한다. 아무리 그럴듯하고 멋있어 보여도 그것이 실제 세계에 부합되거나 일치되지 않으면 진리라고 말할 수 없다.

진리의 문제는 어떤 타입의 정치인을 더 좋아하느냐와 같이 사람마다 다를 수 있는 성향이나 취향의 문제가 아니라 어느 답이 정답이냐의 문제이다. 실제 세계에 대해서 여러 가지 진술이나 주장이 있지만, 그 명제들 중에서 실제로 이 세계의 구조나 운행의 이치와 일치하는 것만이 진리라고 봐야 한다.

동일한 문제에 대해서 반대되는 두 가지 진술이 존재할 때 두 진술이 다 옳을 수는 없다. 이런 경우 진리는 이것이냐 저것이냐의 문제이지 이것도 되고 저것도 된다는 문제가 아니다. 따라서 진리는 이것이 아니면 저것이라는 특성이 있으므로 그 자체로 배타성을 가진다.

창조주 하나님은 진리와 무관한 존재일 수 없다

이러한 진리의 특성에 비추어, 세계의 각 종교가 모두 다 자신의 종교가 진리이고 자신들이 믿는 신이 진짜라고 주장하는 문제를 살펴보자. 각 종교가 믿는 신들의 존재에 관해 살펴보고자 할 때도 과연 그 신들이 창조주 하나님일 수 있는가를 이러한 진리의 정의에 입각해서 돌아보아야 의미가 있을 것이기 때문이다.

그러자면 진리에 대한 정의를 창조주 하나님은 어떤 존재여야 하는가에도 정확히 적용해볼 수 있어야 한다. "우주에는 반드시 창조주 하나님이 존재한다"라는 말이 진리가 되려면 그 창조주 하나님은 우리 인간과 같이 이렇게 정교한 몸과 지성, 감정, 의지를 가진 인격적인 존재를 창조하실 정도의 놀라운 지성과 함께 엄청나게 구체적인 능력을 실제로 가진 인격적인 존재여야 할 것이다.

또한 창조주 하나님은 우주의 구성 요소인 시간과 공간, 물질과 에너지를 실제로 창조한 존재인 만큼 적어도 시공간의 역사성 속에서 그분의 흔적과 존재 증거들을 보여주실 수 있는 분이어야 할 것이다. 적어도 창조주 신은 그 정도의 요건은 갖춰야 한다는 게 실제 세계를 합당하게 해석해주는 진리에 부합된다.

따라서 어느 특정 종교가 믿는 신이 정말 실제로 우주 만물을 창조한 창조주 하나님이 되려면, 그 신은 적어도 인격성을 가진 무한한 지성과 능력을 갖춘 존재로서 역사성을 지녀야 할 것이다. 말하자면 적어도 우리가 지금 보고 느끼는 것과 같은 정교하고 놀라운 질서와 체계를 갖춘 창조 세계를 만들어낼 만한 지성과 감정, 의지를 지닌 인격적 존재여야 하고, 역사성을 통해 실제로 존재한다는 것이 입증되어야 한다. 그래야만 진짜 창조주 하나님이라고 인정될 수 있다.

이런 기준도 없이 막연히 어떤 종교가 믿는 신이 창조주 하나님일지 모른다거나 창조주 하나님일 수도 있다고 주장하면서 무조건 다른 종교의 믿음과 가르침도 진리로 인정하라고 강요해서는 안 된다. 정말 창조주 하나님이 어디 계신가 하는 문제를 진정으로 가려보고자 한다면 무조건 막연하게라도 관용의 정신을 가지라고만 해서는 안 된다.

사실 "세계의 주요 종교들이 다 신에게 이르게 해주는 동등한 진리다"라고 주장하는 종교 다원주의는 자체적으로 모순을 안고 있다. 모든 신념을 똑같이 진리라고 보는 것은, 이 주장을 부정하는 것 역시 진리라는 이유로 인해 전혀 이치에 맞지 않는다.

그러므로 무조건 모든 종교에 대해 관용의 정신을 가지라고 하는 것은 무리한 요구이다. 그보다는 각 종교에서 믿는 신에 관한 주장들이 실제 세계의 그러함에 부합하는지 살펴보고, 그 바탕 위에서 그 신들이 창조주 하나님이 갖춰야 할 최소한의 자격 요건을 갖추고 있는가를 따져보는 것이 우선되어야 한다. 그래야만 어떤 종교에 속해 있는 사람이든, 그리고 종교를 믿는 사람이든 안 믿는 사람이든 누구나 다 객관적으로 창조주 하나님의 주소지에 대해 올바로 판단하고 확인할 수 있을 것이기 때문이다.

사실 창조주 신이 있다면 그를 어디서 만날 수 있는가 하는 문제, 곧 그의 주소지를 정확히 찾고 가려내는 문제는 우리 각자의 영혼 구원 문제를 해결하는 데에서 너무도 중차대한 문제이다. 평생 어떤 종교를 진실하게 열심을 다해 믿었다 해도 그 방향이 잘못되어 있다면, 애초부터 그 종교의 주소지가 참된 신이 존재하는 곳으로 참된 구원을 제공해주는 곳이 아니라면 그 진심과 열심은 쓸모없어지기 때문이다.

만일 창조주 하나님이 존재하는 것이 사실이라면, 그 하나님이 어떤 존재여야 하는지는 그 하나님이 어디에 존재하고 사람은 어디서 그를 만날 수 있는지 하는 문제와도 아주 밀접하게 연결되어 있다고 봐야 한다.

이런 진리의 관점에서 볼 때 각 종교가 믿는 신이 곧 창조주 하나님으로 인정받을 수 있느냐는 것은 한번은 정확히 점검해볼 일이다. 만약 각 종교가 주장하는 신에 대한 믿음과 가르침이 "창조주 하나님은 이런 존재여야 한다"라는 것과 관련해서 실제 세계의 그러함에 맞지 않는다면 그 종교에서 믿는 신은 진리가 아니라고, 말하자면 그 신은 창조주 하나님이 아니라고 인정해야 할 것이다.

2

하나님이
존재한다면
어디서
만날 수 있나?

힌두교가 믿는 그 수많은 신들 중에 진짜 신은 없을까?

인도 사람들이 믿는 힌두교만 해도 그 안에 3억이 넘는 신들이 있다고 한다. 사람들이 이 세상에서 무슨 신을 믿든 그들의 마음만 진실하면 신은 어디에 있든 그 마음을 받아주지 않을까? 굳이 거기다 대고 우리가 믿는 신만 최고니까 빨리 이쪽으로 넘어오라고 무리하게 선전할 게 뭔가?

우리 교회가 후원하는 선교사님 두 분이 모두 인도에서 사역하신다. 그분들이 보내오는 사역 소식을 정기적으로 받아보면서 종종 힌두교도들이 종교의식을 거행하는 축제를 하면서 제물을 드리는 장면들도 접하게 된다. 그런 것을 보면 우리가 바깥에서 인도라는 나라에 대해 가진 종교적인 어떤 이미지가 실제로 그 현장에서 지금도 현재진행형으로 이루어지고 있다는 것을 실감한다.

많은 사람에게 인도는 세상에서 가장 종교적인 나라라는 이미지를 풍긴다. 인도라는 나라 자체가 힌두교와 불교, 자이나교, 시크교 같은 세계적인 종교의 발상지라서 그런지 모른다.

그렇다면 힌두교가 믿는 신은 어떤 존재일까? 과연 그 신은 창조주 하나님이라고 할 수 있는 존재일까? 창조주 하나님이라면 반드시 온 우주 만물을 창조하실 만큼 탁월한 지성과 능력을 갖춘 인격적인 존재로서 우리가 지성, 감정, 의지 차원에서 충분히 인정할 수 있는 존재여야 하는데, 과연 그러한 존재인지 한 번쯤은 제대로 살펴볼 필요가 있을 것 같다.

힌두교는 사람들이 기독교의 하나님을 제대로 안 믿으려고 하면서 빠져나가기 좋게 만드는 통로 구실을 해왔다는 느낌이 들기도 한다. 실제로 힌두교는 기독교의 삼위일체 신관을 연상시키듯 한 신을 믿으면서 동시에 삼신을 숭배하기도 하고, 기독교 교리를 포용할 수 있는 여지도 여러 면에서 많이 가진, 상당히 포괄적인 종교라고 할 수 있다. 그래서인지 서구인 중에는 힌두교에 관심을 두는 사람들이 늘고 있다. 내가 미국에서 신학을 공부할 때 이런 주제로 이야기를 나누다가 충격적인 이야기를 전해 듣기도 했다. 한 기독교인 선교사가 인도로 선교하러 갔다가 그 자신이 오히려 힌두교로 개종해버렸다는 것이었다.

그때 상당히 황당하게 느꼈는데, 실제로 힌두교 사회 속에 들어가면 그럴듯해 보이는 그 종교의 신관과 기독교의 신관을 구분하지 못한 채 그저 막연히 신비롭게 보이는 것으로 오해할 수도 있을 듯싶다. 그런 만큼 힌두교는 작심하고 구체적으로 들여다보지 않는 한 대중적으로는 상당히 많은 부분이 베일에 가려진 것 같다. 힌두교는 사람들이 복잡하게 여겨 잘 모르는 만큼 괜히 뭔가 '있어 보이는' 종교로 여겨지는, 만만치 않은 종교라고 생각된다.

힌두교는 인도인들의 삶 자체

인도는 상당히 큰 나라이다. 국토 면적은 러시아를 제외한 유럽 전체 크기와 맞먹고, 인구도 12억 명이나 된다. 그래서 힌두교는 사실 인도인들이 주로 믿는 종교인데도 기독교와 이슬람교에 이어 세계에서 세 번째로 큰 종교로 자리매김하는 것이리라.

원래 힌두교는 인도인의 신앙과 풍습을 담은 하나의 종교적 사회 제도에 가깝다고 할 만큼 인도인들의 삶의 중심에 자리 잡고 있다. '힌두'라는 말 자체가 인더스강의 산스크리트어 '신두(sindhu: 큰 강)'에서 유래된 것으로 인도와 동일한 어원을 가지고 있다.

힌두교는 인도의 문화, 사회제도, 풍속, 습관 등을 모두 포함하는 것으로 실제로는 인도 그 자체라고도 말할 수 있을 정도이다. 힌두교는 인도 사회 속에서 대다수 인도인의 삶과 문화 속에 깊이 뿌리내려 자연스럽게 함께 자라온 만큼 기본적으로 선교하는 종교가 아닌 것으로 알려져 있다. 현재 인도의 인구 12억 명 중 힌두교도가 약 80퍼센트를 차지하고, 이슬람교도가 13퍼센트, 기독교인이 2퍼센트 정도로 힌두교도들이 압도적으로 많다는 데서도 힌두교의 이런 면모를 엿볼 수 있다.

공식적으로 기독교는 예수, 불교는 석가, 이슬람교는 모하메드라는 한 사람의 특정 창시자가 있는데 힌두교는 특정한 창시자나 선지자가 없이 시작된 종교라는 것도 힌두교를 복잡하고 신비로워 보이게 만든다. 바로 이런 부분이 힌두교를 한마디로 정의하기 어렵게 만드는 요인이 되기도 하는 것 같다.

인도 역사에서 힌두교는 크게 두 시기로 나뉘어 발전되어왔다. 첫 번째 시기는 주전 1000년에서 600년 사이의 시기로 힌두교의 경전인 베다가 만들어진 시기이다. 이 베다에는 초기 아리아인(인도를 침입해 온 게르만 어족)들이 조상 제사를 지내고 자연신을 숭배하면서 그 신들에게 인격적인 속성을 부여한 것과 같은 종교 생활에 대한 부분들이 묘사되어 있다. 영혼의 윤회 사상도 이 시기에 발전된 것으로 보인다.

베다가 만들어진 이 첫 번째 시기에 힌두교의 4계급 제도인 카스트 제도도 형성되었다고 한다. 제일 높은 계급인 브라만은 승려나 지식인, 크샤트리아는 군인과 통치자들, 바이샤는 기계공과 농부들, 수드라는 미숙련 노동자들을 가리킨다. 그리고 이 4계급에 들지 않는 불가촉천민이라고 불리는, 그러니까 사람들이 접촉하기조차 꺼리는 노예 같은 사람들이 있다.

계급 사상과 관련되는 것이 다르마(덕)인데, 이것은 한 사람에게 주어진 숙명적인 의무를 뜻한다. 소녀의 덕은 어떤 계급에서든 좋은 아내나 어머니가 되는 것이라는 식이다. 지금은 법적으로 카스트 제도가 없어졌지만, 우리나라에 양반의식 같은 게 있는 것처럼, 종교적으로나 문화적으로는 여전히 이런 차별의식이 남아 있다.

힌두교가 믿는 그 수많은 신들 중에 진짜 신은 없을까?

두 번째 시기는 주전 500년에서 주후 500년까지로, 베다 외에 힌두교의 대표적인 경전이라고 할 수 있는 우파니샤드가 이때 저술되었다고 한다. 힌두교가 철학적으로 더욱 발전하고, 기독교의 삼위일체 신 개념과 비슷하게 브라마와 함께 비슈누, 시바라는 신 개념이 등장한다. 또한 이 당시에 힌두교에서 불교와 자이나교가 파생되어 나온다.

힌두교의 3대 신

힌두교의 신들이라며 소개하는 총천연색 사진들을 본 적이 있다. 보통 명상하는 자세로 앉아 있는 남자나 여자의 모습에 얼굴이 여러 개 달려 있고 손이 여러 개이거나 코가 코끼리 코 모양으로 길게 늘어져 있거나 허리나 목에 뱀을 두른 모습이다.

기독교의 삼위일체 신과는 차원이 다르지만, 힌두교에도 대표적인 3대 신이 있다. 브라마라는 창조의 신, 시바라는 파괴의 신, 비슈누라는 보존의 신이 그것이다. 힌두교 신들의 세계를 알려면 일단 이 세 신의 이름을 알아두는 것이 필요하다.

브라마는 남성 신으로 황금알에서 태어나 땅과 그 위의 모든 것을 차례로 창조했으며 창조의 과업을 마친 후에는 지상의 일에 관여하지 않는 원시 최고의 신으로 알려져 있다. 창조의 신으로서 이미 자신의 역할을 다했기 때문에 지금은 별로 대중적으로 숭배되지는 않으며 힌두교인들에게 거의 잊힌 것이나 다름없는 신이다. 4개의 팔과 4개의 얼굴을 가졌는데 그 각각의 얼굴에서 4개의 힌두교 경전인 베다를 만들어냈다고 한다. 브라마 신전은 인도 라자스탄주의 푸시카르에 있으며, 가장 큰 사원은 캄보디아에 있는 앙코르와트이다.

시바 신은 남자 성기의 모습으로 숭배되고 있으며 공포의 대상인 신이다. 파괴와 죽음의 신임에도 불구하고 힌두교 신자들이 가장 많이 경배하는 신이라고 한다. 재생과 유지의 신인 비슈누는 화신(다샤바라타, 아바타)이라는 개념을 가졌다는 특징이 있다. 세상이 혼란할 때마다 구세주로 세상에 등장하는데 이미 지난 세월 동안 상황에 따라 물고기, 거북이, 수퇘지, 원숭이, 난쟁이, 도끼를 든 라마, 라마, 크리슈나, 붓다의 9가지 형태로 등장했다고 한다.

특이하게도 불교의 창시자인 붓다를 비슈누 신의 9번째 화신이라고 믿는다. 마지막 화신인 깔리다샤바라타는 백마를 타고 불칼을 든 형상을 하고 있는데, 아직 세상에 등장하지 않았지만 그가 등장하면 세상은 종말을 맞게 된다고 한다. 힌두교에서는 비슈누의 변신이 악마와 대적하여 지상의 재앙을 물리치기 위함이라 믿고, 다른 신들을 비슈누의 현현으로 생각하여 그 신들에게 헌신을 서약한다.

현재 힌두교는 비슈누 신과 시바 신 중 누구를 숭배하느냐에 따라 비슈누파와 시바파로 나뉘어 양대 종파를 이룬다. 비슈누파는 학문적인 성격이 강해서 비교적 사회의 상층부 사람들이 많이 속해 있고, 비슈누의 화신 중 라마와 크리슈나 신을 따르는 사람들이 나뉘어 각각의 분파를 형성한다. 시바파는 사회 하층부에 속한 이들이 많으며 수행자의 고행, 주술, 열광적인 제의 등을 특색으로 한다.

인간적인 특성을 지닌 힌두교의 신들

힌두교의 여러 경전에 묘사된 신들의 이야기를 보면, 신을 인간과 거의 똑같은 성정을 가진 존재로 묘사하는 그리스 로마의 신화와 거의 흡사하게 느껴진다.

비슈누 신의 화신 중 하나인 크리슈나의 이야기를 예로 들어보자. 힌두교의 신들 가운데 대중적으로 인도인들에게 가장 인기가 많고 친숙한 신이 바로 이 크리슈나이다. 크리슈나 신의 이야기에 등장하는 패턴이 다른 많은 신의 이야기에 등장하는 내용과 비슷하다고 보면 된다.

비슈누의 화신 중 크리슈나는 가장 중요한 신으로 간주된다. 어린 아이로서의 크리슈나, 목동 크리슈나, 영웅으로서의 크리슈나 등은 모두 그 근원을 달리하는 독립된 전승이며 민간신앙인 것으로 알려져 있다. 방대한 민담에서 크리슈나는 쾌활한 아이로 나타난다. 인도인들은 어린 시절 창고에 드나들며 버터를 훔쳐 먹곤 하는 장난기 많은 크리슈나를 사랑스럽게 여기며, 지금도 많은 인도 여성들이 토실토실한 아기 크리슈나 상에 예배를 올린다.

대부분의 민담에서 크리슈나는 활달하고 호색적인 목동으로 묘사된다. 크리슈나가 소 떼 사이를 거닐며 아름다운 피리 소리로 여인들을 매료시켜 열렬한 사랑놀이를 했다는 것이다. 이런 이야기들은 그의 인간적인 면모를 보여준다고 할 수 있다. 한마디로 힌두교의 신들에 관한 이야기는 거의 다 역사성이 결여되어 있고 그저 우화나 민담에 지나지 않는 이야기들의 모음집으로 보이기도 한다.

힌두교의 신 중 하나로 편입된 붓다

이미 언급했듯 흥미롭게도 힌두교에서는 비슈누의 아홉 번째 화신으로 불교의 창시자인 붓다를 들고 있다. 이것은 불교와 힌두교가 융합된 한 예로 볼 수 있는데, 이런 융합은 포용성이 넓은 힌두교의 특징이기도 하다. 힌두교는 이런 포용성을 발휘하여 종교적 융합을 이루어내고 있다. 최근에는 심지어 가톨릭 수녀인 마더 테레사마저도 그녀가 죽은 후 시바 신의 부인의 화신으로 힌두 신화에 편입시켰다고 한다.

힌두교의 신들은 거의 다 역사성이 없는 가상의 존재로 여겨지는데, 비슈누 신의 화신으로 역사상 실존 인물인 석가모니가 편입되면서 분명한 역사적 존재라 할 만한 인물이 존재하게 된 것으로도 보인다. 그러나 이것은 마더 테레사의 경우와 마찬가지로 붓다 자신의 주장과 배치되기 때문에 정당하다고 볼 수 없다.

힌두교 문헌 푸라나에 이 붓다의 화신에 관한 설명이 나오는데, 이 내용은 모두 힌두교의 입장에서 만든 것으로 실제 불교의 사상적인 면과는 거의 관계가 없다. 무엇보다 석가는 신의 존재를 인정하지도 자신이 신이라고 주장하지도 않았고, 불교의 태생 자체부터가 힌두

교의 복잡한 신관에 반감을 갖고 시작된 종교라는 차원에서 봐도 일
치점이 없다.

인도에는 사람보다 많은 신이 있다는데

힌두교에서는 사람들이 유일신을 모시는 것이 아니라, 많은 신이 있
어 사람마다 각각 다른 신을 모신다. 현재 힌두교에는 약 3억 3천
의 신들이 있다고 하는데, 이렇게 신들이 많다 보니 "인도에는 사람
보다 많은 신, 집보다 많은 신전이 있다"라고 할 정도이다. 힌두교의
경전에 나타나는 신관이 상당히 복잡하고 또 서로 모순 되는 설명도
많아 큰 혼란을 불러일으키는 것도 이렇게 많은 신이 존재하기 때문
이 아닌가 싶다.

그래도 전체적인 흐름은 나름대로 뚜렷한데, 힌두교는 다신교적
형태를 띠지만 그 안에 일신교적 경향도 잠재해 있다. 예를 들면, 브
라만이라는 최고의 신이 있는데 이 신에게서 브라마와 시바, 비슈누
의 삼신이 나오고, 비슈누에게서 그 신의 화신, 곧 아바타로서 시대
마다 구원자로 여기는 여러 신이 나왔다고 본다. 이런 특성 때문에
일신교적이면서도 다신교적인 성향을 띠는 것이다.

인도 최고의 신은 브라만으로서 궁극적 실체, 혹은 우주의 최고의
실재로 불린다. 이 신을 존재의 기원과 원인으로 보며, 인간의 이해를
초월하여 인간이 가진 개념이나 감각으로는 설명할 수 없는 존재로
여긴다. 힌두교인들은 실제로 이 브라만을 섬길 뿐만 아니라 삼신과

함께 아바타로 화신한 신들도 각자가 원하는 대로 숭배하고, 가장 낮은 신으로 이해되는 귀신과 우상도 함께 섬긴다.

이와 같이 최고의 신인 브라만을 믿으면서 동시에 다른 많은 신들도 함께 섬기는 것은 힌두교의 중요한 특징으로, 힌두교의 신관에는 다신론과 단일신론이 동시에 존재한다. 힌두교인들은 인간의 모습으로 나타난 신이나 우상을 섬겨도 궁극적으로 최고의 신에 도달한다고 믿는다. 그리고 많은 신들이 오랜 역사를 통해 점진적으로 발전하여 시대마다 새로운 신들이 계속 생겨났는데, 이 신들은 샤머니즘과 같은 일종의 신앙적 계보 가운데 그때그때 경배의 대상으로 인간이 만들어낸 신들이라고 할 수 있다.

이러한 신들은 인간의 의지나 욕망, 사상의 투영으로서 인간과 질적으로 다르지 않다고도 볼 수 있다. 그래서 이 신들은 자신들의 자유의사에 따라 은총을 베푸는 인격적인 주체가 아니라, 자연계의 여러 현상적 개념과 동등한 위치에 있는 명목상의 존재로만 받아들여지기도 한다.

이러한 힌두교의 범신론적인 신들은 힌두교를 처음 형성시킨 아리안족이 자연신들을 숭배할 때부터 신봉되어왔다. 주전 15세기 경에 아리안족이 인도에 침입해 인더스 문명을 굴복시키고 아리안 문명을 이루기 시작했다. 이들은 신에게 드리는 예배 의식을 위해 여러 노래를 지어 불렀는데 나중에 이들을 모아 '앎'이라는 뜻을 지닌 '베다'라고 했다.

신들에 대한 찬송을 모아둔 베다인 리그 베다의 핵심적인 종교 사상은 자연 숭배로 알려져 있다. 여기서 자연은 지금 우리가 상식적으로 생각하는 자연이 아니라 고대인 나름대로 어떤 성스러운 힘이 있다고 느낀 대상물이다. 거기에는 대략 76개의 대상물이 등장하는데, 이런 것들이 의인화되고 신격화되어 찬양과 기도의 대상이 되었다. 태양이 태양의 신 수리아가 되고, 불이 불의 신 아그니가 되고, 폭풍이 폭풍의 신 인드라가 되는 경우가 이런 예에 해당한다.

이렇게 리그 베다에서 볼 수 있듯 초기부터 힌두교는 자연계를 대상으로 여러 신을 숭배하였기 때문에 다신론 신앙이라고 할 수 있다. 그러면서도 그 신들 중 어느 한 신을 가장 중요한 주신으로 받들어 모시는 경향을 보였다. 많은 신을 인정하되 그 중 어느 한 신을 골라 섬기는 단일신론의 신앙 형태를 보인다. 다신론이 여러 신을 두루 섬기는 것이라면, 단일신론은 그 중 어느 한 신을 택해 특별히 경배하는 경우를 부각시키는 것이다.

유일신론이 다른 신의 존재를 부정하고 오로지 한 신만을 경배하는 데 초점을 둔다면, 단일신론은 다른 신의 존재를 부정하지 않은 채 주신으로 믿는 신을 경배하는 데 관심이 많다. 바로 여기서 기독교와 힌두교가 견지하는 신관에 중요한 차이점이 나타난다. 기독교는 유일신론이다. 기독교는 오로지 우주 만물을 만드신 인격적이고도 지성적인 유일신을 창조주 하나님으로 섬기며 그 외의 다른 신들은 다 인간이 이 세상에서 생존하거나 잘 살아가기 위해 자기를 도와

주는 존재로 삼으려고 만들어낸 신들이라고 본다.

아담과 노아 이후 초기 인류는 대체로 유일신 신앙을 가졌겠지만, 생존을 위해 험악한 자연세계에 적응해야 했던 사람들은 차츰 사랑과 자비가 많은 선하신 창조주의 존재를 등한시하게 된 것으로 보인다. 그보다는 실제로 삶에 위협적인 폭풍과 홍수, 비바람을 일으킨다고 여겨지는 자연세계의 악한 영들에게 더 큰 두려움을 느껴 그들을 달래고 섬기는 데 치중하면서 우상숭배적인 다양한 종교의식을 행하기 시작했고, 그것을 통해 자연세계에서 일어나는 무서운 재앙들을 막아보려 했다. 폭풍의 신, 천둥의 신 같은 범신론적 신의 이름이 바로 이런 자연세계로부터 일어나는 재앙을 두려워한 나머지 붙이게 된 신들의 이름으로 보인다.

원시 힌두교의 신들까지 다 합치면 힌두교인들이 자연세계에 살면서 그 세계의 각 영역을 주관한다고 믿은 신들은 상당히 많다. 힌두교의 범신론적인 신들은 대부분 자연계의 구성 요소와 여러 현상들의 배후에 있다고 상정된 지배력이 신격화되어 나타났다.

이러한 힌두교의 모든 범신론적인 신들은 우주적, 자연적, 감각의 영역에 속해 있고, 그 신들 역시 인간처럼 죽음을 경험하며 업(karma)의 법칙에 종속된다. 이런 의미로 볼 때 힌두교의 신들은 인간의 특정한 소망의 성취 혹은 구원을 위한 일을 돕는 보조적 구성물로 볼 수 있을 뿐이지 그 자체로 어떤 초월적인 권위를 가진 신적 존재라고 보기는 어렵다.

힌두교 최고의 신 브라만은 어떤 신인가?

이러한 힌두교의 신들은 앞서 진리의 정의에 대해 살펴보면서 나름대로 규정한 창조주 하나님의 자격 요건을 지니고 있을까? 이 신들을 이 세계를 실제로 만든 창조주 하나님으로 받아들일 수 있을까?

우리가 살펴본 대로 힌두교의 신들은 사람들이 만들어낸 존재로, 태어나고 죽기도 하는 인간적 속성들을 그대로 가지고 있고, 동물의 형상으로도 나타나는 우상적인 존재이며, 자연세계를 초월하지 못한 채 그 자연세계 속에 존재하는 범신론적인 신이다. 한마디로 창조주 하나님이라는 존재가 가져야 할 초월성이나 지성, 인격성, 전능성, 역사성을 가지고 있지 못하다. 이것은 지금까지 살펴본 대로 힌두교가 믿는 신들의 특성에 분명히 드러나는 사실이다.

그렇다면 그런 신들이 유래했다고 믿는 브라만이라는 신은 창조주 하나님으로 볼 수 있을까? 사실 힌두교의 핵심은 브라만이라는 독특한 신의 개념 안에 있다. 브라만은 한자어로 '범(梵)'이라고 하는데, 우주의 근본원리를 가리키는 단어이기도 하다.

이 브라만은 비인격적이면서도 궁극적인 존재, 인간의 모든 묘사를 넘어서는 우주 최고의 존재로 여겨진다. 이 브라만은 둘도 없는 단 하나인 존재인데, 그 하나밖에는 아무것도 없다는 의미에서 하나이다. 그래서 모든 실재는 하나라고 믿는다. 브라만 신이 만물이고 만물이 브라만 신이며, 모든 인간은 그로부터 나오고 결국 그에게로 돌아간다고 믿는다. 이것이 신은 모든 것이고 모든 것은 신이며 그 밖에 다른 실재는 없다고 믿는 범신론의 대표적인 공식이다.

범신론은 사람이 지금 이 세상에서 보고 듣고 만지는 실제 세계는 환상에 불과하며, 우주와 신은 하나로서 신은 궁극적으로 비인격적인 존재라고 믿는다. 브라만 신은 아트만, 즉 인간이며, 인간이 곧 신이라는 것이 범신론의 핵심 내용이라고 할 수 있다.

힌두교 철학에 따르면 브라만은 절대적 진리이며 비인격적인 존재이다. 이 신을 인격적으로 묘사하면 그를 제한적인 존재로 해석한다고 믿어서 인격적인 존재로 묘사하지 않고 인격성을 부여하지도 않는다. 남성이나 여성 아닌 중성으로 보아, 그를 가리킬 때 인칭 대명사 대신 'That'이라는 중립적 지시 대명사를 사용한다. 그 안에서는 이것과 저것의 구별이 없고, 선과 악의 구별도 없고, 아름다움과 추함의 구별도 없다고까지 주장한다. 브라만은 도덕적 속성을 포함하여 모든 속성을 넘어서는 존재, 거룩하거나 악하지도 않으며 자애롭거나 매정하지도 않은, 선과 악을 초월해 있는 존재로 인식된다.

결국 만물이 곧 신이고 신이 곧 만물이라는 이러한 범신론적 신관에서 사람이 곧 신이고 신이 곧 사람이라는 뉴에이지 신봉자들의 신관이 나왔다. 힌두교에서 신은 인간과 분리되어 있지 않다. 신이 곧 인간이고 인간이 곧 신이다. 신은 단 하나의 실재이며 인간은 신의 실재 밖에서 개인적으로 존재하지 못한다.

브라만이 창조주 신일 수 없는 이유

그렇다면 힌두교에서 우주 최고의 신으로 믿는 이 브라만이라는 신은 창조주 하나님이라고 할 수 있을까? 아까 진리의 자격 요건을 살펴볼 때 상정한 것처럼, 그는 창조주 하나님이 갖춰야 할 인격과 전능함, 역사성과 초월성을 두루 갖추었다고 할 수 있을까? 한마디로 그렇지 않다.

첫째, 무엇보다 브라만 신은 비인격적인 존재로 신봉된다는 데서 창조주 하나님으로서 가져야 할 자격 요건을 충족시키지 못한다. 비인격적인 존재가 지성과 감정, 의지를 갖춘 인격적인 존재인 사람을 만들 수 없다. 비인격적인 어떤 존재가 지성적으로 너무도 정교한 질서와 체계를 갖춘 우주 만물을 만들 수 없고 그 우주 만물을 세밀하게 운행하고 유지해나갈 능력을 갖추고 있다고 볼 수도 없다.

둘째, 브라만 신은 만물이 곧 신이며 신이 곧 만물이라는 범신론적인 신관을 그대로 수용하는 신이다. 힌두교의 범신론은 이 세상에 오직 신만이 존재하기 때문에 인간을 포함한 만물이 신이라고 주장한다. 우주 만물의 모든 것이 신이고 우주 자체가 신이라고까지 주장한다. 그러나 이는 실제 세계의 이치에 부합하지 않는다.

우주 만물이 신이라면 무한하고 초월적이어야 하는데, 우주 안의 모든 것이 쇠퇴해간다는 열역학 제2법칙에 의해서 유한한 우주 만물은 그렇지 않다는 것을 쉽게 알 수 있다. 또한 인간이 신이라면 인간은 무한한 존재여야 하고 완전한 존재여야 하는데, 실제로 나를 포함한 사람은 그렇지 않다. 연약하고 유한한 존재일 뿐이다. 이것은 실제 세계의 이치에 맞지 않아서 진리라고 보기 어렵다.

또한 유한하고 쇠퇴해가는 우주 만물이 곧 신이라고 할 때의 그 신은 무한하고도 전능한 능력과 초월성을 가진 창조주 하나님의 자격 요건을 갖추고 있지 못하다. 따라서 그러한 힌두교의 신은 창조주 하나님일 수 없다.

셋째, 브라만 신은 선하지도 악하지도 않은 존재라고 했는데, 그렇다면 그 신은 이 세상 사람들이 본성적으로 지닌 도덕성에 관한 근거를 제공해주지 못한다. 세상에는 분명히 선과 악이 존재하고, 세상 사람들에게는 선을 추구하고자 하는 도덕성이 있어서 세상에 질서가 유지된다. 이러한 도덕성은 이 세상을 유지해가는 데 꼭 필요한 창조 질서의 중요한 영역이기도 하다.

창조주 하나님은 선하지도 악하지도 않은 존재가 아니라 완전히 선하시고 거룩하셔야 하는데, 힌두교의 신은 그렇지 못하다. 따라서 힌두교에서는 이 세상을 만들고 질서 있게 운행해가시는 창조주 하나님을 만날 수 없다. 성경 속의 하나님이 "내가 거룩하니 너희도 거룩할지어다"(레 11:45)라고 명령한 말씀 안에 포함된 도덕적인 계명이 힌두교의 신관에는 결핍되어 있다. 힌두교에서는 브라만 신 자체가 악하지도 거룩하지도 않은 특성을 가졌다고 보므로 선과 악의 개념을 포함한 도덕은 궁극적 실재의 세계가 아니라 환영의 세계에 속한 것으로 취급한다.

그러나 이것은 선과 악, 도덕관념이 단순한 환영이 아니라 실제로서 이 세상에 존재한다는 점에서 볼 때 실제 세계의 이치에 부합하지 않는다. 따라서 힌두교에서 믿는 브라만 신은 원천적으로 이 세계에 존재하는 도덕성의 근거가 될 수 없으므로 이 세계를 만든 창조주 하나님일 수가 없다.

물론 힌두교 역시 종교가 갖는 일반적인 기능, 곧 사람이 세상에 살 동안 심신의 해방이나 안정감을 주고 도덕적으로 선을 추구하게 만드는 정도의 일반은총적인 역할을 해왔다는 점에서 종교의 하나로서 인정하고 존중할 수는 있다. 그러나 이 종교에서 믿는 신들이 천지 만물을 만드신 진짜 창조주 하나님일 수 있는가 하는 문제에서는 그렇지 않다고 답해야 한다. 따라서 힌두교에서는 창조주 하나님을 만날 수 없다.

불교의 부처님이나
기독교의 하나님이나
거기서 거기
아닌가

?

한국 사람들은 굳이 신을 안 믿어도 어려운 일 당하면 그냥 하나님, 부처님 다 부르면서 도와달라고 한다. 종교란 게 어차피 그렇게 다 심지가 약한 사람들이나 믿는 건데, 부처님이나 하나님이나 오십보백보다. 불교도 천국, 지옥 다 있다며 죄짓지 말고 자비 베풀며 착하게 살라고 하는데 뭐가 다른가?

불교에 대해 사람들이 가진 좋은 이미지는 사찰들이 자리한 산이다. 설악산 같은 유명한 산에 가면 꼭 가장 물 좋고 경치 좋은 자리에 절들이 들어와 있는 것을 볼 수 있다. 설악산 국립공원 안쪽에는 신흥사가 있고, 설악산 근처의 바닷가 절경이 있는 곳에는 낙산사라는 유명한 절이 있다. 이렇게 산에 자리 잡은 지리적 환경 때문인지 한국인들은 절에 가면 편안함을 느끼곤 한다. 복잡한 도시 한복판에 있는 예배당보다 한적하고 물 좋고 공기 맑은 곳에 있는 사찰이 훨씬 더 평화로워 보인다. 스님들이 산나물 캐 먹으면서 정갈하게 살아가는 듯한 사찰의 분위기는 왠지 더 종교적인 느낌을 준다. 그래서 일정 기간 사찰에 머물며 불교를 체험하는 템플 스테이 같은 것도 현대인들에게 인기를 얻고 있다.

한국인의 정서와 문화에서 불교는 기독교와 거의 맞먹는 위세와 신비로운 어떤 종교적 아우라를 가지고 있는 듯하다. 특히 한국인에게는 불교의 부처가 하나님과 동등한 존재인 양 인식되어온 경향도 있다. 그래서 드라마 같은 데 보면 "하나님, 부처님, 누구든지 내 소원 좀 들어주세요!" 하는 식으로 말하는 장면도 종종 등장한다.

그러나 이런 대사를 창조주 하나님이 들으시면 꽤 언짢아하실 것 같다. 부처라고 불리는 석가는 엄연히 창조주 하나님의 한 피조물이고, 그 자신이 부모에게서 태어나 여느 인생들처럼 고통 받고 아파하며 번뇌하던 사람이었다. 그러다가 보리수나무 밑에서 세상 욕심에 더 이상 얽매이지 않을 때 해탈을 경험한다는 것을 크게 깨달은 사람이지 결코 신은 아니었다. 그가 죽고 나서 후대 사람들이 아무리 그를 신격화시키고 숭배하기까지 한다 해도 그 자신이 피조물로 태어난 존재이기에 창조주 하나님은 될 수 없다. 부처 자신도 자신이 신이 아니라는 것을 인정했고, 스스로 신의 존재를 믿지도 않았고, 누구든 모든 고통의 원인이 되는 집착과 욕심을 끊어내는 수행을 통해 해탈하면 부처가 될 수 있다고 가르쳤을 뿐이다.

그런데 어떻게 그에게 기도하면서 은근슬쩍 그를 창조주 하나님과 동급으로 두는 일이 불교 신자들뿐만 아니라 일반 사람들 사이에서도 당연한 듯 일어날 수 있는 것일까? 지금도 사찰 같은 데 가보면 많은 불교 신자들이 부처상 앞에서 절을 수십 번씩 하고 손을 모아

비는 모습들을 어렵잖게 볼 수 있다.

염불 속에 불교의 변천사가 들어 있다

지금 우리가 보고 느끼고 접하는 불교는 원래 불교의 창시자인 석가가 가르친 무신론적 불교와는 무언가 많이 달라져 있다. 그 사실이 우리가 잘 아는 불교의 염불에서 분명히 확인된다. 사람들이 불교가 가르치는 복잡한 교리는 다 몰라도 불교 신자들이 늘 외우는 "나무 아미타불 나무 관세음보살"이라는 염불 하나만큼은 잘 알고 있다.

불교에서는 이 염불을 지극 정성으로 외우면 현세에서는 복을 얻어 행복한 삶을 유지하고, 내세에서도 극락세계에 왕생한다고 가르친다. 스님 같은 수행자나 일반 신자들 모두에게 이 염불을 반복하는 것이야말로 불교의 경전에서 가르치는 가장 주된 수행 방법이라고 강조하며, 이 염불을 할 때 석가가 이룬 공덕을 생각하고 기억하면서 정진하라고 가르친다. 부처님은 언제나 사람의 생명을 진리로써 충만하게 하고 대자대비 은혜로 키워주시는 것을 믿고 마음의 눈으로 보듯이 오직 일심으로 부처님을 생각하라고 한다.

그런데 이 염불은 애초부터 석가가 만들어 외우라고 한 것이 아니다. 이것은 석가 시대를 한참 지나서 후대에 형성된 대중적 불교에서 만들어져 사람들에게 퍼져나간 것이다. 불교에서 그렇게 중시하는 대표적인 염불 "나무아미타불 나무 관세음보살"은 무슨 뜻일까? 이 뜻을 알면 현재의 대중적인 불교가 원래의 불교와 어떤 방향으로 다르게 바뀌어왔는지를 알 수 있다.

'염불'(念佛)이라는 말은 '부처를 생각한다'라는 뜻인데, '염'은 '지킨다', '불'을 '깨달음'이라고 보아서 "깨달음을 지킨다"라는 뜻으로도 본다. "나무아미타불"에서 '나무'는 산스크리트어, 곧 고대 인도어에서 '귀의한다' 또는 '믿는다'라는 뜻을 지닌다. 이렇게 보면 '나무아미타불'은 '아미타불에 귀의한다' 또는 '아미타불을 믿는다'라는 의미가 된다. 여기서 원래 석가가 창시했던 원시불교에는 존재하지 않았던 신적 존재가 하나 등장하는데, 바로 아미타불이다.

'아미타'라는 말은 무량광(헤아릴 수 없는 광명을 가진 것)이라는 뜻을 가진 산스크리트어 '아미타바'와 무량수(헤아릴 수 없는 수명을 가진 것)라는 뜻의 산스크리트어 '아미타유스'에서 나온 말이다. 무량광은 완전한 지혜(반야, 보리)를 상징하고, 무량수는 자비를 상징한다. 아미타불은 이 두 가지 덕성을 갖춘 부처라는 뜻이 되며, 이를 바탕으로 항상 모든 사람을 구제하는 구제불로서 활동함을 뜻한다.

아미타불은 대승불교인 정토교의 중심을 이루는 부처인데, 원래는 법장비구로서 수행 중에 중생을 제도하겠다는 큰 소원을 세웠고, 현재는 성불하여 서방의 극락정토에서 교화하고 있는 부처라고 한다. 그는 자력으로 성불할 수 없는 사람도 염불을 하면 그 구제력으로 극락에 갈 수 있다고 가르쳤다.

'나무 관세음보살'에서 관세음보살은 '관세음'(觀世音)의 한자 뜻 그대로 '세상의 음을 보는' 보살이라는 말이다. 보살은 불교에서 성인을 가리키는 말인데, 관세음보살은 세상의 온갖 현실적인 재앙과 고통, 고뇌를 구제하는 보살로서 일반 대중들에게 가장 큰 사랑과 존경을 받아왔다고 한다.

이런 것들은 다 대승불교에서 유래한 신앙이다. 관세음보살의 이름을 마음에 간직하고 지성껏 그 이름을 부르면 큰불이나 홍수, 도둑 등 일곱 가지 재앙을 만나도 그것을 면하게 되고 그 밖에 모든 액에서 구제되어 소원을 성취할 수 있다고 가르쳤다.

그러므로 바로 이 염불 하나에 석가가 원래 남겼던 초기불교, 곧 소승불교라고도 하는 원시불교와 그 후대에 변모된 불교, 곧 대승불교 사이에 어떤 차이가 발생했는지가 정확하게 담겨 있다. 그리고 그 차이는 모두 기독교의 영향으로 발생한 것이라고 해도 과언이 아니다. 가장 큰 영향이 바로 '나무아미타불'이라는 염불에 등장하는 아미타불과 같은 신적 존재자에 관한 신앙이라고 볼 수 있다.

대승불교에 등장한 신적 존재자 신앙

대중적인 염불을 통한 아미타불에 대한 신앙은 기독교에서 가르치는 창조주 하나님 또는 메시아 예수님에 대한 사상을 불교가 차용했다는 대표적인 증거다. 아미타불이나 관세음보살이라는 존재는 모두 대승불교에서 나왔다. 불교에는 소승불교와 대승불교가 있다. 소승불교는 대승불교가 성립되기 이전의 불교 각 파를 총칭하는 말로 오늘날에도 스리랑카, 태국, 미얀마, 인도차이나 등에서 볼 수 있다.

소승불교가 개인적인 수행과 해탈을 가르치면서 주로 출가한 수행자 중심의 불교였던 데 비해 대승불교는 인류 전체의 구원과 성불의 교리를 설파하면서 출가 수행자뿐만 아니라 재가 일반인들까지도 적극적으로 포용하고 그들에게도 불교가 종교의 기능을 가진 가르침으로 다가가도록 만든 대중적 불교이다. 주후 1,2세기경에 성립된 불교 종파라고 보는데, 중국, 한국, 일본 등에 전파된 불교는 바로 이 대승불교이다.

소승(小乘)의 뜻은 한자어의 의미 그대로 '작은 탈 것'을, 대승(大乘)은 '큰 탈 것'을 의미한다. 석가가 남긴 원시불교의 가르침에 좀 더 직접적으로 가까웠던 소승불교에 비해 대승불교는 석가의 가르침을 기반으로 하면서도 그 뜻을 확대해 일반 대중의 종교성을 만족시키는 역할도 감당하기로 한, 좀 더 대중화된 불교라고 볼 수 있다.

이 대승불교를 가리켜 "대승불교는 석가의 가르침이 아니다"라는 주장이 많은 불교학자 사이에서 제기되어왔다. 이것을 불교 전문 용어로는 '대승비불론'(大乘非佛論)이라고 한다. 실제로 대승불교의 가르침을 검토해보면, 석가의 직접적인 가르침이라 볼 수 없는 것들이 많이 섞여 있는 것을 명확히 알 수 있다.

석가는 오랜 고행 끝에 깨달음을 얻은 후 모든 것은 공(호), 즉 무아(無我)라고 주장했다. 그는 세상과 고통과 삶과 죽음이 모두 공이며 실체가 없는 것이라고 말했다. 석가의 사상은 원래 무신론으로, 신 또는 신적 존재자에 관한 사상은 가지고 있지 않았다.

그런데 대승불교가 되면서 대일여래나 아미타불과 같은 신적 존재자가 나타난다. 대일여래(大日如來)란 '광명이 모든 것 위에 고루 비춘다'라는 뜻으로 우주의 실상을 영화시킨 존재자를 가리킨다. '여래'는 부처라는 말과 같은 뜻이므로 결국 후대의 대승불교에 와서 하나의 부처가 아니라 여러 부처를 섬기는 다불(多佛) 사상을 주장하게 되었다고 본다.

불교에서 '부처'의 원래 의미는 '(진리에) 눈을 뜬 사람'이었다. 처음에 부처는 석가만을 가리켰고, 사람들에게 존경받는 한 사람을 나타내는 단어였다. 그런데 후세에 와서 불교는 다불 사상을 따르게 되었다. 대일여래나 아미타불과 같은, 신과 같이 영원한 존재로서의 부처 사상도 이때부터 나타났다. 처음에는 무신론적이었던 불교도 어느 사이에 '영원히 실존하는 분'의 존재를 인정하는 형태로 변모한 것이다.

불교는 언제부터인지 우주 부처, 즉 우주의 진리 그 자체인 분의 존재를 주장하게 되었다. 현재 불교에서는 우주의 중심에 진리 그 자체인 부처가 앉아 있다고 생각하며, 부처가 우주의 중심에 있는 동시에 우주 그 자체라고 믿는다. 영원히 존재하고 멸망하는 일도 없는 진리 그 자체라는 것이다. 이름은 부처라고 하지만 기독교의 하나님이나 이슬람교의 알라와 비슷한 존재라고 할 수 있다.

'나무아미타불'이라는 염불에 나오는 아미타불은 이를테면, '구세주적인 부처'의 대표 격이다. 석가가 죽은 후 불교에서는 "부처는 석가 한 분이 아니라 많이 있다"라는 다불 사상이 생겨났는데, 이를 일컬어 '과거 일곱 부처 사상'이라고 한다. 석가는 처음으로 진리를 깨달은 자가 아니라 석가보다 앞서 여섯 명의 부처가 있으며, 석가는 일곱 번째 부처라는 가르침이다. 이것은 시간상으로 계산한 것이지만 공간적으로도 생각할 수 있다. 부처는 장소를 막론하고 우주 전체에 출현했다고 보는 것이다.

한국에서는 원효 대사의 불교 대중화 노력으로 염불(나무아미타불)의 확산과 함께 특히 아미타불이 유명해졌다. 이 아미타불을 믿고 그 이름을 찬양하면 범부나 악인이라도 아미타불의 구제력으로 극락정토(기독교에서는 말하는 천국)에서 왕생할 수 있다는 것이다. 이 사상은 "누구든지 주의 이름을 부르는 자는 구원을 얻으리라"(롬 10:13)라는 기독교의 가르침과 아주 유사하다. 보통 불교 신자들에게 전도하면서 예수 믿고 천국 가라고 하면 그들은 "우리도 부처 믿고 극락 간다. 다 똑같은 천국에 가는데 뭘 예수를 따로 믿으라고 하냐?"라고 말한다. 그러나 이것은 불교의 창시자인 부처가 가르친 교리가 아니다. 원래 석가가 가르친 원시불교에는 이런 가르침이 없다.

그런데도 많은 불교 신자들이 이런 부분을 깊이 생각하지 않고, 불교가 원래 무신론이라는 것도 알지 못한 채, 그리고 부처 역시 일개 사람이었다는 것도 무시한 채 그 부처에게 자신의 영혼을 맡기고, 죽고 나면 그 부처가 자신을 영원한 천국에 보내줄 거라고 믿는다. 세세히 따지고 보면 사실 얼마나 위험천만한 일인지 모른다.

불교에도 삼위일체 부처가 있다?

본명이 고타마 싯달타인 석가는 주전 6세기 경 인도 네팔 지방의 작은 나라인 카필라 성의 왕자로 태어났다. 그는 최고의 지위와 풍요를 누리지만, 29세에 인간의 생로병사에 대한 깊은 회의를 느끼고 번민하다가 처자를 버리고 출가한다. 키아누 리브스가 주연한 영화 '리틀 붓다'는 그가 출가하는 과정을 실감나게 묘사한다. 실제로 석가의 아버지는 석가가 외출할 때 인간의 생로병사 고통을 보지 못하고 좋은 광경들만 보게 하려 했다고 한다. 그럼에도 불구하고 인간이 고통 받고 병들어 죽어가는 것을 목격한 석가는 마침내 집을 나와 수행자의 삶을 택한다.

석가는 6년 동안 고행을 중심으로 하는 종교적 수행에 전념하며 인간의 생로병사를 해결할 방안을 고민하고 모색하지만, 고행의 무의미함을 깨닫고 결국 극단적인 고행이나 쾌락에 치우치지 않는 중도의 길을 걷기로 한다. 그 후 보리수나무 밑에서 큰 깨달음을 얻은 석가는 80세에 세상을 떠날 때까지 자신이 깨달은 진리를 기초로 가르침을 전파함으로써 사람들에게 '붓다'라고 불리게 된다.

붓다 또는 부처는 석가에 대한 존칭으로서 한 사람의 인간을 가리키는 말이지만, 후세에 와서 대일여래라든지 아미타불이라는 '영원히 존재하는 부처'로 발전한다. 이러한 부처는 단순한 인간이 아니다. 인간과는 별개의 세계에서 사는, 인간을 초월한 존재이다. 그러나 석가 자신은 이러한 초인간적인 존재에 대해 전혀 말한 적이 없다.

일반적으로 석가는 영원한 신적 존재자가 있는가에 관해 불가지론적 태도를 보였다고 알려져 있다. 원래 석가의 사상은 근본적으로 무신론이었다. 그의 사상은 인생은 괴롭고, 모든 것은 계속해서 변하며, 세상의 모든 존재나 현상에는 실체가 없으며, 모든 집착을 끊어내면 고뇌에 찬 윤회의 세계에서 해방된다는 것이다. 이것이 바로 고통과 무상, 무아, 열반을 네 개의 주된 가르침으로 삼은 석가의 사상으로 '고집멸도'란 말로 대변되는 원래 불교의 가르침이다.

석가의 사상은 유신론적 세계관과 조화를 이루지 못한다. 그는 무상무아가 아닌 세계, 즉 영원히 실존하는 세계가 있다고는 말하지 않았다. 그렇지만 영원한 존재자에 대해 아무 말을 하지 않거나 혹은 부정적인 생각을 가진 석가의 사상에 만족할 수 없었던 불교도들이 많았던 듯하다. 그 때문에 불교는 시간이 지남에 따라 크게 변천하게 되었다.

사실 영원한 부처의 존재를 주장한 것은 대승불교 쪽이고, 소승불교에서는 그런 주장을 하지 않았다. 대승불교에서는 역사상의 부처인 석가모니불 배후에 아미타불이나 대일여래, 약사불 같은 여러 '영원한 부처'가 존재한다고 한다. 이런 부처가 각 종파의 숭배 대상이나 교주로 여겨져 왔다. 처음에 무신론이었던 불교가 어느새 점점 유신론으로 변모한 것이다.

더구나 불교의 창시자 석가는 후세에 와서 '구원 실현의 부처'라 하여 영원 전부터 부처였다고 일컬어지게 되었다. 석가가 29세에 출가

하여 35세에 깨달음을 얻었다고 하는데, 대승불교의 경전인 《법화경》은 "사실은 그게 아니라 영원 전에 이미 부처가 되었으며, 세상에 태어나 수행을 한 것은 사람들을 인도하기 위한 방편이었다"라고 주장한다.

이렇게 하여 인간 석가는 영원한 부처로 승격되고 신격화되었다. 이것은 기독교의 영원한 그리스도 사상의 불교판이라고 할 수 있다. 말하자면, 예수 그리스도라는 아주 특별한 존재에 대해 가르친 기독교의 영향을 받아 일개 인간이었던 석가를 성인에서 구세주로 승격시킨 불교가 바로 대승불교인 셈이다.

이처럼 대승불교에는 대일여래나 아미타불 같은 신적 존재자가 존재한다는 사상, 석가가 원래 가르쳐온 자력 구원이 아닌 타력 구원 사상 등 원래 원시불교에는 없었던 가르침이 혼합되어 있다. 이런 사상은 기독교에 관한 지식을 가진 사람이라면 누구나 알 수 있듯이 기독교의 사상과 아주 유사하다. 이렇게 혼탁해진 불교에 대해 현재 불교계 내에서는 순수했던 초대 불교로 돌아가자는 목소리마저 터져 나오고 있는 상황이다.

기독교의 영향을 받아 형성된 대승불교

그러면 기독교의 영향이 불교에 유입되었다고 볼 수 있는 증거는 무엇일까? 객관적으로 부인하기 어려운 증거가 있을까? 우선 역사적인 정황 면에서 불교의 가르침에 신적인 존재가 유입된 계기를 들여다보면, 대승불교의 등장 시기와 인도에 기독교가 전파된 시기가 거의 일치한다는 사실을 유력한 증거의 하나로 들 수 있다.

교회사에서는 예수님의 열두 제자 중에 도마가 인도에 가서 복음을 전한 것으로 알려져 있다. 지금도 인도에는 도마가 선교한 흔적들이 남아 있다. 그런데 도마가 인도에 기독교를 전파한 때인 주후 1세기 무렵이 대승불교가 구체적으로 형성되기 시작한 주후 100년경과 시기적으로 비슷하다. 도마는 인도에서 복음을 전하다가 순교했다고 하는데, 그의 영향으로 2세기경에는 인도에 상당수의 그리스도인들이 있었다고 한다. 대승불교의 창시자로 불리는 용수라는 인물은 주후 150년에서 250년경 인도에 살았던 사람으로 그가 당시 인도에 전래되어 있던 기독교 사상을 접했으리라는 짐작은 충분히 가능하다.

또한 영원한 부처 사상 역시 석가 사후 오류백 년이 지난 주후 1세기경부터 열반 문학 속에서 점차로 확립되어갔다. 주후 1세기라고 하면 이 시기 역시 도마가 인도 방면으로 복음을 전파함으로써 인도에 기독교의 영향이 널리 퍼졌던 시대와 일치한다.

실제로 아미타불 신앙이 형성된 것은 주후 1,2세기경인데, 그 무렵 인도에서는 부처는 석가 한 사람만이 아닌 다른 먼 나라에도 나타난다는 사상이 성행하고 있었다. 따라서 서방의 성인 예수 그리스도에 대한 이야기를 전해 들었을 때 절충하기를 좋아했던 인도인들이 예수를 '서방 부처'로 받아들이기도 했다고 한다.

한때 《인도로 간 예수》라든지, 《불제자 예수》라는 책들이 유행한 것도 이런 역사적 배경을 그 맥락으로 한다고 볼 수 있다. 이런 흐름에서 당시 대승불교가 기독교의 교리들을 대중적인 불교에 혼합시킨 것이라고 본다면 불교의 가르침에 왜, 그리고 언제부터 기독교와 비슷한 가르침이 스며들게 되었는지 이해할 수 있다.

이처럼 대승불교에서 주장하는 영원한 부처 사상은 기독교와의 혼합 또는 기독교와 같은 타 종교에 대항하는 과정에서 생겨난 흐름인 것이 거의 확실해 보인다. 종교로서의 불교 역시 시대마다 다른 종교 사상의 영향을 받아 변화를 수용한 혼합 종교의 성격이 강했던 것으로 보인다. 그래서 결국 불교는 초기에 석가가 순수하게 가르친 자력 구원 종교에서 기독교를 포함한 여러 종교의 가르침을 수용하면서 혼합종교의 양상을 띠며 지금까지 발전해왔다고 보는 게 일반적인 시각이다.

예를 들어, 우리나라 불교에서 가장 큰 종파를 이루고 있는 불교 종파는 선종, 즉 선불교이다. 교종이 교리나 형식을 중시하는 데 반해 선종은 명상과 깨달음을 중시한다. 이 선불교는 타 종교인 도교의 영향을 받아서 명상을 특별하게 더 강조하는 불교다. 명상의 역할이 원래 불교에 있었긴 하지만 선불교는 교리나 복잡한 형식보다는 참선 수행 하나만을 주로 강조한다.

그리고 불교에서도 힌두교의 신적 존재들을 받아들였다고 보는데, 인도의 불교 사원에는 힌두교의 신들을 모셔놓은 곳도 있다. 불교에서는 신적 존재와도 같은 영원한 부처를 대일여래 또는 대비로자나 불이라고도 부르는데, 여기서 대일이나 대비로자나는 '태양'을 뜻한다. 이를 불교에 타 종교의 태양신 숭배 사상이 혼합된 결과로 본다면, 불교가 가진 신적 존재에 대한 신앙은 힌두교에서 믿는 범신론의 영향도 받은 것으로 보인다.

성경의 전도서 3장 11절은 하나님께서 사람에게 영원을 사모하는 마음을 주셨다고 말한다. 사람에게는 영원부터 영원까지 존재하시는 위대한 하나님을 생각하는 마음이 간직되어 있다. '영원한 신'을 믿는 신앙은 사람이라면 누구나 본능적으로 갖고 있는 종교성이다. 진정으로 진리를 갈망하는 사람이라면 영원한 신에 대한 갈망을 갖게 된다고 본다. 석가가 인생의 고통을 극복하기 위한 방법으로 제시한 인간적인 수행 사상과 자력 구원 교리, 그리고 무신론적인 입장만으로는 사람들의 종교적 욕구가 다 만족되지 못해서 대승불교는 석가의 본래 가르침에 영원한 신적 존재자에 대한 사상을 혼합시켜 넣은 것으로 보인다. 이는 인간이 진정으로 진리를 추구하다보면 결국 영원한 신의 존재를 인정하게 된다는 사실을 반증한다.

이쯤에서 신적 존재를 인정하지 않았던 원래의 불교가 힌두교의 영향으로 그대로 가르쳐온 윤회설에 대해 살펴두는 것이 필요해 보인다. 불교 신자가 아니더라도 한국과 같은 동양문화권에서는 의외로 윤회설을 믿을 만한 진리로 자연스럽게 신봉하는 분위기가 많다.

그러나 불교와 힌두교에서 창조주 하나님을 만날 수 없다면, 그 종교들의 핵심적인 구원관인 윤회설에서도 모든 사람이 풀어야 할 삶과 죽음의 문제를 해결할 수 없을 것은 당연하다. 창조주 하나님의 존재와 관련하여 윤회설이 과연 실제 세계의 이치에 부합하는 진리인지를 한 번쯤은 객관적으로 점검해볼 필요가 있다.

윤회설이 비합리적인 5가지 이유

기본적으로 성경은 일회적인 구원과 심판, 직선적인 역사관을 견지한다. 천국과 지옥의 존재 여부가 모든 사람에게 중차대한 문제인 것은 사람이 한 번 죽고 나면 천국이나 지옥 중 어느 한 곳에 가서 영원히 살게 된다는 성경의 가르침 때문이다.

그러나 동양의 대표적 종교들인 힌두교와 불교에서는 사람이 한 번만 죽는 것이 아니라 여러 번 죽고 다시 태어나는 과정을 되풀이한다는 윤회설을 가르친다. 이 윤회설의 입장에서 볼 때는 천국과 지옥의 존재 여부가 그다지 중대한 문제가 되지 않는다. 윤회설에서는 지옥도 이 세상에 살다가 저지른 죄로 사후에 영원히 형벌 받는 장소가 아니다. 형기를 다 채우면 언젠가는 석방될 날이 있는 곳이라서 성경에서 말하는 지옥보다 그 심각성이 훨씬 덜하다.

그러나 불교와 힌두교가 공통적으로 가르친 윤회설은 객관적으로 살펴보면 자체적으로 많은 모순점이 있고 실제 세계의 이치에 맞지 않는다. 윤회나 환생설에 대해서는 굳이 성경을 기준으로 들지 않아도 모든 사람들이 수긍할 만한 객관적이고도 합리적인 관점에서 볼 때 다음과 같은 몇 가지 이유만으로도 실제 세계의 이치에 맞지 않는다는 것을 확인할 수 있다.

우주와 인생의 시작을 설명할 수 없다

윤회설은 우주는 시작도 끝도 없이 영겁에 걸쳐 윤회만을 되풀이한다는 순환적 세계관을 기초로 성립된 힌두교와 불교의 주된 구원 교리이다. 그러나 현대의 과학은 현재의 우주를 관찰해보면 모든 면에서 시작이 있었다는 것을 인정하지 않을 수 없다고 말한다. 우주에 존재하는 모든 것이 쇠퇴하고 없어져 가는 과정 중에 있다는 열역학 제2법칙에 따라 과학자들은 현재의 우주가 계속 퇴보하고 있다고 보기 때문에 처음에 한 번 감겨진 때, 곧 시작된 때가 있다고 본다. 이것이 현대 과학자들의 공통된 의견이다.

물론 시작이 있기 때문에 끝도 있는 곳이 우주라고 할 수 있다. 모든 과학적 현상의 기본이 되는 이 열역학 제2법칙에 따르면, 우주에 존재하는 모든 것은 지속적으로 점점 더 낡아져가고 쇠퇴하며 없어지는 과정에 있으므로 우주의 종말도 있을 거라는 사실을 예견할 수 있다. 그러나 윤회설은 이 세계가 시작도 없고 끝도 없이 영겁의 세월에 걸쳐 이어지고 사람도 윤회를 거듭하며 죽지 않고 계속 한없이 이 땅에서 살아간다고 말한다. 따라서 윤회설은 적어도 현대의 과학이 뒷받침하지 않는 이론인 것이다.

무엇보다 윤회설 자체가 구조적으로 인생의 시작을 제대로 설명할 수 없다. 생각해보라. 맨 처음에 태어난 사람이나 짐승은 과연 그 이전의 어떤 업보 때문에 각각 다른 신분과 형태로 태어나게 된 것일까? 모든 사람이 각자의 이전 생에서 쌓은 업보에 따라 다음 생이 정해진다고 믿는 윤회설은 이 문제에 대해 전혀 합리적인 설명을 할 수 없다. 그래서 창조를 믿지 않는 윤회설은 우주뿐만 아니라 인생의 시작에 대해서도 실제 세계의 이치에 맞는 논리적인 설명을 제공해줄 수 없다.

인간의 정체성에 대해 합리적인 설명을 내놓지 못한다

일반적으로 윤회설에 따르면, 사람이 죽으면 인간뿐 아니라 동물이나 벌레 혹은 식물로도 태어날 수 있는데, 취하는 몸의 형태는 바뀌지만 그 속에 있는 영혼은 동일하다고 한다. 이런 주장은 인간의 정체성을 제대로 설명해주지 못한다.

인간이 동물이나 식물과 다른 점은 영혼이 있다는 것이다. 그래서 인간만은 동물이나 식물과 달리 '나'라는 자의식과 양심을 지녀 도덕성을 발휘하고 살아가는데, 사람이 윤회를 통해 동물이나 식물이 되면 이러한 인간만의 고유한 정체성이 없어져버린다. 여러 TV 방송에서 심심찮게 보여주는 연예인들의 전생체험 같은 경우도 가만히 들여다 보면 대체로 자신이 과거에 어떤 유명한 사람이었다고 말하지 전생에 자신이 동물이었다든지 식물이었다고 말하는 사람은 없다.

더구나 어떤 사람이 동물로 다시 태어난다 해도 큰 딜레마가 생긴다. 실제 세계에서 우리가 보고 느끼기에 동물에게는 사람과 같은 양심도 없고 도덕의식도 없다. 그래서 그런 동물은 이 세상에서 다음 생에 영향을 줄 어떤 의미 있는 선이나 악과 관련된 업보를 쌓을 수 없다. 이 부분만 해도 윤회설에서는 논리적으로 납득하게 해줄 마땅한 답을 찾기 어렵다.

누가 각 사람의 업보에 따라 윤회를 결정하는지 제시하지 못한다

힌두교에서는 브라만이라는 비인격적인 우주의 신, 우주의 궁극적인 원리가 우주를 운행하는 질서도 만들었는데, 그것이 바로 윤회와 환생이라고 가르친다. 힌두교에는 그나마 이런 범신론적인 존재라도 있지만 불교는 아예 창조주 신이나 신적인 주관자 자체를 부정한다. 그렇다면 이 윤회의 질서를 운행하는 주관자가 누구냐는 것이 힌두교와 불교가 가르치는 윤회설의 큰 딜레마가 된다.

사람이 이전에 지은 악업에 따라 죽어서 짐승이 되거나 지옥에 떨어지거나 사람으로 다시 태어난다고 할 때 힌두교와 불교에서는 그러한 판결을 감당하는 주체를 정확히 규정짓기가 불가능하다. 판단이나 판결은 지성적인 행위이므로 반드시 지성적인 어떤 인격체가 수행해야 한다. 그저 우연에 의해서나 기계적인 어떤 메커니즘에 따라서만 이런 거대한 윤회의 시스템이 돌아갈 수는 없는 노릇이다.

신을 인정치 않는 불교에서도 그렇지만, 비인격적, 비지성적인 우주의 궁극적인 원리라고 불리는 범신론적인 신을 믿는 힌두교에서도 역시 이 부분이 동일하게 딜레마가 될 수밖에 없다. 완전하고도 거룩하고 또 모든 사람의 생애를 다 아는 전능한 인격적, 지성적 존재를 인정하지 않고 이 모든 윤회의 과정이 그냥 우연히 이루어진다고 보는 것은 실제 세계의 이치에 부합하지 않는다.

불교의 윤회론에서는 이생에서 어떤 사람의 얼굴이 추한 이유는 전생에서 얼굴을 찡그리고 화를 많이 낸 까닭이라 한다. 이생에서 말 못하는 농아인이 된 것은 전생에서 사람들을 비방했기 때문이고, 이생에서 생활이 곤란한 것은 전생에서 도둑질을 많이 해서라고 말한다. 그러나 이 모든 판결의 과정을 누가 주관하느냐 하는 것이 문제이다. 더구나 절대자 신 자체를 인정하지도 않는 불교에서는 누가 윤회를 주관하는지 합리적으로 마땅한 답을 찾기가 더 어렵다.

물론 앞서 살펴본 대로 기독교의 영향을 받아 신적인 존재를 인정하게 된 대승불교에서는 사람이 죽으면 염라대왕이 그의 업보에 대해 심판을 시행한다고 한다. 모든 사람은 다 전생의 업보에 따라 다음 생을 어디서 보내고 어떤 몸을 받을지가 정해지는데, 염라대왕이 그러한 재판을 진행할 때 7일마다 7번의 재판을 한다고 한다. 그렇게 재판이 진행되고 나서 최종 결론을 선고받는 날이 사람이 죽은 지 49일째 되는 날이어서 자식들이 돌아가신 부모를 위해 49제를 지내게 되었다고 한다. 이런 게 다 불교의 윤회설에서 나온 다분히 종교적인 장례 관습이라고 볼 수 있다.

실제 인구 통계나 악인의 수를 볼 때 전혀 개연성이 없다

악인들은 동물로 환생한다는 윤회설이 사실이라면 이 세상에서 악인은 점점 줄어들어야 맞다. 또 그들이 쥐나 소로 새나가면 인구 역시 감소되어야 한다. 그러나 현실은 악은 더욱 커지고 인구는 꾸준히 늘어났다. 이것은 정말 누군가의 대대적인 사실 확인 소송이 필요해 보이는 사안이다.

주관적인 '전생체험'만으로는 윤회설이 실제 사실이라고 볼 수 없다

일단 과학적으로만 보아도 전생체험은 사람의 암시로 최면 상태에서 이루어지는 상상의 결과로 볼 수 있다. 최면 상태에서 드러나는 무의식의 활동과 함께 자기 암시에 따른 심리적인 상상으로 나타나는 현상일 확률이 높다. 이것은 실제로 의사들이 특정 사람들에게 최면을 걸기 전에 어떤 특정 인물의 이미지를 계속해서 무의식적으로 접하게 한 후 최면을 유도했을 때 최면 상태에서 전생을 떠올리는 가운데 그 인물과 관련한 이야기를 한 경우로도 드러났다.

　그런데 이 세상에는 사람들로 하여금 하나님께 속한 올바른 진리를 찾아가지 못하도록 방해하는 사탄과 그의 부하들인 악한 영들이 활동한다고 믿는 기독교의 입장에서 보면, 이 최면의 과정에서 얼마든지 악한 영이 역사할 여지가 있어 보인다. 사탄과 그의 부하인 악한 영들은 천국에서 하나님을 대적하다가 쫓겨난 천사장 루시퍼와 그에게 동조한 천사들인데, '귀신'이라고도 불리는 이런 영들이 역사할 경우 과거의 역사적 사건들이나 한 개인의 과거의 삶에 대해 상당히 정확한 사항들도 언급하기 때문에 사람들이 미혹되기 쉽다.

귀신의 나이가 몇 살쯤 될까? 천 년 묵은 여우라든지 구미호라는 말이 나오는 것을 보면 적어도 몇 천 년은 묵었을 것 같다. 그래서 사람들이 전생체험을 할 때 자신이 전생에 어떤 존재로 어디에 있었다는 것까지를 포함해서 특정 개인의 과거에 대해서도 때로는 정확하게 이야기할 수 있는 것으로 보인다.

너희가 결코 죽지 아니하리라

객관적이고 합리적인 입장에서 윤회설의 모순점을 조명하는 데서 한 걸음 더 나아가 기독교의 입장에서 성경적으로 윤회설의 문제점을 살펴볼 수 있다. 무엇보다 이 윤회설은 죽음의 문제를 인간들에게 해결해보려고 고안된 사탄의 작품이라는 측면이 지적될 수 있다.

창세기 3장에서 하와에게 접근해 선악과를 따먹게 하려던 사탄은 선악과를 따먹으면 죽을 수도 있다고 하는 하와에게 "너희가 결코 죽지 아니하리라"(창 3:4)라는 말로 하와를 속였다. 이러한 사탄의 거짓말은 고대 근동으로 오면서 니므롯의 아내 세미라미스가 니므롯 사후에도 계속 자신의 권력을 유지하기 위해 아들 담무스를 니므롯의 환생이라고 미혹한 데서 처음으로 윤회 사상으로 계승되어 그때부터 세상에 널리 알려지게 되었다고 한다.

그 후 바벨탑 사건으로 각 민족이 온 땅으로 흩어질 때 이런 윤회설도 각 민족에게 퍼졌고, 그 영향을 받은 독일 계통의 아리안족이 인도 땅에 들어오면서 윤회설도 함께 퍼뜨린 것으로 알려져 있다. 정치적으로 보면, 그들이 인도 원주민들을 지배하기 위해서 만들어놓은 통치의 틀이라고도 볼 수 있는 것이 인도의 카스트 제도이고 윤회설이다. 브라만에 의한 창조와 그 신에 의해 만들어진 우주질서인 윤회, 그리고 이 윤회의 질서에 따라 현세에서 계급이 형성된다는 신분제도가 모두 윤회설을 믿은 아리안족이 인도 원주민들을 지배하기 위해 만들어낸 시스템이라고 보는 것이다.

그러나 이러한 윤회설의 뿌리를 거슬러 올라가면 결국 창세기에서 최초의 사람들을 속인 사탄의 거짓말에까지 이르게 된다. 죽은 자만큼은 살릴 수 없는 사탄이 심판의 죽음을 인정하면 생명의 권한을 가진 하나님의 주권을 인정하는 것이 되니까 죽음의 문제를 자신의 권한 아래 두어 눈가림으로 사람들을 속이기 위해 퍼뜨려온 가르침이 바로 윤회설, 환생론이라고 할 수 있다.

환생론은 결코 진리가 아니며 도덕적이지도 않다. 인간이 짐승으로 태어날 수도 있다는 논리로 인간에게만 주어진 고유한 하나님의 형상을 파괴하고, 역사에 대한 인간의 책임을 망각케 하며, 한 번뿐인 인생을 무책임하게 방종케 만들 위험성이 높기 때문이다.

윤회설은 힌두교와 불교의 구원관을 형성시키는 데 결정적인 뿌리가 되는 대표적인 교리이다. 그러나 우리가 앞서 살펴본 대로 이 윤회설이 이치에 맞지 않는다고 한다면 이 두 종교가 내세우는 구원의 교리 또한 이치에 맞지 않는다고 볼 수 있다.

성경은 사람의 일생은 한 번뿐이고 모든 사람은 한 번 죽고 나면 일생 동안 살았던 각자의 죗값으로 인해 영원한 심판을 받게 된다고 분명하게 말한다.

한 번 죽는 것은 사람에게 정해진 것이요 그 후에는 심판이 있으리니

히 9:27

이 말씀을 보면 분명히 사람은 한 번 죽지 두 번, 세 번 계속해서 죽는다고 말하지 않는다. 그런데도 불교나 힌두교는 사람이 여러 번 태어나서 여러 번 죽는다고 말한다. 욥기에서도 사람은 한 번 죽으면 요한계시록 21장에 나오는 대로 최후의 심판날을 맞아 하늘이 없어 지기까지 다시 살지 못한다고 분명히 천명한다.

7 나무는 희망이 있나니 찍힐지라도 다시 움이 나서 연한 가지가 끊이지 아 니하며 8 그 뿌리가 땅에서 늙고 줄기가 흙에서 죽을지라도 9 물 기운에 움 이 돋고 가지가 뻗어서 새로 심은 것과 같거니와 10 장정이라도 죽으면 소멸 되나니 인생이 숨을 거두면 그가 어디 있느냐 11 물이 바다에서 줄어들고 강 물이 잦아서 마름 같이 12 사람이 누우면 다시 일어나지 못하고 하늘이 없어 지기까지 눈을 뜨지 못하며 잠을 깨지 못하느니라 욥 14:7-12

일생설이냐, 윤회설이냐?

불교나 힌두교에서도 비록 지옥이나 천국에 대해 가르치는 부분은 성경과 어느 정도 일치하는 면이 있지만, 그러한 천국이나 지옥도 영원하지 않고 그것 역시 윤회의 한 과정으로 치부한다. 불교에서는 사람이 죽으면 각자의 업보에 따라 육도를 거쳐 윤회한다고 하는데, 지옥, 아귀(굶주림의 세계), 축생(짐승의 세계), 아수라(악귀와 괴물의 세계), 인간, 천상(하늘에 사는 자들의 세계)의 6가지 수레바퀴가 각자의 업보에 따라 계속해서 돌아간다고 믿는다.

이 윤회의 사슬에서 벗어나려면 힌두교에서는 절대적 존재인 신과 합일을 이루어야 한다고 하고, 불교에서는 자신의 모든 욕망을 끊고 해탈을 하면 열반에 이르러 더 이상 윤회의 사슬에 매이지 않는다고 한다.

그렇다면 이 세상에 태어나서 살아가는 모든 사람 각자가 단 한 번의 일회적인 삶을 산다고 말하는 기독교의 가르침은 윤회설과 달리 실제 세계의 이치에 부합한다고 볼 수 있을까? 이 질문에 대한 답은 힌두교와 불교의 윤회설이 실제 세계의 이치에 부합하지 않는다는 사실에서 우선적으로 그 근거를 찾을 수 있다.

이미 살펴본 대로 윤회설은 우주의 시작과 인생의 시작을 올바로 이치에 맞게 설명할 수 없는 가르침이다. 그러나 성경의 창조론과 종말론, 단 한 번의 인생을 사는 각자의 심판과 구원에 대한 가르침은 우주의 시작과 인생의 시작을 합리적으로 설명해줄 수 있다. 또한 사람이 동물이나 식물로도 태어난다고 주장하는 윤회설이 사람만의 고유한 정체성에 대해 합리적인 설명을 못 해주는 데 반해 일생설을 주장하는 기독교의 구원론은 사람 각자의 고유성에 대해 일관된 설명을 제공해준다.

윤회설에서 가르치는 것과 유사하게 성경에서도 죽음이란 몸과 영혼이 분리되는 것을 말한다. 그런데 성경의 전도서에서는 동물은 죽으면 혼이 땅으로 돌아가고 사람의 혼은 위로 올라간다고 한다.

19 인생이 당하는 일을 짐승도 당하나니 그들이 당하는 일이 일반이라 다 동일한 호흡이 있어서 짐승이 죽음 같이 사람도 죽으니 사람이 짐승보다 뛰어남이 없음은 모든 것이 헛됨이로다 20 다 흙으로 말미암았으므로 다 흙으로 돌아가나니 다 한 곳으로 가거니와 21 인생들의 혼은 위로 올라가고 짐승의 혼은 아래 곧 땅으로 내려가는 줄을 누가 알랴 전 3:19-21

여기서 인생들의 혼이 올라간다는 그 위가 어디인지에 대해서는 전도서 12장 7절이 말해주고 있다.

흙은 여전히 땅으로 돌아가고 영은 그것을 주신 하나님께로 돌아가기 전에 기억하라 전 12:7

이 말씀들을 보면 사람은 죽어서 그 영혼이 위에 계신 하나님께로 올라가지 다른 사람의 몸에 다시 들어가거나 동물로 환생한다고 하지 않는다. 이런 말씀을 볼 때도 윤회설보다 창조주 하나님의 책인 성경이 이 땅에서 각자가 고유하게 일회적인 삶을 사는 각 사람의 고유한 정체성을 일관되게 보장하고 있다는 사실을 확인할 수 있다. 사람이 하나님의 형상을 따라 각각 독특하고도 고유한 하나의 존재, 유일한 작품으로 창조되었다는 것은 각 사람의 얼굴이 저마다 다르다는 사실에서도 보편적으로 확인되기도 한다.

더구나 예수님은 "사람이 만일 온 천하를 얻고도 제 목숨을 잃으면 무엇이 유익하리요. 사람이 무엇을 주고 제 목숨과 바꾸겠느냐"(마 16:26)라고 말씀하셨다. 이것은 사람이 한 번 받은 일생에서의 목숨이 온 천하를 얻는 것보다 더 중요하다는 것인데, 사람의 목숨이 환생을 통해 여러 번 반복해서 얻을 수 있는 것이라면 창조주 하나님이신 예수님께서 이렇게까지 한 생명의 가치를 강조해서 말씀하지 않으셨을 것이다.

지금은 현대인이 겪는 여러 가지 사회 심리적인 요인 때문에 환생설이 논리적 타당성 이전에 하나의 종교처럼 광범위한 정서적 공감대를 형성하며 영적으로 갈급한 현대인들에게 설득력 있게 다가서는 것 같다. 물론 일반 종교에나 사상에도 얼마든지 사람들에게 호감을 살만한 좋은 말은 많다. 성경에만 특별 계시로 기록되어 있는 예수님의 피와 자기 부인의 회개를 통한 구속의 진리만 제외하고, 사랑이나 진실, 화해, 겸손, 인내, 희생 등은 타 종교들도 즐겨 내세우는 덕목이다. 그러나 그런 가치관만으로는 인간을 죄와 죽음과 심판이라는 근본적인 문제에서 구원할 수 없다.

그 이유는 명백하다. 이 우주와 사람을 만드신 창조주 하나님만이 이 세상에서 사람이 겪는 모든 삶과 죽음의 문제를 진정으로 해결해 줄 참된 구원자가 되실 수 있기 때문이다. 후대에 기독교의 영향을 받아 유신론적이면서 타력 구원 종교로 변질된 후기 불교와 달리 본래 석가가 가르친 불교는 무신론적이면서 자력 구원을 강조한 종교였을 뿐만 아니라, 불교가 신봉하고 가르친 윤회설이 실제 세계의 그러함, 곧 이치에 맞지 않는다는 사실로 볼 때 불교에서는 진정한 창조주 하나님을 만날 수 없다고 말할 수 있다.

Q8

이슬람교의
알라야말로
기독교의 하나님과
똑같지 않나

?

알라나 여호와 하나님이나 뿌리는 같다고 들었다. 그렇다면 이슬람교의 꾸란이나 기독교의 성경이나 다 내용이 비슷한 거 아닌가? 종교 형식은 달라도 같은 신을 모시고 있다고 보면 서로 싸울 일도 없고 평화로울 것 같은데, 왜 기독교는 자기네가 믿는 신 말고는 아예 무시하려고만 드는지 정말 대략 난감이다.

어느 교회의 청년부 수련회에서 강의할 때 알라의 정체성에 관해 질문을 던졌더니 한 청년이 "이슬람교의 알라는 구약성경의 하나님과는 같지만 신약성경의 하나님과는 다르다"라고 대답했다. 예수님을 유일한 구원자요 하나님의 아들로 인정하지 않는 무슬림을 의식하면서도 그들의 유일신 사상은 인정해주고픈 복잡한 심경이 반영된 대답이었다. 의외로 적지 않은 기독교인들이 이런 식의 어중간한 답을 갖고 있다.

물론 "무슨 소리냐? 벌써 이름부터가 다른데 어떻게 같은 신이라고 하냐?"라고 반박할 사람들도 있을 것이다. 그러나 아랍어로 알라는 '신'이라는 뜻이다. 그래서 아랍 기독교인들이 사용하는 성경에는 하나님이라는 말이 '알라'라고 쓰여 있고, 아랍 기독교인들도 하나님을 알라라고 부른다. 한국어로 번역된 꾸란에는 알라가 아예 하나님으로 번역되어 있기도 하다.

이렇다 보니까 이슬람교인이 기독교인에게 전도하려고 할 때 "너희가 믿는 성경 속의 하나님이나 우리가 믿는 알라신이나 원래 똑같은 하나님이다"라는 말을 실제로 많이 한다. 이런 주장이 과연 사실인지가 아주 중요하다. 만약 이슬람교의 알라와 성경의 하나님이 같은 신이라면 기독교만 유일한 절대 진리라고 주장할 근거가 없어지기 때문이다.

이슬람교는 유대교와 기독교의 원형인가?

무슬림은 이슬람의 알라와 기독교의 하나님이 같다고 주장하는 근거로 이슬람의 근원이 기독교에서 중시하는 성경 인물인 아브라함에서 시작된다는 사실을 든다. 실제로 아브라함의 아들인 이삭의 자손이 유대인이고, 그의 첩 하란의 아들인 이스마엘의 후손이 지금의 아랍인이다. 혈통적으로 보면 유대인과 아랍인들의 조상이 아브라함인 것은 사실이다.

성경은 아브라함이 모리아산에서 이삭을 하나님께 바쳤다고 기록한다(창 22:1-14). 그러나 이슬람에서는 아브라함이 메카에서 어린 소년 이스마엘을 희생 제물로 하나님께 바쳤다고 믿는다. 무함마드는 꾸란 37장 101-108절에서 아브라함이 아들을 바친 사건을 언급하면서 아브라함이 '아들'을 바쳤다고만 할 뿐 그 이름을 밝히진 않았다. 그런데 무슬림들은 이 아들이 이스마엘이라고 믿으며, 아브라함이 메카에서 이스마엘과 함께 '카바'('입방체'라는 뜻의 아랍어)라고 불리는 '알라의 성전'을 건립했다는 쿠란 2장 127절을 그 근거로 든다. (이렇게 꾸란은 성경과 비슷한 듯하면서도 많이 다르다.)

그래서 무슬림은 본래 성경에 나오는 아브라함이 무슬림이었고 유대교와 기독교의 뿌리는 이슬람이었다고도 주장한다. 유대교와 기독교가 타락하여 그 본래의 원형이 변질되었기 때문에 알라가 마지막 선지자 무함마드를 보내서 그 원형을 복구했는데, 그것이 이슬람이라는 것이다. 이슬람의 가르침대로라면 유대교인과 기독교인은 원형인 이슬람의 하나님, 즉 알라에게 돌아와야 한다는 것이다. 유대교, 기독교, 이슬람을 묶어서 아브라함 계통의 종교라고 하는데, 이는 역사적으로 그 근본 뿌리가 같다고 보기 때문이다. 그래서 무슬림은 알라를 유대교와 기독교의 신인 여호와 하나님과 동일시하면서 이세 종교의 신자들을 가리켜 '성서의 사람들'이라고 부른다.

이 부분을 좀 더 자세히 살피려면, 이슬람의 교리 중 성스러운 경전 개념에 관해 알 필요가 있다. 무슬림은 신이 인류에게 내린 계시가 모두 140여 개인데, 그 성스러운 경전들 중 가장 신성한 것은 모세에게 내린 오경, 다윗의 시편, 예수의 복음서, 무함마드의 쿠란이며 그 중에서 꾸란이 신의 뜻을 가장 완전하게 전달한 것으로 본다.

'낭송'이라는 뜻을 가진 꾸란은 이슬람교의 창시자인 예언자 무함마드가 610년 이후 23년간 알라에게 받은 계시를 구전으로 전하다가 그의 가르침을 받은 제자들이 여러 장소에서 여러 시대에 걸쳐 기록한 내용들을 한데 모아 집대성한 책이다. 이 계시는 무함마드가 40세쯤일 때 현재 사우디아라비아에 있는 히라산 동굴에서 천사 지브릴(가브리엘)을 통해 처음 받았다고 말한다. 무함마드의 사상은 꾸란 속에 잘 나타나 있는데, 특히 여섯 가지 신앙을 중심으로 하는 교리를 이슬람의 다섯 의무들에 따라 터득하게 하는 것이 꾸란의 목적이다.

꾸란의 60퍼센트는 구약성경 내용과 비슷하다

무슬림은 무함마드가 남긴 이 꾸란과 함께 유대교나 조로아스터교, 기독교와 같은 계시 종교의 계시서들도 함께 믿는다. 그러나 이렇게 많은 계시들 중에서 쿠란이 가장 완전하다고 믿으며, 기독교의 성경마저도 본래 의미를 상당수 잃어버렸다고 여긴다.

그럼에도 불구하고 꾸란에는 성경의 내용들이 상당히 많이 들어가 있다. 예수님의 동정녀 탄생, 예수님이 행하신 기적들, 재림, 가브리엘 천사, 그리고 여러 선지자들의 이름이 꾸란에도 나온다. 꾸란의 약 60퍼센트는 구약성경 내용과 비슷하고, 또 꾸란의 약 20퍼센트는 신약성경과 비슷해 오해를 일으키기 쉽다. 이것이 기독교의 하나님과 이슬람교의 알라를 구분하기 어렵게 하는 이유 중 하나이다.

이슬람교에서는 '알라가 보낸 사람'을 '성스러운 사자', '메신저'를 뜻하는 '라술룰라'라고 하는데, 예언자보다 격이 높은 사람들을 가리킨다. 기독교의 성경에 나오는 누흐(노아), 이브라힘(아브라함), 무사(모세), 이싸(예수), 그리고 무함마드 등이 이 라술룰라에 해당하며, 이들 다섯 예언자를 가리켜 이슬람교의 5대 선지자라고 한다. 그리고 이 선지자들 중 최종이자 최고의 선지자는 무함마드라고 믿는다.

이런 상황을 볼 때 이슬람교는 구약의 유대교와 신약의 초기 유대 기독교의 전통에 아랍 토속 종교들의 전통을 융합한 종교라고 볼 수도 있다. 무함마드 자신이 상인이었고, 당시 메카에 많이 살았던 유대인들과 기독교인들의 영향을 받은 인물이었기 때문에 이러한 이슬람교의 태동 배경은 오히려 자연스럽기까지 하다.

원래 아랍의 토속종교는 다신교였고, 그 신들 중에 알라가 창조의 유일신이자 주신으로 여겨지고 있었다. 그런데 무함마드가 유대교와 기독교의 영향을 받아 바로 그 알라를 절대 유일신으로 삼고 알라가 보낸 가브리엘 천사에게 받았다는 계시를 꾸란으로 엮어 이슬람교를 창시했다고 볼 수 있다.

물론 종교학적으로나 역사적으로만 본다면, 무슬림의 신 알라와 기독교의 하나님을 같거나 비슷한 존재라고 볼 수도 있을 것이다. 실제로 기독교 신학자들 중에도 알라와 성경의 하나님 사이에 공통점이 있다는 이슬람교인들의 주장에 동조하는 이들이 있다. 알라나 하나님이나 모두 유일한 신이시요, 우주 만물을 만든 초월적인 창조주이시고, 전지전능하고 무소부재하며 선한 존재라는 데 동의한다.

그러나 공통점은 거의 이 정도밖에 없다. 이슬람교의 알라와 성경의 하나님의 속성을 비교해보면 도저히 동일한 존재라고 볼 수 없다는 사실을 금세 확인할 수 있다. 그 차이점을 크게 두 가지로 나눌 수 있다. 하나는 알라와 성경의 하나님은 태생 자체가 다르다는 것이고, 또 하나는 알라는 단일신인데 성경의 하나님은 삼위일체 신이라는 것이다.

이 두 번째 차이에서 사실 알라의 속성과 하나님의 속성 간에 중요한 차이점들이 다 생겨난다고 해도 과언이 아니다. 여기서는 먼저 이슬람의 알라신의 태생 자체가 아랍의 우상 신들에 있었다는 사실을 좀 더 집중적으로 자세히 살펴보려고 한다.

이슬람의 달신 숭배

알라(Allah)라는 이름은 'Al + illah'의 합성어인데, 'Al'은 영어의 정관사 'The'에 해당하고 'illah'(일라)는 영어로 소문자 'god'(태양신, 달신, 사랑의 여신 등과 같은 다신교적 개념의 신)을 가리킨다. 즉 아랍에는 예로부터 360개나 되는 여러 '일라'들, 즉 소문자 god으로 지칭하는 신들이 있었던 것이다.

그 일라들 중 최고신으로 일컬어지는 신이 '알 일라'였고, 알 일라를 줄여 부른 이름이 알라이다(Al + illah = Allah). 이를 영어로 표기하면 'The + god = God'이 된다고 본 것이다. 그러나 영어로 알라는 God으로 번역하지 않고 알라라고만 번역한다. 한국에서만 알라를 하나님으로 번역했다.

널리 알려진 아랍 신화나 전승에 따르면, 알라는 원래 중동 지역에서 범신론적인 자연 신들을 포함해 여러 부족들이 섬기던 신들 중 최고신인 달신(Moon god)이었다. 중동 지역에서 이슬람교가 태동하기 전부터 이미 그 달신이 알라라는 이름으로 숭배되어왔다고 한다. 무함마드 당시 메카 주변에는 360개 부족들이 살고 있었고 부족마다 각각 부족신들이 따로 있었는데, 그 중에서 무함마드가 속한 꾸라이쉬족이 섬기던 신이 알라라고 부르는 달신이었다고 한다.

중동 지역에서는 그 지역의 기후적 특성 때문에 달신을 태양신보다 월등하게 여겼다. 목축이 발달한 아랍 지역에서는 이글거리는 햇빛은 동물과 식물을 죽이고, 달빛은 쉼과 시원한 바람을 주고 이슬이 내리게 하며 동물과 식물을 자라게 한다고 믿었다. 태양신 숭배가 주로 농경문화를 중심으로 행해졌다면, 목축문화에서는 달신 숭배가 더 지배적이었다.

초승달 상징

이슬람교 자체가 가진 종교적 관습이나 상징 가운데 알라가 달신이었다는 중요한 다른 증거들이 있다. 사람들이 지금도 쉽게 접할 수 있는 예로, 회교 사원의 꼭대기마다 장식된 초승달을 들 수 있다. 돔형 지붕 위에 첨탑을 세우고 그 맨 위에 초승달 모양의 장식을 달아놓았는데, 이것이 이슬람의 상징이라는 것을 부인할 사람은 없을 것이다. 이슬람교를 의미하는 문양도 초승달 옆에 별 하나가 떠 있는 모습이다.

이슬람 사원뿐만 아니라 이슬람 국가의 국기들마다 초승달이 그려져 있다. 그것은 멋있으라고 그냥 그려 넣은 것이 아니다. 십자가가 기독교의 상징이라면 초승달은 이슬람의 상징이다. 전 세계의 모든 나라에 적십자사(Red Cross)가 있는데, 이슬람 지역에서 똑같은 역할을 하는 곳이 적신월사(赤新月社)라고 불리는 붉은 초승달 기구(Red Crescent)이다.

이 초승달이 의미하는 바를 다르게 보는 시각도 있다. 초승달이 이슬람에서 성스러운 상징이 된 이유는 무하마드가 사우디아라비아 메카의 히라 동굴에서 알라의 첫 계시를 받은 그 특별한 밤에 초승달이 떠 있었기 때문이라는 것이다. 그때부터 진리가 알려지기 시작했다는 의미에서 대부분의 이슬람 사원의 첨탑에도 초승달이 걸려 있다고 본다. 그러나 이 초승달 무늬는 3세기 초부터 7세기 중반까지 중동 지역을 지배했던 사산왕조 페르시아에서 왕권을 의미하기도 했다.

이슬람의 문양이 초승달에 별이 떠 있는 모습인 것은 초승달이 이슬람의 유일신을 상징하고 별 모양의 다섯 개 꼭지점은 이슬람교에서 강조하는 다섯 가지 의무("알라는 위대한 유일신이며 무함마드는 그의 선지자다"라는 신앙고백, 하루 다섯 번 기도, 라마단 금식, 자선과 구제, 메카 성지순례)를 상징한다고 보는 게 일반적이다.

태음력과 라마단

이슬람교가 달을 특히 중시하는 사례가 또 하나 있다. 무슬림은 오늘날과 같은 최첨단 시대에 살면서도 굳이 정확한 태양력을 안 쓰고 1년에 11일씩이나 모자랄 만큼 부정확한 월력, 곧 음력을 고집스럽게 사용한다. 이슬람력(태음력)의 제9월인 라마단 월에는 꾸란이 계시된 달이라 해서 매년 한 달씩 금식을 하는데, 이것을 라마단이라고 한다. 이 한 달 동안 무슬림은 해가 뜰 때부터 질 때까지 모든 음식과 흡연, 성교 등을 금한다.

아랍 에미리트의 최대 도시 두바이는 전 세계에서 가장 높은 빌딩인 부르즈 칼리파가 있는 도시로 유명하다. 두바이도 이슬람 지역에 속해 있기 때문에 라마단 기간에 이곳을 방문하는 사람은 자신의 종교에 관계없이 여행 기간 동안 내내 공공장소에서 금식을 요구받는다. 그래서 낮 시간 동안에는 음식은 물론, 심지어 물도 구하기 어렵다고 한다.

비이슬람 교도에게 라마단은 낯설게 느껴질 수도 있지만, 두바이 특유의 문화를 느껴볼 수 있는 시간이기도 하다. 금식이 끝난다는 의미의 이프타르(Iftar)도 낯선 경험을 제공하는데, 해질녘쯤 단식이 끝나면 축제가 시작되어 밤새도록 이어진다. 금식이라 해도 낮에만 음식을 먹지 않을 뿐 해만 떨어지면 평소보다 더 많이 먹는다고 한다.

전 세계인이 사용하는 태양력은 1년이 365일인데 이슬람의 월력은 354일이라서 해마다 11일씩 앞당겨지므로 라마단 기간은 여름에 있기도 하고 겨울에 있기도 하다. 그러므로 이슬람교인들이 많은 중동 지역으로 여행하려 한다면 라마단 기간이 언제인지 미리 확인하는 것이 좋다. 이슬람 국가들이 이렇게 엄청난 불편을 감수하면서까지 정확하고 편리한 태양력으로 바꾸지 않고 월력에 집착하는 이유는 이슬람교의 알라가 달신이었기 때문이라는 사실을 짐작할 수 있다.

카바 신전과 검은 돌 숭배

달신 숭배는 주전 2000년부터 아라비아에서 행해져 왔으며, 초승달은 그 신의 가장 흔한 상징이었다. 또한 중동의 달신 숭배는 카바 신전에 있는 검은 돌을 숭배하는 것과도 관련이 있다.

메카에 있는 카바는 이슬람 이전 시대부터 고대 아랍인들의 성역으로 알려졌으며 지금도 이슬람의 예배와 순례의 중심이다. 무함마드는 메디나로 피신한 시기부터 예배의 방향을 예루살렘에서 카바로 바꾸고 이곳을 순례하는 일을 중시했다. 이에 따라 이슬람 이전의 아랍족 성지가 이슬람 성지의 중심으로 바뀌고 동시에 이슬람 이전에 그 지역에서 신성시되던 여러 관념이 이슬람 신앙으로 변용되어 계승된 것으로 본다.

꾸란에는 아브라함의 종교와 카바가 결부되어 있는데, 이를 근거로 이슬람교의 카바 전설이 발전했다. 현존하는 건물은 네모꼴이며 네 귀퉁이는 동서남북을 가리킨다. 건물 내부에는 숭배 대상이 될 수 있는 것이 놓여 있지 않지만, 카바의 동쪽 벽에 박힌 검은 돌은 신성한 힘을 지닌 것으로 여겨지고 있다.

이슬람교의 메카 순례자들은 지금도 이 돌을 손으로 만지거나 이것에 입을 맞춘다. 이슬람 이전부터 신성한 물체로 여겨졌고, 꾸란에는 직접 언급되어 있지 않지만 이 접촉 행위가 의식의 일부로 정해져있다. 이슬람의 전설에 따르면, 이 돌은 하늘로부터 직접 내려진 돌로 알려져 있고, 아브라함이 이스마엘의 도움으로 카바를 세웠을 때 천사 가브리엘이 하늘로부터 가져와 당시에는 흰 돌이던 것이 인간의 죄와 접촉되면서 검은색으로 변했다고 한다. 검은 돌을 비롯한 여러 돌은 해, 달, 별들로부터 떨어진 우주적 힘을 나타낸다고 여겼기 때문에 중동의 달신 숭배는 이 카바의 검은 돌과 깊은 관련이 있다.

지금도 이슬람교에 남아 있는 달신 신앙의 흔적들

꾸란에 따르면, 이슬람 이전 시대의 메카 주민 꾸라이쉬족 사람들도 알라가 하늘과 땅과 인류의 창조자이며 통치자라는 것을 인정했던 것으로 보인다.

"대지를 창조하신 분이 누구뇨라고 그대가 그들에게 묻는다면 알라라 그들은 말하리라"(수라 39:38). "일러 가로되 천지의 주님이 누구이뇨. 일러 가로되 알라라. 일러 가로되 스스로를 위하여 유용함도 해악도 없는 그분 아닌 다른 것을 보호자로 택하였느뇨. 일러 가로되 장님과 보는 자가 같을 수 있으며, 암흑과 빛이 같을 수 있느뇨. 또한 그들은 그들이 만든 우상을 그분이 창조한 것처럼 숭배하여 창조된 것이 그들에게 혼돈됨인가. 일러 가로되 알라께서 만물을 창조하였으며 그분은 홀로 전능하심이라"(수라 13:16).

물론 지금은 알라가 이슬람 이전의 아랍 사람들이 숭배하던 신들 가운데 하나였다고 말하면, 무슬림들은 언짢아하거나 어색해 할 것이다. 그러나 무함마드가 알라라는 이름을 당대의 아랍인들에게 선포했을 때, 한 번도 그들에게 이 이름이 거절당하거나 비난당한 적이 없다고 한다. 이것 역시 무함마드 당시의 아랍 우상숭배자들이 알 일라에 관해 이미 익숙하게 잘 알고 있었다는 사실을 보여준다.

그렇게 이슬람교가 태동하기 전부터 전통적으로 알라라는 이름의 달신을 섬기던 아랍 우상숭배자들은 자신들의 달신 숭배와 관련하여 종교적인 의식들을 발전시켰는데, 이러한 의식들은 대부분 이슬람 신앙의 중요한 내용으로 정착되어 오늘날까지 그대로 행해지고 있다. 당시에도 아랍인들 사이에 순례, 라마단 금식, 카바를 일곱 번 돌기, 검은 돌에 키스하기, 메카를 향하여 하루 일곱 번씩 기도하기(나마스), 할례의식 행하기, 기부금 나누어주기, 금요일 기도 등이 있었다고 하는데, 이것들은 오늘날에도 대부분 그대로 행해지고 있다. 이러한 이슬람교의 공식적인 의식들 자체가 알라의 기원이 이슬람 이전부터 아랍인들 사이에 행해지던 달신 숭배에 있다는 사실을 여실히 보여준다.

고대 사회를 통틀어 달신에 대한 고대 우상숭배자들의 상징이 바로 초승달이었고, 이것은 아랍 지역에서 줄곧 달신의 종교적 상징이었다. 이후 이슬람교는 바로 그 초승달과 별들을 자신들의 종교의 상징으로 받아들였다. 그러나 오늘날 대부분의 무슬림들은 자신들의 종교 의식이나 상징들의 근원이 과거 아랍인들의 우상숭배에서 비롯되었다는 사실을 잘 모른다. 대다수의 무슬림은 그저 이슬람이 유대교와 기독교를 이어 받았고, 그 종교들을 완성시켰다는 주장만을 되풀이할 뿐이다.

달신 신앙을 유일신 신앙으로 바꾸어 가다

무함마드는 자신이 받은 계시를 당시의 유대교인들과 기독교인들이 거부하자 그동안 열심히 추종해온 유대교와 기독교에 대한 분노를 터뜨렸다고 한다. 그래서 그 후 단독으로 전도를 시작하면서 마침내 이슬람교라는 독자적인 종교가 출범했다. 그때부터는 예루살렘을 향해 기도하던 것을 메카로 바꾸었고, 토속 신을 섬기기도 하던 장소인 메카의 카바 신전을 이슬람교의 가장 거룩한 장소로 부각시켰다. 또한 유대교 달력에 따라 1월 10일 속죄일에 행하던 단식도 라마단월(9월)에 한 달 동안 실시하도록 바꾸고, 중동 지역 토속 종교의 신인 달신을 상징하는 초승달 기호를 이슬람 모스크(사원) 위에 붙였다.

이처럼 알라라는 신은 원래 중동 사람들이 섬기던 부족신 또는 아랍의 지역신에서 유래했으며, 그러므로 성경에 나오는 여호와 하나님과 처음부터 아무 관계가 없었다. 단지 이 달신이 나중에 단일신론으로 발전해가는 과정에서 유대교와 기독교의 영향을 받아 현재 이슬람교에서 내세우는 것처럼 기독교의 신과 비슷한 특성을 가지게 된 것으로 보인다. 불교가 대중적인 대승불교로 발전하면서 기독교의 영향을 받아 원래 석가가 가르친 불교와는 다른 불교로 변천되어간 것과 비슷한 양상이 이슬람교의 신관에도 부분적으로 나타났다고 볼 수 있다.

한편 알라라는 달신에게는 딸들이 있었는데, 라트, 웃자, 마나트 라는 이름의 여신들이다. 초기 꾸란에는 알라와 함께 이 세 여신에게도 경배하라는 구절이 있었는데, 후대에 유일신 사상과 배치된다는 이유로 고쳐졌다는 주장도 있다.

꾸란 앱으로 이 세 딸 여신의 이름이 나오는 대목을 찾아보니 이렇게 기록되어 있다. "실로 너희는 라트와 웃자를 보았으며 세 번째의 우상 마나트를 보았느뇨. 너희에게는 남자가 있고 알라에게는 여자가 있단 말이뇨. 실로 이것은 공평치 못한 분배라"(수라 53:19, 20). 여기서 당시의 달신인 알라와 그 세 딸 여신에 대한 중요한 정보를 알 수 있다.

꾸란의 이 구절에서 '너희'라고 지칭되는 무함마드 당시의 무슬림과 그들의 조상은 옛날부터 그 세 여신을 알라의 딸이라고 불렀다는 것을 짐작할 수 있다. 꾸란의 이 구절로 볼 때 무함마드 역시 그 사실을 인정하고 있는 것으로 보인다. 그리고 무함마드도 그 세 여신들의 존재를 인정하고 있으면서도 단지 알라와의 관계에 대해서만큼은 자신이 처음으로 부인하고 있다는 사실도 드러내주는 듯하다. 또한 무함마드가 말하는 알라는 조상들이 믿고 있던 알라와 같은 신이라는 것을 은연중에 확인해주고 있다.

당시만 해도 중동 지역의 아랍인들은 알라의 딸들의 존재를 상당히 중시했던 것 같다. 그래서 꾸란에는 그들의 존재를 애써 부정하는 대목들이 계속 등장한다. 이는 무함마드가 이슬람의 태동 이전에 아랍인들이 실행해온 우상숭배를 배격하고 알라를 유일신으로 추앙하게 하는 데 꽤 많은 어려움을 겪었다는 것을 암시해준다고도 할 수 있다. "알라 외에는 다른 신이 없다"라는 선언은 최고신으로 여기는 알라만을 유일신으로 인정하려는 것뿐만 아니라 그보다 낮은 모든 신적인 존재들을 부인하고 제거하려는 의도도 담고 있다.

이슬람교가 아랍인들의 주요 종교로 형성되는 과정에서 비록 알라가 아랍 종족의 지역신으로 출발했다 해도 그 알라신의 성격이 바뀐 이후의 종교가 지금의 이슬람교라고 보는 이들은 이렇게 알라의 출신 배경만 보고 그 신의 지위를 폄하하는 분위기를 못마땅하게 여길 수도 있다.

그러나 알라가 원래는 아랍 종족의 여러 신 중 최고의 신으로 여겨지던 존재이기는 해도, 이슬람교라는 한 종교의 숭배 대상으로 격상되는 과정에서 유대교와 기독교의 신관을 도입해 그 신의 위상이 절충적인 차원에서 변경된 것이라면, 그 알라신이 원래 유대교와 기독교의 신과 똑같다고 주장하기에는 무리가 있다.

알라신은 기독교의 하나님과 다르다

이슬람교의 알라는 고대부터 중동의 아랍 민족들이 달신으로 섬기던 민족신의 하나였다는 사실이 명백해졌다. 그 알라는, 처음부터 천지를 창조하신 유일신으로 자신을 계시하시고 그 모든 역사적 증거들을 처음부터 한 민족 전체의 역사 가운데 펼쳐 보여주신 성경의 하나님과는 태생부터가 다른 신이다.

알라와 성경의 하나님은 태생의 배경도 다르지만, 동일한 속성을 가지고 있지도 않다. 몇몇 공통점이 있다고는 하지만 그보다 훨씬 중요한 측면에서 결정적인 차이점들이 있어서 알라신을 기독교의 하나님과 동일한 존재로 보는 것은 확실히 어렵다. 두 신의 본질적인 속성에서 가장 큰 차이는 바로 알라는 단일신이고 성경의 하나님은 성부와 성자와 성령의 세 인격을 인정하는 삼위일체 신이라는 사실이다. 이러한 신관의 차이로 두 종교의 구원관 또한 확연히 달라진다.

꾸란은 알라가 삼위일체 신이 아니라는 절대적인 단일성을 철저하게 강조한다. 삼위일체를 말하는 이들에게 저주가 있으리라는 말까지 반복적으로 나타난다. "알라가 셋 중의 하나라 말하는 그들은 분명 불신자라. 알라 한 분 외에는 신이 없거늘 만일 그들이 말한 것을 단념치 않는다면 그들 불신자들에게는 고통스러운 벌이 가해지리라"(수라 5:73). "알라는 단 한 분이시고 알라는 영원하시며 성자와 성부도 두지 않으셨으며(낳지도 않고 태어나지도 아니했나니) 그 분과 대등한 것 세상에 없느니라"(수라 112:1-4).

그래서 이슬람은 기독교가 하나의 하나님이 아닌 세 명의 신을 섬긴다고 비판한다. 이슬람이 볼 때 기독교인은 다신주의자에다 우상숭배자인 셈이다. 이슬람은 삼위일체를 하나님과 마리아와 예수님으로 이해한다. 그러나 성경 어디에서도 꾸란이 말하는 삼위일체는 찾아볼 수 없다. 기독교에서 말하는 삼위일체는 오직 하나님은 한 분이시고 하나님의 연합체 내에 복수성이 있다고 믿는 것이다. 기독교의 삼위일체는 '한 신성의 본체에 세 인격이 존재한다'라는 의미이다.

사람들은 보통 신이라고 하면 막연한 어떤 절대자쯤으로 여긴다. 그러나 기독교에서 말하는 그 신이란 '성부, 성자, 성령의 세 인격(person)으로 존재하는 한 하나님'을 뜻한다. 삼위일체는 몸 하나에 머리는 셋 달린 기형적인 어떤 존재를 뜻하는 것이 아니다. 이 삼위일체(Trinity) 신관은 '세 하나님'(Three Gods)이 존재한다는 의미가 아니며 영어로 말하면 'Three Persons in One Nature'라고 할 수 있다. 서로 구분되는 이 세 인격은 그 무한한 영광과 능력과 권세에 있어 똑같이 동등하다.

성부는 그 자체로 완전한 하나님이며, 성자나 성령 또한 그러하다. 성부와 성자, 성령이 하나님의 본질을 3분의 1씩 나누어 가진 것이 아니며, 성자만 있으면 3분의 1 하나님만 있는 그런 것도 아니다. 영원 전부터 성자나 성령 없이 성부만 존재한 적이 없고, 성부나 성령 없이 성자만 존재한 적이 없다. 이 세 인격 간에는 논리적인 순서만 있을 뿐 시간적인 선후 관계가 없다.

그러나 꾸란은 기독교에서 가르치는 이 삼위일체 신관을 정면으로 거부한다. 꾸란은 그 내용의 많은 부분을 우상숭배에 반대하고 알라의 단일성을 주장하는 데 할애한다. 꾸란을 믿는 무슬림들은 성령을 하나님으로 여기지도 않고, 아버지와 아들과 함께 영원히 공존하시는 하나님으로 받아들이지도 않으며 무함마드에게 알라의 계시를 전달해준 천사 가브리엘(지브릴)이라고 믿는다.

이슬람교의 구원관에서 무엇보다 가장 큰 문제는 예수님을 하나님의 아들이자 하나님과 동등한 본질을 가진 신적 존재로 인정하지 않는 데 있다. 이슬람교는 예수님이 하나님의 아들로서 이 땅에 오신 하나님이신 것을 철저하게 부정하고, 이슬람교가 인정하는 12만 4천 명의 선지자 가운데 한 명으로만 여긴다. 이런 면에서 이슬람교는 기독교와 뿌리에서부터 근본적으로 다르다.

예수는 피조물인가, 창조주인가?

사실 이슬람교와 기독교의 가장 큰 차이점은 바로 이 예수님이 누구이며 그분이 이 땅에 왜 오셨는지에 대한 이해에서 비롯된다고 해도 과언이 아니다. 이것은 결국 그들이 믿는 알라가 삼위일체 하나님이 아니라는 데서 나온 것이기도 하다.

이슬람교는 예수님이 하나님의 아들이라는 정체성이나 그가 인류의 구원을 위해 모든 사람 각자의 죄를 대신 지고 십자가에서 죽었다는 것에 동의하지 않는다. 기독교의 삼위일체 하나님을 철저히 부정하고 기독교의 성부 하나님만을 알라신으로 믿는다.

"성서의 백성들이여, 너희 종교의 한계를 넘지 말며 알라에 대한 진실 외에는 말하지 말라. 실로 예수 그리스도는 마리아의 아들이자 알라의 선지자로서 마리아에게 말씀이 있었으니 이는 주님의 영혼이었느니라. 알라와 선지자들을 믿되 삼위일체설을 말하지 말라. 너희에게 복이 되리라. 실로 알라는 단 한 분이시니 그분에게는 아들이 없느니라. 천지의 삼라만상이 그분의 것이니 보호자는 알라만으로 충분하니라"(수라 4:171)라며 예수님을 마리아의 아들일 뿐 하나님의 아들이 아니라고 한다. 아담을 흙으로 빚어 만든 것처럼 예수님도 알라가 흙으로 빚어 만든 피조물에 불과하다고 한다(수라 3:59). 예수님을 "알라 가까이 있는 자 가운데 한 분"(수라 3:45)이라며 알라의 선지자로서만 인정한다. 거룩하고도 유일하신 구원자 예수님의 존재와 하나님 되신 그분의 신성을 전면 부인한다.

그러나 성경은 예수님을 하나님과 동질의 신적 속성을 가진 그의 독생자라고 분명히 가르치며, '하나님이 우리와 함께하신다'라는 뜻을 가진 임마누엘이라고도 일컫는다. 하나님은 자신을 보고 만질 수 있는 방법으로 예수님을 통해 자기 존재를 계시하셨고(요 1:1,14) 영원한 하나님으로서 예수님은 인간이 되셨다. 예수님은 인류의 죄를 위한 희생 제물로 이 땅에 오셨고, 십자가에서 피 흘려 죽으신 희생이 모든 인류의 죄 사함을 위한 하나님의 요구를 채웠다고 성경은 말씀한다(골 1:15-23).

성경에 따르면 명백하게 예수님은 창조된 적이 없는 영원한 하나님 이시며, 하나님의 유일한 아들로서 이 땅에 사람의 몸을 입고 오신 하 나님이시다. 무엇보다 성경에 있는 직접적인 기록들을 통해서 예수님 은 그 스스로가 하나님이라는 자의식이 있었다는 사실을 확인할 수 있다. 예수님은 스스로 "나와 아버지는 하나이니라"(요 10:30)라고 하셨고, "나를 본 자는 아버지를 보았거늘 어찌하여 아버지를 보이 라 하느냐"(요 14:9)라고도 말씀하셨다. 또한 "나는 처음부터 너희에 게 말하여 온 자"(요 8:25)라고 자신의 영원한 하나님 되심을 직접적 으로 선포하기도 하셨다.

성경 기자들 역시 이 예수님이 하나님이심을 분명히 드러냈다. 성 경 곳곳에서 그는 하나님의 4가지 속성, 곧 자존하심('스스로 있는 자, I AM', 요 8:58)과 전지전능하심(마 28:18, 요 6:30), 무소부재하심(마 18:20, 28:20), 영원불변하심(요 1:1, 히 13:8)을 그대로 다 가진 분으로 묘사된다. 그런 만큼 성경의 여러 구절들에서도 그를 가리켜 직접적 으로 하나님이라 칭하고 있다.

그의 이름은 기묘자라, 모사라, 전능하신 하나님이라, 영존하시는 아버지 라, 평강의 왕이라 할 것임이라 사 9:6

태초에 말씀이 계시니라 이 말씀이 하나님과 함께 계셨으니 이 말씀은 곧 하 나님이시니라 요 1:1

본래 하나님을 본 사람이 없으되 아버지 품 속에 있는 독생하신 하나님이 나타내셨느니라 요 1:18

… 성령이 그들 가운데 여러분을 감독자로 삼고 하나님이 자기 피로 사신 교회를 보살피게 하셨느니라 행 20:28

4 그들은 이스라엘 사람이라 그들에게는 양자 됨과 영광과 언약들과 율법을 세우신 것과 예배와 약속들이 있고 **5** 조상들도 그들의 것이요 육신으로 하면 그리스도가 그들에게서 나셨으니 그는 만물 위에 계셔서 세세에 찬양을 받으실 하나님이시니라 아멘 롬 9:4,5

복스러운 소망과 우리의 크신 하나님 구주 예수 그리스도의 영광이 나타나심을 기다리게 하셨으니 딛 2:13

또 아는 것은 하나님의 아들이 이르러 우리에게 지각을 주사 우리로 참된 자를 알게 하신 것과 또한 우리가 참된 자 곧 그의 아들 예수 그리스도 안에 있는 것이니 그는 참 하나님이시요 영생이시라 요일 5:20

그 밖에도 예수님은 구약 성경에서 여호와 하나님의 신명 대신 표기된 주, 곧 '아도나이'라는 명칭을 신약 성경에서 그대로 받아 주, 곧 '퀴리오스'라 지칭되었고, 신성을 가진 하나님의 아들 메시아(사 9:6)

로, 종말론적 심판의 권세를 가진 인자(단 7:13)로도 불렸다.

또한 기독교에서 흔히 구약 성경에 나타나 활동한 성자 하나님으로 인식되어온 여호와의 사자(창 22:11, 32:30 ; 출 3:2, 14:19 ; 수 5:15 ; 삿 6:11 등)로서 구약시대에 이미 왕(창 18:1-33 ; 출 23:20-23), 선지자(창 16:10), 제사장(삿 13:19,20)으로서 메시아의 삼중직을 감당했고, 구주로서 하나님만 가질 수 있는 죄 사함의 권세(막 2:5)를 가지셨을 뿐만 아니라 죄가 전혀 없는 분이셨다(요 8:46 ; 히 4:15).

그러나 성경이 명백하게 밝히는 것과 달리, 이슬람교에서 예수님은 결코 하나님이 아니며 단지 아브라함이나 모세처럼 이스라엘의 여러 선지자 중 한 사람에 불과하다. 무슬림은 그 선지자들 가운데서도 무함마드를 전 세계에서 가장 위대한 마지막 선지자로 여기고 하나님이신 예수님을 사람인 무함마드보다 더 못한 존재로 본다.

만일 이슬람교에서 주장하듯이 알라신이 기독교의 성부 하나님과 정말 동일한 신이라면, 예수라는 한 역사적 실존 인물에 대해 이렇게 정반대로 모순 되게 가르칠 리가 없다. 창조주로서 빈틈없이 우주의 운행 질서를 설계하고 주관해온 참신은 거짓이 없는 완전한 존재여야 하기 때문이다. 이 사실만 가지고도 "모든 종교가 결국 다 똑같은 구원의 진리를 가르친다"라는 포스트모더니즘의 상대주의, 종교 다원주의 사상은 옳지 않다고 말할 수 있다. 기독교의 성경과 이슬람교의 꾸란 가운데 어느 하나는 거짓말이며, 둘 다 동시에 참말일 수는 없기 때문이다.

예수님을 각자의 죄를 대속해주신 분으로 믿으면 죄를 용서받고 영원히 멸망하지 않고 영생을 얻는다는 것이 기독교가 선포하는 구원의 복음이다. 이 복음은 예수님이 하나님이시고 기독교의 하나님이 삼위일체 하나님(단일신인 이슬람교의 알라와는 달리)이시기에 가능해진 구원의 진리이다. 만약 이슬람교의 주장처럼 예수님이 하나님이 아닌 사람에 불과하다면, 그분이 인류의 모든 죄를 대신 지고 죽으시고 부활하셔서 모든 사람의 구원자가 되셨다는 기독교의 구원의 진리 역시 결코 성립될 수 없고 "다른 이로써는 구원을 받을 수 없나니 천하 사람 중에 구원을 받을 만한 다른 이름을 우리에게 주신 일이 없음이라"(행 4:12)라는 성경의 말씀 또한 거짓말이 되고 말 것이다.

성경은 하나님의 아들이신 예수님을 인정하지 않으면 아버지이신 하나님도 인정하지 않는 것이라고 분명하게 밝힌다. 이슬람교가 자신들이 믿는 알라신이 성경에 등장하는 여호와 하나님과 동일한 신이라고 주장하는 것이 진실이 아닌 이유는 이 사실 하나만으로도 충분하다. 성자 하나님과 성부 하나님의 동등한 신성을 강조하는 성경과 성자 하나님이신 예수님은 하나님이 아니며 오직 알라신만이 유일한 신이라고 주장하는 꾸란 중 어느 하나는 거짓말을 하고 있다고 보아야 한다.

22 거짓말하는 자가 누구냐 예수께서 그리스도이심을 부인하는 자가 아니냐. 아버지와 아들을 부인하는 그가 적그리스도니 **23** 아들을 부인하는 자에

게는 또한 아버지가 없으되 아들을 시인하는 자에게는 아버지도 있느니라 요일 2:22,23

또 아는 것은 하나님의 아들이 이르러 우리에게 지각을 주사 우리로 참된 자를 알게 하신 것과 또한 우리가 참된 자 곧 그의 아들 예수 그리스도 안에 있는 것이니 그는 참 하나님이시요 영생이시라 요일 5:20

이슬람교인들이 아무리 기독교의 하나님이 곧 자신들이 믿는 알라와 동일한 존재라고 강변해도 소용없다. 이 말씀을 통해 성경은 예수님을 하나님의 아들로 인정하지 않고 그분의 성육신이야말로 하나님 자신이 사람이 되어 오신 것임을 인정하지 않는다면, 유일하신 창조주 하나님도 인정하지 않을 뿐만 아니라 오히려 그분을 없이 하는 것이라고 확언한다. 따라서 이슬람교의 알라신과 기독교의 하나님은 결코 같은 신일 수 없다는 사실이 자명해진다.

구원자가 필요 없는 행위구원 종교

기독교와 이슬람교는 예수라는 한 역사적 실존 인물에 대한 이해가 정반대인 만큼 두 종교의 구원관도 판이하다. 단적인 예로, 무슬림은 각 사람의 오른쪽 어깨 위에는 착한 일을 기록하는 천사, 왼쪽 어깨 위에는 나쁜 일을 기록하는 천사가 앉아 있어서, 마지막 날 선행과 악행을 모두 저울에 달아 기울어지는 쪽으로 각자의 영원한 운명이 결정된다고 믿는다. 그런 만큼 착한 일을 많이 행하는 것은 천국 가는 데 아주 큰 역할을 한다고 본다. 여기서 기독교와 이슬람교의 구원관에 아주 중대한 차이점이 드러난다.

꾸란은 인간의 타락성과 죄의 진정한 본질에 관해 말하지 않는다. 이슬람교와 기독교 둘 다 죄라는 단어를 사용하지만 죄의 개념은 서로 다르다. 일반적으로 이슬람교에서는 사람들이나 사회의 악이 창조주 하나님께 대한 인간의 반항에서 비롯된 것이 아니고 그저 인간이 가진 본래의 연약함에서 발생한 것이라고 설명한다. 그래서 선한 행동에 따라 알라 앞에서 각자의 의로움을 세워감으로써 구원을 이룰 수 있으며, 알라가 그들을 받아들일 수 있도록 종교적 의무를 다하고 선한 행동을 하는 것이 구원을 얻는 데 아주 중요하다고 믿는다.

기독교에서는 인간의 죄를 대신 지고 예수님이 죽으셨고, 그 사실을 믿는 것이 구원을 받는 데 결정적이다. 그래서 요한복음 3장 16절에서도 "독생자를 주셨으니 이는 그를 믿는 자마다 멸망하지 않고 영생을 얻게 하려 하심이라"라고 말한다. 기독교는 하나님으로서 완전하고도 합당한 대속 제물이 되기에 부족함이 없는 예수라는 대속자가 있어서 어떤 사람의 죄가 아무리 많다 해도 심판장이신 하나님께서 용서해주실 합법적인 근거를 분명히 가지고 있다.

그러나 이슬람교는 예수님이 하나님의 아들로서 인간의 죄를 대속하는 해결책이 될 수 있다는 사실을 강하게 부인한다. (이것만으로도 이슬람교의 신인 알라와 기독교의 신인 삼위일체 하나님은 결코 동일한 신일 수 없고, 그들이 내세우는 행위 구원과 온 인류의 죄를 대속하신 예수님을 믿는 것을 통해 죄를 용서받고 구원받게 된다고 가르치는 기독교의 구원은 완전히 다르다는 것을 분명히 알 수 있다.)

말하자면 이슬람교는 삼위일체 하나님을 부정하기 때문에 연약한 죄인인 인간의 죄를 대속해줄 어떤 구원자나 중보자도 필요 없는 종교가 되어버렸다. 결국, 유일하다고 믿는 창조주 신을 인정하면서도 이슬람교는 힌두교나 불교처럼 자력 구원을 추구하는, 실제적으로는 인본적인 종교가 될 수밖에 없게 되었다. 개인적으로 나는 이것이야말로 이슬람교의 최대 딜레마가 아닌가 한다.

더구나 이로 인해 이슬람교는 사람의 심판을 주관하는 알라신의 공정성에 대해서도 자체적으로 딜레마를 가질 수밖에 없다. 알라신이 심판할 때 어떤 죄인은 용서해주고 어떤 죄인은 용서해주지 않는데 대한 공정한 기준이 없다. 죄를 용서해줄 합당한 근거가 알라신에게 없다는 것이다. 알라는 어떤 사람의 선행이 단지 악행보다 많다는 이유만으로 그의 죄를 용서해줄 수 있을 뿐이다. 이것은 마치 "너는 이런저런 죄를 많이 지었지만 옛날에 누구누구를 도와주는 선행을 많이 했으니까 내가 그 죄는 그냥 없던 걸로 해주고 천국 보내줄게"라고 말하는 것과 같다.

그러나 단지 선행이 악행보다 더 많다는 이유로 악행을 용서한다는 것은 악행의 범죄 그 자체에 대해 객관적 심판의 공정한 기준을 갖고 있지 못하다는 반증이다. 우주 안에서 죄라는 것은 결코 아무 기준 없이 그냥 없던 걸로 용서해줄 수 있는 것이 아니다. 그래서는 죄를 범한 모든 사람에게 공정한 기준에 따라 공정한 심판을 제대로 시행할 수 없기 때문이다. 범죄라는 것은 누구에게나 공평하게 적용되는 법이 있고 난 이후에나 성립된다. 그러한 정당한 법의 기준 없이는 어떤 심판도 제대로 시행될 수 없는 것이 이치에 맞다.

이슬람교의 알라신은 사람의 죄를 용서해주는 데에 중보자나 피의 희생이나 어린 양이나 대속자를 따로 필요로 하지 않는다. 그래서 무슬림은 알라신이 베풀어주는 구원을 얻는 데 필요한 그들의 의를 스스로 쌓을 수 있고, 그 선행으로 악행을 용서받을 수 있다고 믿는다. 실제로 꾸란에도 "실로 선행은 악을 제거하여 주나니 이는 염원하는 자들을 위한 교훈이라"(수라 11:114)라는 말이 기록되어 있다.

무슬림은 율법적인 요구를 완성하면 구원에 이른다고 생각하며, 알라와 그의 선지자 무함마드에 대한 신앙고백조차도 중요한 선행의 한 부류라고 믿는다. 그러나 이것은 기독교의 하나님이 죄를 심판하거나 용서해주시는 기준과는 명백하게 상반된다. 결국 이러한 이슬람교의 구원관 역시 그들이 인류의 유일한 구원자가 되시는 예수님을 하나님으로 인정하지 않기 때문에 생겨난 딜레마라고 할 수 있다.

알라신은 창조주의 자격 요건을 충족시키는가?

결론적으로 이슬람교에 창조주 하나님이 존재하느냐는 문제는 어떻게 가릴 수 있을까? 무슬림도 자신의 종교인 이슬람교에 창조주 신인 알라가 존재한다고 주장한다. 이런 경우에는 이슬람교가 믿는 단일신인 알라신과 기독교가 믿는 사랑의 삼위일체 신 중 어느 신이 이 세계의 이치에 부합하는 존재인가를 점검해보아야만 답을 얻을 수 있다.

이슬람교에서는 사람은 알라신과의 사랑의 관계가 아니라 주종 관계, 즉 주인에게 완전히 절대 복종하는 종으로서의 관계를 통해 구원에 이른다고 가르친다. 그런데 이런 가르침은 우리가 실제로 이 창조 세계에서 보는 것처럼 가장 중요한 창조질서인 사랑의 관계 공동체의 질서와 명백하게 맞지 않는다.

세상에 왜 사람이라는 하나의 단일체만 존재하지 않고 남자와 여자가 존재하는지를 일례로 들 수 있다. 왜 세상에 남자와 여자가 존재하는지에 관해 이치에 맞는 설명을 해줄 수 있는 종교는 기독교밖에 없다. 성경 창세기 1장은, 하나님의 형상은 남자만도 여자만도 아니라 남자와 여자가 하나님의 형상이라고 분명히 밝힌다. 하나님 자신이 삼위일체로 존재하는 사랑의 관계공동체이므로 사람 역시 그 삼위일체 하나님의 형상을 따라 그렇게 서로 사랑하는 남자와 여자의 공동체로 지으신 것이다.

그 남자와 여자가 서로 사랑해서 결혼하여 가정을 이루고, 그 사랑의 열매로 자녀를 낳고, 그 자녀들이 또 다른 사랑을 통해 하나님의 형상을 가진 사람들을 계속 생산해내도록 하셨다. 그리고 그들이 일생 동안 창조주 하나님의 사랑을 발견하여 영원한 천국에서 그분과 영원한 사랑의 교제를 나누며 살아가는 것이 하나님께서 이 인류 역사를 이끌어 가시는 가장 중요한 목적이다.

이슬람교의 알라신은 창조주 신이라고 하면서 정작 자신은 단일체로만 존재하므로 본질상 상대방이 있어야 나눌 수 있는 사랑의 관계 공동체를 표방할 수 없다. 단일체여서 사랑일 수 없는 존재가 어떻게 서로 뜨겁게 사랑하는 남자와 여자를 자신의 형상으로 만들 수 있겠는가? 알라가 정말 유일한 창조주 신이라면 이 창조세계의 가장 중요한 이치라고 할 수 있는 사랑의 관계공동체에 맞는 속성을 지녀야 마땅하지만, 단일신인 알라는 본질적인 속성상 그러한 이치에 부합하지 않는다.

알라와 인간의 주종관계와 절대 복종을 중시하는 이슬람교와 달리 기독교에서는 남자와 여자의 사랑의 관계를 모형적으로도 매우 중시한다. 그래서 남자를 신랑 되신 예수님으로, 여자를 신부 된 교회로 상징하여 남자와 여자의 사랑의 관계가 실제로 이 세상의 창조 질서 차원에서도 중요할 뿐만 아니라 하나님과 피조물인 인간이 영원한 생명을 누리는 관계에서도 아주 중요하다. 이렇게 실제 세계의 이치에 부합하느냐의 여부로 판단해볼 때, 단일신인 알라신보다 사랑의 관계 공동체로서의 삼위일체 하나님이 진정한 창조주 신일 가능성이 더 높다고 볼 수 있다.

사람들은 적어도 다신론적이고 범신론적인 힌두교의 신을 성경의 여호와 하나님과 동일시하지는 않는다. 아예 신을 인정하지 않는 불교에서 하나님을 만날 거라고 기대하지도 않는다. 물론 신격화된 부처를 믿는 사람들도 있지만 원래 불교가 뭔지를 아는 사람들은 불교에서 창조주 신을 떠올리지 않는 게 자연스러운 상식이다. 그러나 창조주 신이라는 유일신 알라를 믿는다는 이슬람교를 대하면서는 막연하게라도 그 종교의 알라와 기독교의 하나님은 그래도 뭔가 통하는 데가 있지 않을까 생각하는데, 일견 자연스러워 보이지만 실제로는 터무니없는 오해이다.

단 한 번만이라도 제대로 들여다보지 못하고 매번 건성으로 그냥 지나치면 이런 오해에 계속 머물러 평생토록 진짜 하나님을 못 만난 채 살아갈 수도 있다. 성경에 등장하는 하나님이 왜 유일한 창조주 신일 수밖에 없는지를 일생에 한 번은 확실하게 점검해놓고 살아야 죽고 나서도 예기치 못한 후환을 당하는 일이 없을 것이다.

신화 속의 신들 중에는 창조주 신이 하나도 없나?

성경도 수메르, 바벨론, 이집트 신화 같은 것을 이리저리 따다 붙인 짜깁기 판에 불과해. 왜냐고? 우선 내용이 서로 너무 비슷해. 알고 보면 다 구라란 얘기지. 나한테 성경만 진실하네 어쩌네 강요하지 마라. 신화 나부랭이 같은 뻔한 이야기들에 더 이상 안 속아 넘어갈 거니까!

주말에 가족이 거실에 모여 앉아 대화를 나누는데 한 번은 딸이 "학교에서 역사를 배울 때 성경에 없을 것 같은 내용이 나오면 왠지 모르게 기분이 나빠지고 반감이 든다"라고 했다. 사람이 원숭이 비슷한 모습으로 등장하고 돌로 도구를 만들어 사용하는 구석기 시대 이야기를 듣고 특별히 그런 기분이 들었다며, 성경은 구석기 시대에 대해 뭐라고 하냐고 물었다. 성경적으로 보면 구석기시대는 아예 존재하지도 않았다고 봐야 한다고 했더니 의외라는 듯 놀라다가 이내 "아, 그럴 수 있겠구나" 하고 이해하는 모습을 보였다.

　보통 일반 세계사에서는 기록된 특정 문헌을 통해 그 시대의 양상을 알 수 있느냐의 여부로 인류 역사를 역사시대와 선사시대로 나눈

다. 선사시대를 구석기, 신석기, 청동기, 철기 시대로 나누고 청동기 시대부터 사람들이 구리로 각종 기구를 만들고 농사도 짓고 목축업도 진행했다고 한다. 그런데 성경을 보면 아담의 아들인 가인과 아벨 시대에 이미 청동기시대에나 이루어졌을 농사도 짓고 목축업도 했다는 기록이 나온다.

> **1** 아담이 그의 아내 하와와 동침하매 하와가 임신하여 가인을 낳고 이르되 내가 여호와로 말미암아 득남하였다 하니라 **2** 그가 또 가인의 아우 아벨을 낳았는데 아벨은 양 치는 자였고 가인은 농사하는 자였더라 창 4:1,2

이 말씀에 따르면 아담이 타락하여 에덴동산에서 쫓겨나고 얼마 안 되어서 바로 청동기시대에나 이루어질 농사와 목축업이 진행되었다. 그러나 무신론적 진화론에서는 오랜 세월 동안 원시적인 상태에서 사람들이 작은 미생물에서부터 원숭이를 거쳐 사람으로 진화해왔다고 믿어야 하므로 구석기 시대를 가정하면서 인류사의 시간을 한없이 늘려 잡아야 한다.

그래서 구석기 시대의 인간은 약 250만 년쯤 전에 등장한 최초의 사람과라고 하는 오스트랄로피테쿠스이며 그들은 자연스럽게 거의 원숭이와 비슷한 모양을 한 사람일 것으로 추정한다. 그러다가 호모 하빌리스(손을 써서 도구를 사용한 사람), 호모 에렉투스(직립 원인, 베이징 원인)를 거쳐 호모 사피엔스(지혜를 사용한 사람, 크로마뇽인)로 진화해왔다고 믿는데, 사실 이런 과정을 입증해줄 확실한 근거는 거의 없다.

인류사에 구석기 시대는 없었다

현재의 현상들만을 놓고 실험해서 일정한 법칙을 발견하는 것이 주된 과제라고 할 수 있는 과학이 기원의 문제를 따진다는 것 자체가 이치에 맞지 않는다. 더구나 몇십만 년 전인지 후인지에 대한 특정 연대를 확정된 사실인 양 말한다는 것 자체도 무리한 일인데, 사람들은 이런 이야기를 철석같이 믿는다. 그러면서 창조주 하나님을 가정하지 않고도 자기 존재를 설명할 수 있다는 데서 인간적인 위로를 받으려고 한다.

그러나 인류 역사는 진화론자들이 생각하는 것처럼 그렇게 길지 않다. 오히려 성경에 보면 아담과 그의 직계후손이 살던 때에 이미 역사시대에나 가능했을 문자도 있었을 것이라고 볼 수 있는 단서가 창세기에 등장한다.

여호와께서 그에게 이르시되 그렇지 아니하다 가인을 죽이는 자는 벌을 칠 배나 받으리라 하시고 가인에게 표를 주사 그를 만나는 모든 사람에게서 죽임을 면하게 하시니라 창 4:15

가인이 살인을 했지만 그를 만나는 사람들이 그를 죽이지 못하도록 하나님께서 그에게 표를 주셨다는 내용이 나오는데, 신학자들은 이 표가 바로 당시로써는 사람들이 알아볼 수 있는 일정한 형태의 문자라고 보고, 따라서 가인의 때부터 이미 문자가 사용되었을 것으로 보기도 한다.

창세기 4장에는 목축업을 하는 이들의 조상이 등장하고, 두발가인이라는 사람은 구리와 쇠로 여러 가지 기구를 만드는 자였다는 내용이 나온다. 또한 유발이라는 사람은 수금과 퉁소를 잡았다고 기록하고 있는데, 이때 이미 음악을 포함한 예술도 발달해 있었다는 단서로 볼 수 있다.

> **20** 아다는 야발을 낳았으니 그는 장막에 거주하며 가축을 치는 자의 조상이 되었고 **21** 그의 아우의 이름은 유발이니 그는 수금과 퉁소를 잡는 모든 자의 조상이 되었으며 **22** 씰라는 두발가인을 낳았으니 그는 구리와 쇠로 여러 가지 기구를 만드는 자요 두발가인의 누이는 나아마였더라 창 4:20-22

지금도 역사 교과서에서는 청동기 시대에 와서부터나 농업과 목축업이 시작되었다고 주장한다. 그러나 성경대로 보면 인류는 아주 초창기 때부터 구석기나 신석기 시대를 따로 거치지 않고 처음부터 청동기와 철기로 농기구를 만들고 농사와 목축업을 하던 시대를 살았다고 볼 수 있다. 이미 노아 홍수 전에 아담의 직계 자손들인 가인이 농사를 지었고 아벨이 목축업에 종사했다는 것을 보면 구석기 시대가 아예 없었다는 것을 알 수 있다.

그리고 노아 홍수를 겪으면서 땅이 황폐해지는 경험을 하지만 홍수 후에 다시 빠르게 인구가 늘어나면서 문명을 발달시켜갔다고 본다. 대홍수 당시에 노아의 방주는 성경 창세기 8장에 기록되어 있는 대로 지금의 터키와 아르메니아 국경 근처인 아라랏산에 머물게 되었다.

> ¹ 하나님이 노아와 그와 함께 방주에 있는 모든 들짐승과 가축을 기억하사 하나님이 바람을 땅 위에 불게 하시매 물이 줄어들었고 ² 깊음의 샘과 하늘의 창문이 닫히고 하늘에서 비가 그치매 ³ 물이 땅에서 물러가고 점점 물러가서 백오십 일 후에 줄어들고 ⁴ 일곱째 달 곧 그 달 열이렛날에 방주가 아라랏 산에 머물렀으며 ⁵ 물이 점점 줄어들어 열째 달 곧 그 달 초하룻날에 산들의 봉우리가 보였더라 창 8:1-5

내가 터키를 방문했을 때 주로 이스탄불과 일곱 개 초대 교회(계 2:1-3:22)의 유적들이 남아 있는 서부 지역 중심으로 돌아보는 바람에 터키 동부 쪽에 자리한 아라랏산은 들르지 못했지만, 터키 현지에서 이용한 지역 안내 지도에서 'Mountain of Ararat'이라고 표기된 산을 확인했을 때 성경 창세기에 나오는 아라랏산이 지척에 있는 것처럼 느껴진 기억이 지금도 생생하다.

성경이 여느 신화들과 다른 중요한 이유들 가운데 하나는 그 책에 등장하는 모든 지명이 지금도 확인 가능한 역사적 장소라는 것이다. 방주가 아라랏산 정상 어딘가에 지금도 남아 있다는 신빙성 있는 목격담이나 실제 탐사 이야기는 최근까지도 많이 보고된 바 있어 그 역사성을 뒷받침해준다. 세속 역사에는 빙하기의 흔적으로 감지되기도 했던 대격변의 홍수로 전 지구상 곳곳에 남게 된 수많은 동식물 화석은 홍수의 중요한 증거물이지만 엉뚱하게도 무신론적 진화론의 증거로 둔갑하기도 했다.

대홍수 이후 인류 최초의 문명이 시작된 곳이 어딘가에 대한 단서를 통해서도 노아 대홍수의 역사성을 짐작할 수 있다. 노아와 그의 가족이 탔던 방주가 아라랏산에 머문 후 그들이 그 산 아래로 내려와 정착한 곳이 바로 메소포타미아 지역이었다. 그래서 그곳에서부터 자연스럽게 인류 최초의 문명인 메소포타미아 문명이 발달하기 시작했다.

생각해보라. 우리가 다 세계사 교과서에서 배웠듯 인류 최초의 문명은 한결같이 고대 근동의 메소포타미아 지역에서 시작된 메소포타미아 문명이라고 한다. 왜 동북아시아나 아프리카, 아메리카나 유럽 문명이 아니고 하필이면 노아의 방주가 머물렀던 곳 주변이 인류 최초의 문명 발상지가 되었겠는가? 노아의 대홍수 사건을 역사적 사실로 보도하고 있는 성경이 바로 그 방주가 머물렀던 메소포타미아 지역에서 홍수에서 살아남은 노아의 가족들이 새로운 인류 역사를 시작했다고 말하기 때문이다.

세계사에서는 이 시기의 최초 문명을 메소포타미아 문명 또는 좀 더 좁혀서 수메르 문명이라고 지칭하기도 한다. 그리고 이 수메르인들에게서 신들에 관한 이야기 곧 신화도 최초로 등장한다. 그런데 여기서 문제가 생겼다. 참 아이러니하게도 노아가 분명히 그 자손들에게 하나님에 관한 이야기를 해줬는데도 이 무렵부터 다시 많은 사람이 진짜로 유일하신 창조주 하나님이 아닌 다른 신들을 믿고 따르게 되었기 때문이다.

신화는 고대인들의 종교이자 과학

사람들은 신화라고 하면 보통 '허황된 이야기'라는 이미지를 가장 먼저 떠올리는 것 같다. 이런 이미지는 고대 그리스 철학자들의 시대부터 이어져 왔다. 헬라어로 '신화'(이야기)를 의미하는 '미토스'(mythos)와 '이성'을 뜻하는 '로고스'(logos)는 둘 다 '말하다'라는 동사에서 나왔다. 그런데 누가 말하느냐에 따라 두 동사의 형태가 달라진다. 미토스의 동사형인 '미테오마이'(mytheomai)는 신이나 왕족, 영웅이 말할 때 쓰인 반면, 로고스의 동사형인 '레게인'(legein)은 여자나 노예, 모략가가 말할 때 쓰였다. 이러한 풀이에 따르면, 미토스는 고결한 이야기가 되고 로고스는 비루한 이야기가 된다.

이러한 미토스와 로고스의 위계질서를 뒤엎은 사람이 바로 철학자 플라톤이었다. 예술을 이데아의 복제품으로 평가절하한 플라톤이 시인의 언어로서의 미토스를 '터무니없는 이야기'로 몰아붙이고, 로고스를 철학자들의 '참된 이야기'로 새롭게 포장하면서 '미토스 = 신화 = 허무맹랑한 것'과 '로고스 = 이성 = 진실한 것'의 공식이 확립되기 시작했다.

사도 요한은 요한복음 1장에서 하나님의 말씀이신 예수님을 통해 만물이 지어졌다고 말했다. 이때 그 말씀을 '미토스'라고 표현하지 않고 '로고스'라고 표현한 것은 사실적인 역사성의 배경이 고려된 섭리적인 단어 선택이라고 생각한다.

이러한 구분은 미토스라고 하는 '신화'의 일반적인 특성에서도 나타난다. 한마디로 신화는 이성적이고도 합리적인 법칙과 질서를 추구하는 과학이 출현하기 이전 시대에 살았던 옛날 사람들이 세상을 설명하고 이해하며 그 세상의 이치나 만물에 의미를 부여하는 데 필요했던 문화적인 매체였다고 볼 수 있다.

예를 들면, 로마 신화에서 술의 신, 포도주의 신인 바쿠스는 그리스 신화의 디오니소스와 동일한 신으로 알려져 있다. 원래 로마 신화는 그리스 신화의 내용과 대동소이한데 다만 신들의 이름만 로마식으로 명명되었을 뿐이기 때문이다. 이 디오니소스와 술에 얽힌 신화한 대목을 들여다보면 신화가 대충 어떤 내용을 가지고 있는지 이해할 수 있다.

술의 신 디오니소스가 포도를 발효시키는데, 사자가 지나가자 사자의 피를 그 통에 넣고 이어서 원숭이, 개, 돼지가 차례로 지나가자 그 피도 차례로 넣어서 술을 만들었다고 한다. 그래서 술을 조금 먹으면 큰소리를 치며 호탕해지고, 조금 더 먹으면 원숭이처럼 히히거리며 우스운 짓을 하고, 조금 더 먹으면 개처럼 으르렁대며 싸우고, 마지막으로 완전히 취하면 돼지처럼 아무 데나 누워 자고 지저분한 짓을 한다는 것이다.

고대인들은 사계절도 신화로 설명하고자 했다. 왜 겨울이 지나면 봄이 오는가에 대해, 땅의 여신이 자기의 딸을 하데스에게 빼앗겨 슬퍼하고 있으면 추운 겨울이고, 6개월마다 딸이 올라오면 따뜻한 봄이 된다는 식으로 설명했다.

그들에게는 이런 신화가 세상의 원리를 설명하는 일종의 과학이었던 셈이다. 자연세계에서 경험하는 일들의 인과관계 같은 것을 설명하기 위해 그 배후에 서로 경쟁하거나 변덕을 부리는 여러 신들이 활동하고 있다고 본 것이 신화의 양식이다.

우리나라에서도 예전에 '전설의 고향'이라는 TV 드라마가 큰 인기를 얻었다. 그 드라마에서는 "어느 마을에는 이런저런 일이나 현상들이 나타나는데, 그 배후에는 사실 이런 사정이 있었다는 이야기가 전해 내려옵니다"라는 식으로 해설한다. 전설에는 인간 세계를 초월한 귀신의 이야기도 나오고 산신령이나 선녀들에 대한 이야기도 나오기 때문에 넓게 보면 신화의 영역에 속한다.

인류에게 신화는 오랜 세월 동안 종교이면서 역사이고 자연 법칙과 운동, 세상 질서를 설명해주는 과학이었다고까지 말할 수 있다. 16세기 이후 르네상스와 계몽주의, 과학혁명이 일어나면서 신화가 큰 가치가 없는 것으로 여겨졌을 뿐 그 이전 고대인들에게 신화는 그 자체가 과학이고 역사였다.

그렇다면 그 신화들에는 진짜 창조주 신이 있다고 말할 수 있을까? 대표적 신화로 널리 알려진 그리스 신화를 예로 들어 이 문제를 살펴보자. 그리스 신화는 사람들에게 가장 익숙하고 신화가 가진 요소들을 두루 가지고 있다. 이 신화를 중심으로 거기에 등장하는 신들의 특성을 살펴보면 그 신들이 성경에 나오는 하나님과 어떻게 다른지 바르게 이해할 수 있을 것이다.

타 종교들과 비슷하게 신화도 그 정체를 제대로 알지 못하면 괜히 뭔가 있어 보이고 심오해 보인다. 그러나 조금이라도 자세히 들여다보면 거기에 등장하는 신들은 과학이 발달하기 전에 고대인들이 세상의 기원이나 이치를 설명하고 나름대로 인생의 의미와 방향을 찾기 위해 만들어낸 인조 신, 완전히 인공적인 신들에 불과하다는 것을 확실하게 알 수 있다.

지금도 살아 숨쉬는 그리스 신화의 세계

현재 우리의 삶 가운데 이런 신화들이 어떤 영향을 끼치고 있는지 돌아보면 그리스 신화를 좀 더 친숙하게 접할 수 있을 것이다. 지금도 그리스 신전들이 산재한 아테네는 이탈리아의 로마와 함께 고대의 유적이 가장 생생하게 남아 있는 도시이다. '아테네'는 이름 자체가 그리스 신화에 나오는 지혜와 전쟁의 여신 '아테나'의 이름에서 나온 것인 만큼 신화로도 유명한 도시이다. 아테네의 파르테논 신전은 바로 이 도시의 수호신 아테나를 위해 지어진 신전이다. 그런 점에서 아테네는 신과 인간이 한데 뒤엉켜 살아간다는 느낌을 줄 만큼 아직도 신화가 살아 숨쉬는 곳이다.

실제로 그리스 곳곳에는 각 지역에서 사랑받는 신들이 있고 신들의 이야기가 있다. 여전히 어떤 상황의 배후에 신들이 어떻게 활동했는지가 신화나 민담, 전설로 남아 있을 뿐만 아니라 지금도 일상에서 사용하는 단어나 행사나 장소 가운데 그 신화들의 흔적이 뚜렷하게 남아 있기도 하다.

일상의 언어 중에 신의 이름이 들어가 있는 경우가 의외로 상당히 많다. 예를 들어, 음악이라는 뜻의 영어 '뮤직'은 그리스 신화에서 음악의 여신, 학문과 예술의 신이기도 한 '뮤즈'라는 여신의 이름을 딴 것이다. 연인들의 사랑을 뜻하는 심장에 꽂힌 화살을 큐피드의 화살이라고 한다. 큐피드는 그리스 신화에 등장하는 사랑의 신 에로스가 이름만 로마식으로 바뀐 신이다. 이 큐피드는 보통 활과 화살통을 갖고 다니는 날개 달린 어린아이의 모습으로 나타나는데, 이 화살에 맞으면 사랑과 열정에 빠지게 된다고 한다. 또한 로마의 신 야누스는 머리가 뒤로 붙은 채로 서로 정반대 방향을 바라보는 두 얼굴을 가진 신이다. 사람들이 1월을 야누스의 달이라고 칭하면서 그의 이름을 따서 'January'라고 불렀다.

이런 사례들을 보면, 고대 신화들은 이전 세상에서 죽지 않고 지금도 살아 있다고 말할 수 있다. 그리스 신화에 나오는 신들의 이름과 그들의 활동상, 그리고 당시 사람들이 그 신들을 섬기고 교류했던 흔적은 지금 우리가 사는 세상에서도 알게 모르게 큰 영향을 끼치고 있다.

올림픽 성화 봉송도 그런 흔적들 중 하나이다. 올림픽 성화는 고대 그리스의 성소로 알려진 올림피아라는 곳에서 점화되어 매회 올림픽이 열리는 도시로 봉송된다. 이것의 기원이라 할 수 있는 횃불점화 의식은 고대 그리스의 올림피아에서 직위가 높은 여성 사제가 진행한 전통적인 고대 종교 의식의 하나였다. 이 횃불은 오목한 렌즈 거울에 초점을 맞춘 태양광선으로부터 받는데, 이 역시 고대인들의 태양신 숭배와 연관 있는 것으로 보인다.

이 올림픽에서 성화로 올려지는 횃불은 자유를 상징하기도 했는데, 이 성화 횃불을 뉴욕의 상징인 자유의 여신상의 오른손에서도 볼 수 있다. 조금만 유의해서 둘러보면 아직도 고대 신화의 잔재가 이렇게 우리 주변에 그대로 살아 있다는 것을 느낄 수 있다. 그런 만큼 고대 그리스 신화의 내용과 거기에 등장하는 신들의 영향은 지금 현대인의 삶 가운데도 깊숙이 스며들어 있다.

그러나 이런 신화는 사람들이 자신의 삶에 의미를 불어넣기 위해 만들어낸 문화적인 매체에 불과하다. 인간의 세계 안에서 인간의 삶과 시각과 소원을 담아 만들어진 이런 신화들을 통해 초월적인 창조와 구원의 온전한 진리를 찾을 수 있다고 보기는 쉽지 않다. 이 부분을 좀 더 분명하게 확인하기 위해 신화들에 나타난 창조 이야기에 대해서도 한 번쯤은 살펴볼 필요가 있다.

그리스 신화 속의 창조 이야기

세계의 수많은 민족들 중 창세 신화를 갖지 않은 민족은 거의 없다고 한다. 고대 그리스도 예외는 아니어서 여러 창조 신화가 있는데, 그 중에 가장 유명한 것이 바로 주전 7세기 경의 그리스 시인 헤시오도스가 자신의 서사시 〈신통기〉(神統記 · 신들의 계보)에 소개한 신화들이다.

헤시오도스는 고대 그리스 문학에서 가장 오래 된 대서사시 〈일리아스〉와 〈오디세이아〉를 쓴 호메로스와 함께 신화와 서사시, 교훈시 등을 지어 그리스 신화와 문학에서 매우 중요한 역할을 한 시인이다. 그리스 역사가 헤로도토스는 헤시오도스와 호메로스가 그리스인들에게 신을 만들어 주었다고 극찬할 정도였다.

헤시오도스의 〈신통기〉에는 우주의 탄생뿐만 아니라 신들의 기원과 계통에 관한 내용이 담겨 있다. 그가 소개한 그리스 신화의 창조 이야기에서 태초에 생긴 것은 카오스이다. 카오스란 말은 우리도 외래어처럼 흔히 쓰는 말인데, 보통 혼돈이라는 뜻으로 쓰인다. 세계가 만들어지기 이전의 가장 원초적인 카오스 상태는 "땅이 혼돈하고 공허하며"라고 묘사한 성경 창세기 1장 2절의 내용과 비슷하다.

그러나 그리스 신화에는 유대 기독교 사상에서와 같은 초월적인 창조주는 등장하지 않고, 세계가 자연적인 발생과 분리, 통합으로 생성된 것으로 묘사한다. 우연에 의한 발생과 진전이라는 과정을 전제로 하는 것을 보면 다분히 진화론적이라고 볼 수 있다.

카오스 다음으로 생긴 것은 가이아(대지)와 타르타로스(지하의 어둠), 에로스(사랑)였다. 이 중 실질적으로 신들과 사물의 생산 활동에 관여하는 것은 카오스와 가이아이며 에로스는 결합의 원리였다고 한다. 카오스로부터 에레보스(어둠)와 닉스(밤)가 분리되고, 이 둘의 결합으로 아이테르(하늘의 상층부)와 헤메라(낮)가 생겼다는 식이다.

계속해서 닉스는 단독으로 죽음, 수면, 꿈, 고뇌, 분쟁 등을 만들어냈는데, 추상명사를 그대로 의인화한 것이 많다. 또한 분쟁에서 기아, 비탄, 전쟁, 살해 등 인간의 불행과 관련된 것들이 수없이 만들어졌다. 이런 상황들의 배후에 그 개념에 맞는 신들이 존재하게 된다. 그래서 그리스 신화 속의 신들 역시 범신론적이라고 보는 것이다. 대지라는 땅 자체를 가이아라는 신으로 지칭한다는 데서 범신론적인 신관이 그대로 드러난다.

〈신통기〉에서 세계가 만들어지는 데 가장 중요한 역할을 하는 것은 이 가이아이다. 농경민족인 그리스인에게 가이아는 생명을 생산하고 키울 뿐 아니라 죽은 자를 수용하는 신이기도 했다. 가이아는 우선 독자적인 힘으로 우라노스(천공)와 산, 그리고 포토스(바다)를 만들었다. 이것들은 분리에 의해 만들어졌지만, 이후에 생성된 것은 모두 성적 결합으로 탄생했다.

가이아는 우라노스와 교합해서 12기둥의 티탄 신족을 낳고, 계속해서 첫째인 키클롭스(이마에 하나의 눈을 가진 거신)들과 백수 거인족인 헤카톤케이레스를 낳았다. 그러나 괴상한 모습에 굽힐 줄 모르는 강

한 힘을 가진 자식들을 미워한 우라노스는 아내인 가이아의 태내에
그들을 강제로 집어넣어버렸다.

괴물들을 뱃속에 지닌 채 고통스러워하던 가이아는 남편에게 복수
하기 위해 금속제 낫을 만들고 티탄 신족에게 그것으로 우라노스를
벌주도록 요청했다. 그러나 우라노스를 두려워한 티탄들은 모두 달
아나버리고 막내인 크로노스가 자청하고 나섰다. 크로노스는 가이
아가 일러준 곳에 숨어 있다가 아버지 우라노스의 성기를 잘라 멀리
던져버렸다. 바다에 떨어진 우라노스의 성기에서 정액의 하얀 거품이
일어나 그 거품 속에서 미의 여신 아프로디테가 태어났다.

아버지를 대신해 세계의 지배권을 장악한 크로노스는 누이인 레아
와 결혼해서 화로의 여신 헤스티아, 농업의 여신 데메테르, 결혼의 여
신 헤라, 지하세계의 지배자 하데스, 바다의 왕이 되는 포세이돈을 낳
았지만, 왕위를 빼앗길 것이 두려워 자식들을 차례차례 삼켜버렸다.
슬픔에 젖은 레아는 막내인 제우스를 임신하자 그 아이만은 살리고
자 어머니 가이아의 도움으로 크레타에서 몰래 출산하고, 남편에게
는 강보에 싼 돌을 신생아라고 속여 삼키게 했다. 성장한 제우스는
가이아가 가르쳐준 대로 아버지에게 토하는 약을 먹여 형과 누이들
을 구해냈다.

그리하여 제우스를 중심으로 한 올림푸스의 신들은 권력을 되찾으
려는 크로노스가 이끄는 티탄족과 싸우게 되었는데, 이것이 티타노
마키아 전쟁이다. 전쟁의 막바지에 제우스는 가이아의 권고를 따라

땅 밑에 갇혀 있던 키클롭스들과 헤카톤케이레스를 지상으로 해방시켜 자신의 편으로 만들었다. 격렬한 공방전 끝에 승리한 제우스는 티탄족과 크로노스를 타르타로스(암흑계)에 유폐했다. 또한 제우스는 가이아와 타르타로스 사이에서 태어난 티폰과 싸워 이김으로써 드디어 신계의 패권을 잡게 되었다.

우라노스로부터 크로노스로, 크로노스에서 제우스로 3대에 걸쳐 이어진 폭력적 왕권 교체 신화는 주전 2000년 무렵 아카드의 신화 '에누마 엘리쉬'로 거슬러 올라가는 고대 근동(오리엔트) 신화와 상당히 비슷하다. 특히 히타이트의 계승 신화와도 부합되는 점이 두드러지는데, 히타이트 최초의 신 알랄루스에 필적하는 신은 그리스 신화에 없지만, 그 다음 신인 아누는 우라노스에, 세 번째 신 쿠마르비는 크로노스에, 최후의 폭풍의 신은 제우스에 해당한다고 본다.

이렇게 인류의 신화들은 최초의 수메르 신화부터 바벨론, 앗수르, 이집트 신화로 이어지면서 계속 신들의 이름이 달라지지만 내용이나 패턴은 비슷하게 흘러가면서 그리스 신화로 이어졌다. 로마 신화 역시 그리스 신화에 등장하는 신들의 이름만 달라지면서 내용은 거의 동일하게 전개되었다. 그래서 그리스 신화의 최고신 제우스가 로마 신화에서는 주피터, 미의 여신 아프로디테가 비너스, 전쟁의 신 아레스가 마르스라는 이름으로 등장한다.

창조신화도 민족별 특성이나 강조점에 따라 조금씩 다르긴 하지만 대체로 유사한 내용과 패턴으로 전개된다. 그래서 그리스 신화 한 가지만 자세히 들여다봐도 그 전후의 인류의 신화들도 대충 비슷한 내용과 패턴을 가지고 있다는 사실이 어렵잖게 파악된다.

성경과 유사한 신화 속 타락 이야기

그리스 신화에서 제우스 이전에 등장하는 창조 이야기는 주로 신들이 태어나고 활동하는 이야기이고 제우스 이후에는 마침내 인간의 창조에 관한 이야기가 등장한다. 이 인간 창조의 사건들에 대해서도 헤시오도스의 설명이 가장 널리 알려져 있다. 제우스가 황금의 종족, 은의 종족, 청동의 종족, 영웅 종족과 철의 종족을 각각 만들었다는 이야기도 유명하지만, 인간의 창조와 타락과 관련해서 인류의 보호자 프로메테우스의 이야기도 잘 알려져 있다.

프로메테우스가 물과 점토로 인간을 창조한 것으로 알려졌지만, 헤시오도스는 프로메테우스가 인류의 창조신이 아니라, 어디까지나 은혜를 베푼 존재였다고 말했다. 신들과 인간이 죽은 짐승을 분배할 때, 프로메테우스는 능란한 책략으로 제우스를 속여서 뼈와 지방을 신들의 몫으로, 고기와 내장은 인간의 몫으로 정했다. 뒤늦게 기만당한 것을 알고 화가 난 제우스가 인간에게서 불을 감추었는데, 프로메테우스는 천상에서 불을 훔쳐 인간에게 돌려주었다.

제우스는 대장장이의 신 헤파이스토스에게 명해 흙과 물로 인간에게 재앙을 내릴 신종 인간, 즉 여자를 만들게 했다. 최고신이 남성보다 여성을 더 늦게 만든 점에서 이 이야기는 성경의 창세기에 나오는 아담과 하와의 이야기와 비슷하다. 그러나 두 이야기의 결정적인 차이는 신이 여자를 창조한 의도이다. 여호와 하나님은 아담의 고독을 걱정해서 그의 갈비뼈로 동반자가 되어줄 하와를 만들었다. 창세기에서 여자의 창조는 인간에 대한 하나님의 사랑에 바탕을 두고 있다. 이에 반해 〈신통기〉에서 '아름다운 재앙'이라 불리는 최초의 여성은 프로메테우스의 기만에 대한 제우스 신의 징벌로 내려졌다.

하와가 뱀의 유혹에 넘어가 금단의 나무 열매를 먹고, 아담에게도 그것을 먹게 하여 낙원에서 추방당한 것처럼 그리스 신화에서도 인류의 불행은 여자의 어리석음에서 비롯된 것으로 묘사된다.

헤시오도스가 쓴 〈노동과 나날〉에 따르면, 최초의 여성은 모든 (판테스) 신들이 그녀에게 선물(도라)을 했기 때문에 '판도라'라는 이름을 갖게 되었다. 이 세상에 만연하는 여러 재앙은 판도라가 가져온 항아리에서 나왔다고 한다. 이 신화에서 중요한 역할을 하는 항아리의 유래가 명확하지 않기 때문에 르네상스 이후로 항아리는 상자로 바뀌었다고 한다.

후세에 전해지기로는 판도라가 호기심에서 금기를 어기고 뚜껑을 열었다고 설명한다. 그래서 지금도 무슨 큰 재앙을 불러일으킨 경우를 가리켜서 "판도라의 상자를 열었다"라고 한다. 원전 사고로 한국이 큰 재앙을 겪는 내용의 영화가 개봉된 적이 있는데, 그 영화의 제목이 '판도라'이다.

요즘 사람들은 '판도라의 상자'라는 말만 일상적으로 사용할 뿐 그 상자가 사실은 그리스 신화에서 첫 번째 여자가 지은 죄와 관련 있다고는 잘 생각하지 못한다. 물론 이 이야기는 결국 성경 창세기에 나오는 하와가 선악과를 따먹는 범죄와 연관되어 있다는 생각 또한 하기 어려울 것이다.

그리스 신화는 신들이 가장 먼저 만든 인간 종족인 황금 종족의 시대가 있었다고 말하는데, 이때가 아마도 성경 창세기에 나오듯 첫 인류인 아담과 하와가 하나님과 함께 에덴동산에 거주할 때를 가리키는 듯하다. 그리고 열지 말아야 할 상자를 여는 판도라의 실수는 하와가 선악과를 따먹는 사건과 연결되는 것으로 보인다.

이런 이야기는 인류 최초의 신화인 수메르 신화에도 등장한다. 수메르 신화 중 '엔메카르와 아랏타의 주인'이라는 시에는 처음에 모든 사람이 엔릴 신(수메르 만신전의 최고의 신)에게 한 언어로 찬양을 드리던 유토피아적 시절을 노래하는 대목이 나온다. 그러나 결국 엔키 신과의 갈등으로 낙원생활이 끝나버리는 것으로 기록되어 있다.

또 수메르 지하수의 신 엔키가 새로 난 과일을 먹어서 그 땅의 여신 닌후르삭에게 저주를 받는다는 내용이 나오는데, 이 또한 선악과를 따먹고 에덴에서 추방되는 성경 창세기에 나오는 타락 기사와 유사한 내용이다. 물론 이야기의 구조는 비슷한 데가 있어 보이지만 세부적인 내용을 들여다보면 완전히 동일한 내용이라고 보기는 어렵다.

창조 이야기는 수메르 신화뿐만 아니라 이집트 신화나 중국 신화에도 나온다. 이집트 신화에서는 눈이라는 신이 태초에 물의 혼돈 가운데서 세상을 만들었다고 한다. 중국 신화에서는 여왜라는 여신이 흙으로 자신과 똑같은 생명체를 만들었는데, 대지가 너무나 넓어 아무리 인간을 많이 만들어도 대지를 다 채우지 못하자 긴 새끼줄을 흙탕물 속에 넣고 휘젓다가 그것을 위로 뿌렸다. 그러자 진흙이 방울방울 땅으로 떨어져 인간으로 변했다고 한다.

중국의 또 다른 창조신화에는 혼돈과 어둠만이 가득한 거대한 알과 같은 우주에 거인 반고가 잠자고 있다가 1만 8천 년이 지난 어느 날 그 알을 깨고 나와 하늘과 땅을 갈라 만들고 그것이 다시 붙지 않도록 두 팔로 하늘을 받치고 두 다리는 굳게 땅을 밟고 하늘과 땅 사이에 우뚝 서 있었다는 이야기가 전해온다.

태양신과 달신인가, 피조된 광명체인가

이처럼 전 세계 여러 나라의 창조 신화에는 성경에 나오는 창조 이야기와 부분적으로 유사한 점들이 있지만 구체적인 역사적 사실성 없이 그저 단순한 우화체로 서술되는 경우가 대부분이다. 그러나 성경은 그러한 신화들과 달리 뚜렷한 역사성을 지녔을 뿐만 아니라 분명한 신학적 의도에 따른 정교한 구조를 갖추고 있다. 이런 특성들을 볼 때도 성경 창세기는 사람들이 만들어낸 신화와는 비교조차 하기 어려운 권위를 지닌다.

창세기 1장만을 놓고 보아도 그리스 신화나 다른 신화들에 나오는 창조 이야기와는 질적으로 완전히 다른 차원에서 기록되었다는 사실을 확인할 수 있다. 창세기 1장 1절의 한 문장은 아주 짧지만 그 안에 우주의 구성 요소들이 한데 다 들어 있다.

태초에 하나님이 천지를 창조하시니라 창 1:1

창세기 1장 1절은 단순하게 하나님의 창조 사건에 대해 선포만 하고 있는 것 같지만 여기에 우주의 구성 요소인 시간과 공간, 물질의 창조가 빠짐없이 언급되어 있다. 이는 창세기가 기록될 당시 고대인들의 세계관에서는 도저히 상상하기 어려울 만큼 과학적으로도 이치에 합당한 진술이다. 다른 신화들의 창조 이야기에는 이런 차원의 언급이 전혀 없다는 것 또한 신화와 성경 간의 아주 큰 차이점이라 하겠다. 이어지는 2절 이후에도 비슷한 차이점이 계속 발견된다.

땅이 혼돈하고 공허하며 흑암이 깊음 위에 있고 하나님의 영은 수면 위에 운행하시니라 창 1:2

이 2절에서의 땅은 물질 전체를 가리키는 땅이라고 보고, 9절에 "뭍이 드러나라" 하실 때의 뭍은 지구상의 땅을 가리킨다고 본다. 그런데 이 절에서 땅이 혼돈하고 공허하며 흑암 가운데 있다고 말하는데, 3절부터 이어지는 창조의 과정은 바로 이 세 가지 상태, 즉 혼돈하고 공허하며 흑암 가운데 있는 상태를 뒤바꾸는 과정으로 정교하게 묘사되고 있다.

창세기 1장 3-19절에 담긴 창조 현장의 기록을 보면, 하나님은 이어지는 창조의 과정을 통해 먼저 혼돈을 질서로 바꾸신다. 빛과 어둠, 궁창 위의 물과 궁창 아래의 물, 땅과 바다를 나누시고, 빛을 낮, 어둠을 밤이라 부르시고, 궁창을 하늘, 뭍을 땅, 모인 물을 바다라 부르시는 것으로 창조 세계에 질서를 부여하셨다. 혼돈을 정리하기 위해 피조 세계를 나누시고 거기에 이름을 붙여주심으로 질서를 갖추게 하셨다. 또한 공허에서 충만하게 채워주는 것으로 바꾸신다. 하늘과 바다, 땅을 배경으로 만드신 후 그 안에 광명체들과 생명체들을 충만하게 채워 넣으신다. 그 다음에 어둠의 상태에서 빛을 부어하심으로 어둠을 물리치신다.

창조의 사건에 대한 묘사만을 놓고 봐도 하나님의 책인 성경은 아주 정교하다. 전체적으로도 어느 한 구절, 어느 한 구석도 버릴 게 없고, 다 깊은 뜻이 있고, 하나님 나라라는 큰 주제와 연결되지 않는 쓸데없는 말씀이 하나도 없다. 제법 자세히 살펴본 그리스 신화에서 느낄 수 있었던 것처럼, 성경은 역사성을 전혀 염두에 두지 않은 듯한 우화 같은 이야기 중심의 신화와는 비교 자체가 안 되는 책이다.

기원 전 15세기 경 모세가 쓴 것으로 알려진 성경 창세기는 당시 이집트에서 탈출한 이스라엘 백성들이 일차적인 독자라고 할 수 있는데, 당시 그들은 이집트에 사는 동안 온갖 이교적인 신화 속 신들의 이야기에 익숙해져 있었다. 특히 거의 모든 신화 속의 신들이 범신론적인 신들이었기 때문에 무엇보다 창세기에서는 고대인들이 신으로 섬기던 태양이나 달, 하늘과 바다가 하나님께서 친히 말씀으로 창조한 피조물에 불과하다는 사실을 분명하게 밝혀준다.

이것들을 다 말씀으로 지었다는 것에도 굉장히 중요한 의미가 있다. 앞서 신화는 미토스로, 말씀은 로고스라고 구분하면서 플라톤이 미토스는 허무맹랑한 이야기로, 로고스는 진실한 말로 규정했다는 사실을 나눈 바 있다. 바로 이 로고스인 말씀을 통해 하나님께서 만물을 만드셨다는 것은 그 자체로 이미 모든 신화 속의 신들의 창조 이야기를 뛰어넘는 아주 구체적이고도 독특한 창조관을 보여준다. 성경 창세기는 이런 특별한 의도 가운데 기록되었기 때문에 사람들이 만들어낸 신화들과는 처음부터 완전히 차원이 다르다.

고대 시대는 당시의 신화들에서도 볼 수 있듯 하늘 신, 땅 신, 햇님, 달님으로 부를 만큼 자연계의 피조물들을 신처럼 떠받들고 섬기던 시대이다. 그런데 창세기는 그렇게 신격화해서 섬기던 모든 것이 하나님께서 말씀으로 직접 만드신 피조물들이라고 선포한다. 그 당시의 고대 범신론적 신화나 신관에 익숙해 있던 이스라엘 사람들에게 피조물은 결코 신이 아니라는 사실을 창세기 기록을 통해 분명히 보여준 것이다.

특히 창세기 1장 14, 15, 16절에서 해나 달을 가리켜 고대 신화들에서처럼 인격화하거나 의인화하지 않고 그냥 '광명체'라고 객관적으로 지칭하는 것은 당시 사람들이 이런 대상들을 대하는 태도나 분위기와는 확연히 다르다. 이 경우를 가리켜 시대를 뛰어넘는 자연과학적 용어가 미리 사용된 것이라고 보는 이들도 있다.

이스라엘 백성들이 4백 년이나 넘게 이집트에서 노예로 살다가 모세의 인도로 탈출해 나올 때 이집트에 쏟아 부은 열 가지 재앙도 사실은 이집트인들이 섬기던 범신론적인 신들이 아무것도 아니라는 사실을 보여주기 위한 것이었다.

예를 들어, 나일 강과 이집트의 모든 물을 피로 변하게 한 첫째 재앙은 나일 강의 신 하피를 수치스럽게 했다. 나일 강의 물고기가 죽은 것(출 7:19-21) 역시 이집트의 종교에 타격을 주었는데, 당시 이집트인들이 특정한 종류의 물고기를 실제로 경배하고 미라로 만드는 일이 있었기 때문이다. 그렇게 우상숭배의 대상으로 군림하던 이집트의 신들을 심판함으로써 이스라엘 백성들이 오직 유일하고도 참된 창조주이신 여호와 하나님만을 예배하게 하고자 하신 것이다.

이 재앙들 중 이집트 전역에서 모든 처음 난 것을 죽인 재앙(출 12:12)은 이집트의 신들에게 가장 심한 굴욕을 안겨주었다. 이집트의 통치자들은 자신들이 실제로 신이라고, 이집트의 최고신인 태양신 라의 아들이라고 자처했다. 따라서 이집트의 왕 파라오의 처음 난 장자가 죽은 것(출 12:29)은 사실상 이집트인의 신이 죽은 것이나 다름없었다. 이것 자체가 이집트의 종교에 심한 타격이 되었을 것이다. 그리고 이집트인의 처음 난 장자들을 죽음에서 구할 수 없었기 때문에 이집트의 모든 신들이 완전히 무능하다는 사실이 분명하게 드러났다.

이런 기적들을 보며 이스라엘 사람들은 자기 조상들의 하나님이 얼마나 위대한 존재인지 실감했을 것이다. 성경의 하나님은 지금도 살아 계시지만, 다른 신화 속의 신들은 그저 고대의 유물 박물관에 한 점의 조각상으로 남아 있거나 곳곳의 신전에 고정된 한 자리를 차지하고 서 있을 뿐이다.

제우스는 인간의 구원자가 될 수 있는가?

만약 여러 신화들 속에 등장하는 신들이 창조주 신이 아니라면, 그들은 인간의 문제를 해결하거나 그들을 죽음에서 구원할 존재가 될 수도 없을 것이다. 그렇다면 기독교의 하나님만은 창조주 신이라고 말할 수 있는 근거가 무엇일까? 그 근거는 결국 기독교만이 가진 독특한 역사성에서 찾을 수 있다.

노아의 대홍수와 같은 엄청난 역사적 사건에 대해서도 어느 출처에 있는 홍수와 방주 이야기가 가장 믿을 수 있을 것인가 하는 문제 역시 그 사건이 기록된 출처의 신빙성과 그 출처에 등장하는 신의 신빙성을 살펴보면 자연스럽게 판가름 난다. 그런데 참 공교롭게도 하나님을 차츰 떠나간 많은 사람들이 신화 속의 신들, 범신론적인 신들을 섬기게 된 것 또한 역사적인 노아의 대홍수 사건과 관련이 있다고 봐야 한다.

원래는 인류사 초기의 원시종교들 역시 제사를 통해 유일하신 창조주만을 예배했다. 창세기에 나오는 아담의 아들 아벨과 대홍수 후 노아의 동물 제사가 원시종교 예배와 유일신 신앙의 원형이라고 할 수 있다. 그러다가 대홍수 이후 험악해진 자연세계와 싸우는 가운데 그 자연세계의 횡포로부터 자신들을 지켜줄 범신론적인 신들을 따르면서 인류는 차츰 유일신 신앙과 멀어지며 타락하고 만다.

그래서 신화 속의 신들은 자연세계의 현상들과 결부되어 태양신이나 대지의 신, 바다의 신, 폭풍의 신 등의 경우처럼 범신론적인 신들일 수밖에 없었다. 자연히 피조물과 동일시되는 그런 신들이다. 따라서 초월적이지 않은 피조물이 피조물을 만들어낼 수는 없다는 사실에 비춰볼 때 이런 특성만으로 봐도 신화 속의 신들은 창조주 신일 수 없다는 것을 알 수 있다.

신화 속의 신들은 태생 자체가 범신론적인 신이라는 사실 때문에 그들 존재의 기원 자체가 문제될 뿐만 아니라 그 신들은 인간들이 만들어낸 신들이기 때문에 인간의 성정을 그대로 지니고 있다는 것도 큰 문제가 될 수 있다. 신화에 등장하는 신들이 인간과 비슷한 성정과 특성을 보이는 것은 그 신들이 결국 인간이 자신을 그대로 투사하여 만들어낸 존재들이기 때문에 어쩔 수 없이 나타나는 현상이다. 그래서 신화 속의 신들은 초월적이기보다 우주 안에 한정된 범신론적인 특성을 지닌다는 한계를 가질 수밖에 없다.

예를 들어, 그리스 신화 속의 여호와 하나님 같은 존재라고 할 수 있는 최고신 제우스만 봐도 그가 초월적인 창조주로서 사람들을 심판하고 일부는 그 완전한 공의의 심판 가운데서 사랑으로 건져내 구원할 존재라고 보기에는 너무도 허술하다.

우선 이 신은 신들에 의해 태어난, 그들에 의해 만들어진 신이다. 제우스는 크로노스와 레아의 막내아들로 올림포스 12신의 첫 번째 세대에 속한다. 상체는 나신이고, 긴 수염이 난 강인하고 위엄 있는 남성의 모습으로 묘사된다. 번개와 독수리가 대표적인 상징물로, 한 손에 번개 혹은 홀을 들고 있으며, 번개나 비 같은 기상 현상을 주재하고 세계의 질서와 정의를 유지하며 왕권이나 사회적 위계질서를 보장하기도 한다.

그는 호색한이기도 해서 아내 헤라의 질투에도 불구하고 여신이나 인간 여성, 님프들과 어울리는데 그 수가 헤아릴 수 없이 많았다. 제우스의 이러한 호색한 같은 측면은 우주 만물은 주신의 힘과 질서와 정의를 바탕으로 형성되어 있으며 우주에 그 힘과 질서와 정의가 미치지 않는 영역이 없다는 것을 상징한다고 해석되기도 한다.

크로노스는 자기 아버지 우라노스처럼 자신도 아들에게 쫓겨난다고 믿고 자식들을 삼켜버렸는데, 그의 여섯째 아들이 바로 이 제우스였다. 제우스는 태어나자마자 아말테이아에게 맡겨져 양육되었는데 훗날 그는 아말테이아가 죽은 후 고마움의 표시로 그녀를 우주로 돌려보내 염소자리로 만들어주었다고 한다.

어떤가? 객관적으로만 봐도 이런 신이 성경에 나오는 거룩하시고 전능하신 하나님과 동급에 들 만한 신이라고 할 수 있겠는가? 성경에는 유일신으로 한 하나님만이 등장하지만 고대 신화들에는 여러 신들이 많이 등장한다. 그 신들은 태어나고 죽고 인간들처럼 시기하고 질투하고 화를 내고 욕정을 품는 존재로 그려진다. 절대자 하나님, 창조주 하나님이 존재한다면 우리 인간과 같은 그런 존재일까? 그런 존재가 어떻게 모든 인간을 심판할 수 있을까?

만약 고대 신화나 여러 종교 경전에 빠짐없이 등장하는 것처럼 천국과 지옥이 반드시 존재하고 인간의 죄를 심판해서 모든 사람 각자를 반드시 그 두 곳 중 한 곳으로 보내는 심판장의 권위를 가진 절대자 신이 존재한다면, 그는 고대 신화들에 나오는 그런 변덕스럽고 인간적인 욕정이 가득하고 시기하고 질투하며 화를 내고 죄를 짓는 불완전한 신일까, 아니면 성경에 일관성 있고 통일성 있게 완전히 거룩하고 전지전능한 존재로 등장하는 유일하신 절대자 하나님일까?

그런데도 사람들은 "그리스에 제우스 신이 있는 것처럼 유대인들에게는 여호와 하나님이라는 신이 있고 우리나라에는 옥황상제가 있는 것이다"라는 식으로 적당히 얼버무려 그 모든 신들을 도매금으로 한데 묶어 애매모호하게 만들려고 한다.

인류의 문화유산인 고대 신화들을 폄하하려는 의도는 전혀 없다. 그리스 신화만 해도 서양의 문명과 문화, 예술, 문학에 지대한 영향을 끼쳤다. 오늘날 서양의 문화유산과 언어 일부에도 그 영향이 그대로 남아 있다. 그러나 그 신화에 나오는 신들이 정말 우주와 인간을 창조하고 그들이 실존적으로 이 세상에서 겪는 삶의 문제들에 대해 영원한 해답을 주고 그들을 그 문제에서 구원할 능력을 가진 존재인가 하는 중대한 사안의 차원에서 본다면 이야기가 달라져야 한다. 언제까지나 막연하게 그런 가상 속의 신들의 이야기에만 기대어서 우리 삶의 본질적인 문제들을 근본적으로 해결 받지 못한 채 살아갈 수는 없다.

창조주만이 인간을 구원할 수 있는 이유

인간의 구원자가 되려면 먼저 필수적으로 그들을 창조한 존재여야만 한다. 창조하지 않은 존재가 어떻게 인간의 문제를 알아서 그들을 그 문제에서 건져내줄 수가 있겠는가? 그러므로 창조주 신이라고 볼 수 없는 신화 속의 신들은 결코 인간의 구원자도 될 수 없다는 것을 인정해야 한다.

그리스 신화에서 최고신으로 등장하는 제우스의 여러 특성은 다른 신화들 속에 등장하는 신들의 특성과 비슷하다. 이런 신화 속의 신들은 창조주나 구원자로서의 자격 요건도 갖추고 있지 않지만 구체적인 인류 역사 속에서 자신들의 말이나 예언을 통해 실제로 성취한 어떤 역사적 사실도 없다. 이것이야말로 그저 사람들이 만들어낸 우상일 뿐인 신들과 진짜 창조주 신의 결정적인 차이점이다.

각종 신화 속에 나오는 이름뿐인 신들, 고대 그리스 신전 같은 각종 신전들에 조각으로 세워놓은 신상들, 실제로는 아무런 능력도 발휘하지 못하는 그런 신들을 가리켜 하나님께서는 성경에 이미 이렇게 확고하게 말씀하셨다.

21 나 여호와가 말하노니 너희 우상들은 소송하라 야곱의 왕이 말하노니 너희는 확실한 증거를 보이라 **22** 장차 당할 일을 우리에게 진술하라 또 이전 일이 어떠한 것도 알게 하라 우리가 마음에 두고 그 결말을 알아보리라 혹 앞으로 올 일을 듣게 하며 **23** 뒤에 올 일을 알게 하라 그리하면 너희가 신들인 줄 우리가 알리라 또 복을 내리든지 재난을 내리든지 하라 우리가 함께 보고 놀라리라 **24** 보라 너희는 아무것도 아니며 너희 일은 허망하며 너희를 택한 자는 가증하니라 사 41:21-24

신화 속의 신들과 성경 속의 하나님은 비교조차 할 수 없을 만큼 엄청난 차이가 있다는 것은 성경만이 온전한 역사성을 가진 책이라는 사실 하나만을 통해서도 확연하게 구분된다. 그렇기 때문에 성경도 여러 신화들과 비슷한 신화의 일종으로 보려는 게 얼마나 격이 안 맞는 일인지 모른다.

실제로 성경에서 하나님이 장래 일을 예언해놓으신 대로 인류 역사 속에 그대로 이루어졌기 때문에 이런 주장은 정당하다. 성경에 기록된 가장 위대한 하나님의 예언이 창세기 3장 15절에 기록되어 있다. 아담과 하와가 타락한 후 그들을 구원할 여자의 후손, 곧 동정녀 마리아에게서 태어날 메시아를 보내어 모든 사람의 죄를 대속하는 구세주로 삼으시겠다는 약속이다.

13 여호와 하나님이 여자에게 이르시되 네가 어찌하여 이렇게 하였느냐 여

자가 이르되 뱀이 나를 꾀므로 내가 먹었나이다 **14** 여호와 하나님이 뱀에게 이르시되 네가 이렇게 하였으니 네가 모든 가축과 들의 모든 짐승보다 더욱 저주를 받아 배로 다니고 살아 있는 동안 흙을 먹을지니라 **15** 내가 너로 여자와 원수가 되게 하고 네 후손도 여자의 후손과 원수가 되게 하리니 여자의 후손은 네 머리를 상하게 할 것이요 너는 그의 발꿈치를 상하게 할 것이니라 하시고 창 3:13-15

이 예언은 선민 이스라엘의 역사 속에서 모든 세상 사람들이 역사적 사실로 다 인정할 만큼 그대로 성취되었다. 전체 인류의 역사 또한 그 메시아 예수님이 오신 때를 기준으로 주전과 주후, 곧 BC와 AD로 나뉠 정도로 엄청난 변화를 경험했다.

사실 이스라엘은 하나님의 독생자를 세상의 구세주로 보내주시겠다는 이 예언의 말씀을 이루기 위해 특별하게 선택된 민족이다. 그들이 세상 역사의 중심이 되게 하시기 위해 그 나라의 위치도 전 세계의 중앙에 자리하게 하셨다는 내용이 에스겔서 38장 12절에 "세상 중앙에 거주하는 백성"이라는 말씀으로 기록되어 있다. 많은 성경 주석가들이 이 구절을 이스라엘의 땅이 지리학적으로 지구 땅덩이의 중심에 위치하는 것으로 해석할 만큼 선민 이스라엘이 거주하는 땅에 대한 말씀 역시 분명한 사실로 인정되어왔다.

이 밖에도 성경에는 이 이스라엘과 관련한 예언들이 많고, 그 예언들 가운데 인류사 속에 그대로 성취된 예들이 많다. 이들 가운데는 일반 세계사에서도 확인 가능할 만큼 뚜렷한 역사적 사실들이 많다.

신화 속의 신과 요즘 사람들의 신

기독교가 처음 태동한 주후 1세기 무렵 초대 교회의 전도자 사도 바울은 그리스 신화의 도시 아테네에 가서 그곳 사람들이 신화 속에서 섬긴 신들, 조각상으로 새겨놓고 섬기는 그런 신들은 진짜 신이 아니라고 말한다. 진짜 하나님은 그렇게 어떤 특정 신전에 가둬놓을 수 있는 분도 아니고 우상처럼 조각상으로 새겨서 만들어 고정시켜놓을 수 있는 분도 아니라고 담대히 선포한다.

22 바울이 아레오바고 가운데 서서 말하되 아덴 사람들아, 너희를 보니 범사에 종교심이 많도다 23 내가 두루 다니며 너희가 위하는 것들을 보다가 알지 못하는 신에게라고 새긴 단도 보았으니 그런즉 너희가 알지 못하고 위하는 그것을 내가 너희에게 알게 하리라 24 우주와 그 가운데 있는 만물을 지으신 하나님께서는 천지의 주재시니 손으로 지은 전에 계시지 아니하시고 25 또 무엇이 부족한 것처럼 사람의 손으로 섬김을 받으시는 것이 아니니 이는 만민에게 생명과 호흡과 만물을 친히 주시는 이심이라 26 인류의 모든 족속을 한 혈통으로 만드사 온 땅에 살게 하시고 그들의 연대를 정하시며 거주의 경계를 한정하셨으니 27 이는 사람으로 혹 하나님을 더듬어 찾아 발견하게 하려 하심이로되 그는 우리 각 사람에게서 멀리 계시지 아니하도다 28 우리가 그를 힘입어 살며 기동하며 존재하느니라 너희 시인 중 어떤 사람들의

말과 같이 우리가 그의 소생이라 하니 **29** 이와 같이 하나님의 소생이 되었은
즉 하나님을 금이나 은이나 돌에다 사람의 기술과 고안으로 새긴 것들과 같
이 여길 것이 아니니라 행 17:22-29

사도 바울이 이 연설을 한 아레오바고는 '아레스(그리스 신화에 나오
는 전쟁의 신)의 언덕'이라는 뜻을 가진 곳이다. 기독교와 헬레니즘이
처음으로 조우하게 만든 기념비적 연설이라 할 만한 이 설교에서 사
도 바울은 철학의 본 고장인 그리스 아테네에서 수많은 철학자들이
사상적으로 추구한 그 신이라는 존재 역시 성경의 하나님과는 다른
존재라고 말한다.

서양 철학 속의 신

아리스토텔레스는 인류사 최초로 합리적인 신의 존재를 증명하려 한
그리스 철학자이다. 그는 고대 당시 제우스나 헤르메스와 같은 그리
스 신화 속의 여러 신들, 곧 분노하고 사랑하고 기뻐하는 '인격'을 가
진 신, 변화되는 모습을 가진 신에 대해 환멸을 느껴서 자신의 스승
플라톤이 내세운 이데아(idea)의 신, 절대로 변화되지 않는 완전하게
순수한 이론의 신을 가정했다.

이데아란 인간이 인식하는 개개 사물의 원형으로, 흔히 '이념'이라
고도 한다. 감각적 세계의 사물과 이데아는 '그림자'와 '실물'의 관계
로 비유되기도 한다. 그러나 나중에 이 이데아 사상은 육체와 영혼을

분리시켜 육체는 악하고 영혼은 선하다고 여기는 그릇된 '이원론'의 뿌리가 됐고, 결국 자연과 종교의 영역을 완전히 둘로 나누었다.

이처럼 아리스토텔레스의 신은 상당히 이념적이었다. 물론 그의 경직된 신관은 스승 플라톤이 '국가론'에서 내세운 전사의 철학, "희로애락에 쉬 얽매이지 않는 강인한 용사의 일관된 면모로 철인 국가를 건설해야 한다"라는 정치 철학의 영향이 짙게 밴 것이었다. 결국 아리스토텔레스가 시도한 신의 존재 증명은 인간의 삶에 다이내믹하게 개입하는 인격적인 초월자로서의 하나님을 드러내지 못했다.

그의 '합리적인 이론의 신' 사상을 따라 형성된 서구 철학 체계는 오늘날까지 사람들의 무신론적인 삶과 사고방식을 철저히 지배하고 있다. 먼저는 이 사고방식이 17세기부터 서구 사상계에 등장하기 시작한 이신론(Deism)을 태동시켰다. 데카르트, 존 로크 등이 구축한 이신론은 이론상 신을 세계의 창조자로서 인정하되, 세계를 지배하는 인격적 존재라고는 생각지 않는 자연신론이다. 창조된 후부터는 세계가 그저 객관적인 자연법칙에 따라서만 운동하므로 신의 간섭이 필요하지 않다고 여긴다.

본래의 기독교를 성경을 바탕으로 한 계시종교라고 부를 수 있다면, 이 이신론은 자연 신교, 이성 종교라고 할 수 있다. 이름 그대로 초자연적인 기적이나 성경의 무오성, 인격적인 삼위일체 하나님을 인정하지 않았다. 세계를 창조한 하나의 신을 인정하되 그 신은 인간과 접촉하는 인격적인 주재자가 아니라 그저 초월적인 존재라고만 보았다.

그래서 성경과 같은 특별 계시를 부정하고, 인간의 역사에 대한 신의 개입으로 기독교에서 신의 활동의 본질적 요소 중 하나로 여기던 기적 등을 인정하지 않았다. 그 대신 기독교 신앙의 내용을 오로지 이성적인 진리에 한정시킨 합리주의 신학과 철학의 종교관만으로 유지하고자 했다. 이렇게 자연주의와 계몽주의, 이성주의에 입각한 이신론이 현대 무신론 사상으로 발전하게 된 것은 오히려 자연스러운 결과라고 할 수 있다.

결국 인류는 창조주께 의존해야 하는 피조물로서의 본래 자리를 떠나, 자율적인 인간의 사고를 신뢰하는 방향으로 차츰 기울어져갔다. 자연히 진리를 찾고 지식의 기초를 얻는 방법으로 선택된 것은 '객관적인 세계에 대한 충분한 검토'였다. 그래서 인간이 그 세계를 알아가는 과정에 대한 연구, 곧 인식론이나 경험론(프란시스 베이컨의 "아는 것이 힘!"이라는 모토가 여기서 나왔다), 관념론 같은 철학 사상들이 등장했다.

18세기 계몽주의(칸트, 루소, 볼테르)로부터 자연주의(에밀 졸라, 드라이저), 이 자연주의의 여러 변형으로 발전해간 진화론(라마르크, 찰스 다윈)과 유물론(포이어바흐, 칼 마르크스), 실존주의(폴 사르트르, 알베르 카뮈), 허무주의(니체, 사무엘 베케트, 카프카, 헤밍웨이) 등은 모두 이신론이 낳은 사상의 자식들이라고 할 수 있다.

문학, 예술 분야뿐만 아니다. 16세기 르네상스 이후 오랜 종교의 그늘을 벗어나 이성의 힘을 부추기는 데 공헌한 과학기술혁명에도 '객관적인 자연현상 탐구'라는 정당한 철학적 토대를 제공했다. 그러나 지금은 도리어 신의 존재를 떠난 인간의 소외(기술문명이라는 또 다른 주인에 예속된 부속품으로!)와 고독(참된 인간성 박탈), 뜻 모를 깊은 불안과 같은 현대병들의 주된 '원산지'로 눈총을 받고 있다. 이신론은 오늘날의 광범위한 불가지론이나 무신론적 인본주의, 과학만능주의의 밑동이 되어 참진리의 행방을 점점 더 묘연하게 만들고 있다.

유교와 무속 신앙 속의 신

동양철학의 근간이라고 할 수 있는 유교에서 공자가 윤리의 원천으로 제시하는 막연한 '천'(天) 개념에서도 참된 창조주 신은 온전히 찾아보기 어렵다. 대신 유교에서는 왕이 하늘의 대표 역할을 맡는다. 유교는 인의예지신(仁義禮智信)이라는 윤리 사항들을 잘 지킴으로써 군자가 되는 것을 가장 큰 덕으로 삼는 윤리적 종교의 색채를 강하게 띨 뿐 창조주 신을 중심으로 한 종교라고 보기는 어렵다.

한국의 대표적 토속신앙인 무교 또한 하나님이라는 최고신을 인정하지만 주로 저급신령들을 다룬다. 삶의 모든 문제가 만물, 즉 천지와 일월성신, 산천초목과 동물, 그리고 죽은 인간에 내재하는 신령과 귀신들에게서 비롯된다고 믿는다. 그래서 신들린 무당이 살풀이굿을 통해 진노한 선한 신령을 달래거나 악한 신령을 쫓아냄으로써 어려움 당한 사람들을 돕는다는 것이 주된 교리이다. 이 또한 신화 속의 범신론적인 자연신들과 크게 다를 바 없다.

물론 18세기 이후 철학자들이 신봉했던 이성주의, 자연주의에 입각한 신들 역시 신화들 속에 범신론적인 특성을 띠고 등장한 그 신들과 실제로는 크게 다를 바 없는 가상의 신이 되고 말았다.

단순한 용어로만 존재하는 신

현대인들의 일상 속에서도 이 신은 인격적인 신이 아니라 그저 용어의 하나에 불과한 신으로 전락하고 말았다. 예를 들어, "오 마이 갓!(Oh, my God!)"은 사람들이 놀라거나 신세타령할 때 무심코 내뱉는 감탄사이다. 이 한 마디에 현대인들의 '신관'이 고스란히 담겨 있다. 이 신은 직접 만나 대화하고 교제할 수 있는 인격적인 존재가 아니다. 그저 이름만 있는 추상적인 존재에 불과하다. 아마도 많은 현대인들에게 신은 "오, 신이시여!"라거나 "God damn it!"이라고 말할 때 쓰는 뜻 모를 '대명사'의 하나에 가까울 듯싶다.

고유명사가 아니라 단순한 용어로만 존재하는 신은 요즘 잘 나가는 CF나 드라마, 가요, 시니컬한 문학작품에도 종종 등장한다. "하늘이 무섭지도 않느냐?"라는 말부터 "천벌을 받을 거야", "운명의 신은 나를 외면했다"라는 말들이 다 그렇다.

이런 신은 없는 것이나 다름없는 신이다. 세상과 인간을 만들어놓고(물론 만들었다고 막연히 가정하는 데 불과하지만) 그저 멀리서 털털하게 앉아 구경이나 하는 신, 그러다가 가끔 천둥 번개를 내리치며 자기 존재를 알리는 정도의 상징적인 신화 속 우상일 뿐이다. 말하거나 분노하거나 사랑하는 존재일 필요가 없다. 그저 머리 위에 항상 드리워져 있는 하늘이어도 좋고, 알 수 없이 신비로운 자연세계 그 자체여도 상관없는 존재이다.

이러한 실제적인 무신론의 역사는 바로 아리스토텔레스의 영향으로 퍼져나간 이성주의적, 자연주의적 신관에서 비롯되었다고 볼 수 있다. 인류 역사상 맨 먼저 신의 존재 여부를 놓고 후세에까지 큰 영향을 끼친 논증을 시도했지만, 그의 신은 성경에 나오는 인격적인 삼위일체 하나님이 아니었다. 그저 "존재하는 모든 것에는 원인이 있다"는 논리를 뒷받침하려고 동원한 이론상의 신, 곧 '제1 원인'에 지나지 않았다. 결국 신화 속의 신들에 환멸을 느껴 시도한 아리스토텔레스의 신 존재 증명을 포함한 철학을 통해서도 인격적이고도 지성적인 창조주 신은 만날 수 없다고 보아야 한다.

멀쩡한 하나님이
뭐가 답답해서
사람이 된단
말인가

?

기독교가 한국에 들어오기 전에도 우리 조상들이 대대로 믿어오던 하나님은 따로 있었다. 서양에서 온 기독교의 하나님만 진짜 하나님이라고 우기지 마라. 예수쟁이가 되어야만 하나님을 제대로 믿을 수 있다고? 하나님은 하나님이고 사람은 사람인 거지, 하나님이 사람 되거나 사람이 하나님 된다고 믿는 것은 그야말로 어리석은 맹신 아닌가?

나는 중학교 2학년일 때 "교회 가면 여자애들 사귈 수 있다"라는 친구를 따라 처음 교회에 다니기 시작했다. 그러나 그 전에도 어릴 때 동네 교회에 가본 경험은 있다. 성탄절이 되면 교회에 가서 연극도 보고 맛있는 것도 먹었던 기억이 어렴풋하게나마 남아 있다. 그만큼 성탄절은 평소 교회에 다니지 않는 사람들에게도 '예수'라는 한 인물에 대해 한 번쯤은 생각하게 해주는 날이다.

성탄절은 현재 우리나라가 공휴일로 지정하여 공식적으로 기념하는 날이다. 물론 '빨간 날'이 아니었다면 사람들의 관심이 좀 덜했을지도 모르지만, 공휴일이어서 사람들이 어쩔 수 없이 이 날의 주인공에 대해 1년에 한 번씩은 생각해보고 지나가지 않을 수 없었던 것 같다. 성탄절이 되면 구색 맞추기로라도 각 매스컴에서 예수님의 생애에 대한 기사나 프로그램을 내놓곤 했으니까.

그러다 보니 기독교 안에서가 아니라 세상에서는 그나마 성탄절이 예수라는 존재를 어색하지 않게 알릴 수 있는 거의 유일하면서도 공통적인 접촉점이 되기도 한다. 예수님을 모르는 비기독교인들의 입장에서 선입견 없이 예수라는 분이 도대체 누구신가 객관적으로 파악할 수 있게 하려면 성탄절의 의미를 매개체로 해서 소개하는 것도 의미가 있을 것이다.

성탄절이 공휴일로 지정된 이유

"가보니 하나님, 예수님은 없고 부처님만 있다. 니들 다 죽었다. ㅋㅋㅋ" 종교 간 마찰을 다룬 한 포털 사이트의 기사 아래에 달린 댓글이다. 기독교 관련 기사가 뜰 때마다 네티즌들이 앞다투어 올리는 부정적 댓글들은 대부분 기독교 비판 일색이다. 주로 사회에 기여하려 하기보다 이기적인 기복 성향을 보이는 기독교인들의 반사회성, 믿음을 빙자한 비상식적 처세, 전도 현장에서의 배타적, 강압적인 태도 등이 단골 공격 메뉴이다.

이들에게 기독교의 창시자로 알려진 예수님의 탄생 기념일은 어떤 이미지로 비칠까? 맹신자들의 맹목적인 창시자 숭배의 날로만 여겨질 가능성이 크다. 그러나 원래 성탄절은 단순히 기독교라는 한 종교의 창시자가 태어난 날을 기념하는 날이 아니다. 이 세상과 우주 만물을 만드신 하나님이 사람의 몸을 입고 이 땅에 오신 것을 기념하는 날이다. 바로 여기서 기독교인과 성탄절을 그저 문화적인 차원에서 기독교라는 한 종교의 절기로 받아들이는 일반 비기독교인들의 시각 간에 큰 차이가 발생한다.

그래서 어쩔 수 없이 성탄절은 세상 사람들에게 필연적으로 다음과 같은 질문들을 야기한다. 하나님이 이 세상에 사람이 되어 오신 성탄의 참된 의미는 이 질문들에 대답해줌으로써 제대로 전달될 수 있을 것이다.

첫째, 성탄절은 '하나님은 존재하는가?'라는 질문을 자연스럽게 던지게 해준다. 예수라는 존재가 분명한 역사적 실존 인물이고, 그가 바로 하나님이 이 땅에 육체를 입고 온 존재라는 것이 확실하다면, 하나님이 존재한다는 사실 또한 자명해질 수밖에 없다. 그래서 성탄절은 우선 자연스럽게 그 안에 '하나님은 존재한다'라는 진리를 내포하고 있다고도 말할 수 있다.

둘째, 성탄절은 또한 '예수는 정말 하나님인가?'라는 질문을 품게 해준다. 설령 신이 존재한다고 해도 기독교가 주장해온 것처럼 그 신이 꼭 예수라는 존재를 통해 이 땅에 사람으로 왔다는 것을 어떻게 확증할 수 있을까? 기독교가 성탄절의 참된 의미를 세상에 있는 그대로 전달하려면 이 부분에 대해 납득할 만한 설명이 있어야 할 것이다.

셋째, 성탄절은 결국 '하나님은 왜 인간이 되었는가?'라는 질문을 하게 해준다. 기독교를 제외한 다른 종교나 신화, 사상에는 신의 성육신에 대한 가르침이 없다. 그리스 로마 신화의 신들을 포함해 어떤 신도 인간에게 사랑으로 다가온 적이 없다. 고대 신화의 구도는 결코 신과 인간의 우정이나 화해의 관계를 제시하지 않는다. 유일하게 기독교에서만 하나님이 친히 인간과 화해하기 위해 스스로 인간이 되어 오셨다고 말한다.

개인적으로 내가 관심을 두고 있는 변증전도 사역은 기독교 신앙이 비합리적이지 않다는 것을 세상 사람들도 수긍할 수 있을 만한 공통분모나 접촉점들을 내세워 설득력 있게 제시하는 데 초점을 둔다. 변증전도의 관점에서도 성탄절과 관련해 하나님의 존재 여부를 입증하고자 할 경우 특별한 장점이 있다. 기독교인들이 유신론을 진리로 입증하려고 할 때 동원해야 할 다각적이고도 복잡한 노력의 부담이 많이 덜어진다는 것이다.

성탄절이 공휴일로 지정된 데는 이미 한 국가가 나서서 적어도 예수라는 존재의 역사적 실존성을 공인해준 사실이 전제되어 있다. 따라서 기독교가 주장하는 대로 예수라는 존재가 성경에 나오는 바로 그 하나님인가 하는 데 대한 역사적 연관성만이라도 적절히 되짚어준다면 유신론은 의외로 좀 더 수월하게 입증될 수 있다고 생각된다.

예수, 신이 가진 믿을 만한 역사적 배경

성경에 나오는 여호와 하나님이라는 신이 정말 천지를 창조한 전세계적인 존재라면 그가 자신을 인류에게 드러낼 가장 적절한 방법은 무엇이었을까? 땅에 속한 한 민족을 택하여 그들에게 자신의 약속의 말씀을 맡기고 그 약속대로 역사를 진행하는 전략, 말하자면 구체적인 시공간 속에서 이루어가는 계시와 성취의 역사보다 더 신빙성 있는 통로가 또 달리 있었을까? 그 신이 수천 년 동안 자신만을 섬기게 한 이스라엘 민족은 지금도 서남아시아 지역에 실존하는 한 나라이다. 그들은 성경을 보배처럼 여겨 대대로 전수해왔다.

> **1** 그런즉 유대인의 나음이 무엇이며 할례의 유익이 무엇이냐 **2** 범사에 많으니 우선은 그들이 하나님의 말씀을 맡았음이니라 롬 3:1,2

유대인들의 유일신 사상이나 선민의식, 메시아 대망 사상은 세계사에도 널리 알려져 있다. 마침내 그 민족의 계보를 따라 자신이 직접 인간의 몸을 입고 세상에 들어오면서 신의 자기 출현 시나리오가 절정에 달한다. 작은 나라의 시골 목수 출신인 그 예수라는 분은 순식간에 온 세상에 알려지고 가장 범세계적인 종교의 창시자가 되었다.

세상에서 이보다 더 믿을 만한 역사적 배경을 가진 신이 누구일까? 그리스 신화에 나오는 제우스 신이 이보다 더 신빙성 있는 존재일까? 제우스 신이 이 세상에 사람이 되어 들어와 자신을 "눈으로 본 바요 자세히 보고 우리의 손으로 만진 바"(요일 1:1) 될 만큼 분명히 나타낸 적이 있던가?

그런데 사람들은 기독교에서 인간이 되어 세상에 온 신이라고 주장하는 바로 그 예수라는 존재 역시 신화에 불과하며, 고대 신비 종교들의 신화에 나오는 주인공 이야기에서 짜깁기한 인물일 뿐이라고 억지를 부리기도 한다. 그러나 예수라는 분이 실제로 인류 역사상에 존재한 적이 없다고 믿으려는 것은 한마디로 난센스이다.

유신론적 실존주의 철학자 칼 야스퍼스가 말한 대로, 어떤 유명한 고대 인물의 실존 여부는 그가 남긴 영향력으로만 알 수 있다. 최초의 어떤 이미지가 없이는 영향력이라는 것 자체가 발생할 수 없다. 예수라는 분이 과거 역사 가운데 꼭 한 번은 존재한 적이 있었기 때문에 그가 남긴 영향력으로 오늘날 전 세계에 엄청난 수의 교회들이 생겨났고 그를 하나님으로 경배하는 수많은 기독교인이 존재한다. 예수의 탄생 연도를 기준점으로 인류사의 연대가 주전(BC)과 주후(AD)로 나뉜 것은 그분이 지구상에 살았던 모든 사람의 생년월일에 끼친 아주 특출한 비종교적 영향력이다.

만약 예수님의 역사적 실존 여부를 의심한다면 모든 고대인의 실존 여부를 의심해야 한다. 유명한 고대 인물들의 생애가 역사로 기록된 것은 그들의 사후 100년에서 수백 년 후이다. 예수님 당대의 로마 황제였던 티베리우스 황제의 생애는 그의 사후 약 80년이 지나 처음으로 역사 기록에 남았고, 공자나 석가의 생애도 사후 수백 년이 지난 뒤에야 문자화되었다.

그러나 예수님의 생애는 사후 30년이 못 되어 복음서에 기록되기 시작했고, 사도 바울의 서신서에 언급된 것까지 거슬러 올라가면 그의 사후 18년 안에 그 생애가 문자로 기록되기 시작했다. 보통 유명한 사람의 일생에 관한 전기는 그의 사후 수백 년이 지나면 전설이나 신화의 요소가 가미될 여지가 많아져서 그 기록의 역사성을 의심받곤 하지만, 예수님의 경우는 예외이다.

더구나 공자나 석가, 무함마드의 생애에 관한 이야기는 그들이 창시한 종교의 경전에만 나온다. 그러나 예수님에 관해서는 사실 확인에 상당히 까다로운 잣대를 가진 일반 역사가들의 작품 속에도 짤막하지만 아주 객관적인 정황 가운데 자연스럽게 언급되고 있다.

로마제국 변방에서 활약한 무명의 순회설교자

예수님 당시 세계를 호령하던 로마제국의 주된 관심사는 속국들에서 정치적 민중 봉기가 일어나느냐의 여부였다. 변두리 속국의 하나였던 유대 땅에서 단순한 종교적 시빗거리의 희생물로 처형된 한 천민 출신 선동가의 죽음은 한 줄의 뉴스거리도 되기 어려웠다.

예수님이 살던 당시 로마제국에 국영 TV 방송국이 있었다고 하자. 거기서 로마제국의 속국으로, 그것도 변두리의 작은 이스라엘 땅에서, 거기서도 이름 없는 시골 출신인 무명의 순회설교자, 유대 랍비들에게는 떠돌이 마술사라고도 불리던 한 청년이 그 지역의 종교적 문제로 시비가 걸려 십자가 처형을 당했다. 이 사건이 그 방송국의 9시 저녁 뉴스에 보도되었을까? 그럴 가능성은 거의 없다.

한마디로 예수님은 1세기 로마제국에서 중요한 뉴스거리가 아니었다. 유대 땅에서나 예수님을 따르던 사람들에게는 제법 큰 뉴스였을지 몰라도, 당시 로마제국 정부나 언론기관 종사자들에게는 별다른 뉴스거리가 되지 못했다. 더구나 당시 지식인들의 관심사인 철학과도 아무 연관이 없는 교리를 갖고 있던 한 유대인 청년, 당시로서도 가장 천한 천민에 속한 목수 출신의 종교적 선동가에게 별다른 주의를 기울이지 않은 것은 그리 놀랄 만한 일이 못된다.

그만큼 당시 로마 정치가나 역사가들은 로마제국의 변방의 하나인 유대 지역에서 일어나는 종교적인 일들에 거의 관심이 없었다. 그들은 예수라는 존재가 당시만 해도 자신을 메시아라고 주장함으로써 시선을 끌고자 했던 수많은 변방의 설교자 중 하나였을 뿐이다.

예수님에 관한 이야기나 사건들을 그가 불세출의 종교적 슈퍼스타가 되고 난 상황에서 보면 도리어 그분의 진짜 전모가 안 보인다. 교통도 정보망도 지금과는 딴판인 환경에서 한 시골 목수 출신의 까무잡잡한 유대인이 눈에 들어오면 비로소 온갖 잡다한 포장이 벗겨지기 시작할 것이다.

그동안 사람들은 세계적으로 가장 큰 종교가 된 기독교를 염두에 두고 그 프레임 속에서 예수님에 관한 이야기를 접해왔다. 그래서 1세기 당시에도 예수님은 전 세계적으로 아주 대단하고 유명한 인물이었을 것이라고 은연중 당연시하는 경향이 있다. 이런 선입견부터 깨뜨려야 역사 속의 예수를 있는 그대로 볼 수 있다.

비록 당시의 로마 역사가들이 로마제국의 통치에 영향을 끼칠 정치적이고도 국제적인 사건들에 주로 많은 관심을 두고 있었지만, 이러한 그들의 주된 관심사의 그물망에 종교적인 사건들이 걸려드는 경우가 있었다. 그 사건이 정치적 사건들에 특별한 영향을 끼칠 때였고, 1세기 당시 예수님의 사건 또한 그런 경우였다.

물론 그렇게 주로 정치적인 주요 사건들만을 기록으로 남겼던 1세기의 로마 역사가들이 예수님과 관련된 이야기를 일부러라도 다루는 일은 아주 드물 수밖에 없었다. 그런데 놀랍게도 그런 굵직한 정치적 사건들을 취급할 때 예수님에 관한 이야기가 곁다리로 딸려 들어가 그들의 권위 있는 역사책에 지나가는 말처럼 잠깐 언급된 사례들이 실제로 남아 있다. 대표적인 예를 들면, 로마의 유명한 역사가 타키투스는 그의 책 《연대기》에서 네로 황제가 치세하던 주후 64년경 로마에서 발생한 큰 화재로 방화 혐의를 받은 당시의 기독교인들에 대해 이렇게 기록했다.

"따라서 네로는 그 소문을 누그러뜨리기 위해서 그 악습으로 인하여 혐오의 대상이 되던 사람들인 그리스도인들이라는 무리를 범인들로 몰아붙여 가장 잔인한 방식으로 그들을 처형하였다. 그리스도인이라는 이름의 기초자인 크리스투스(Christus)는 디베료 황제 치하에 있던 행정 장관 본디오 빌라도의 선고로 처형을 받은 자이다. 이로인해 이 유해한 사교는 한동안 주춤했으나, 다시 새롭게 일어나 그 발상지인 유대에서뿐 아니라 이 세상에서 가장 끔찍하고도 잡스러운 것들이 모여 있는 로마에서도 번성하게 되었다."

역설적으로 예수님에 관해 이런 기록보다 비조작적이고 사실적인 역사적 실존 증거도 드물지 않을까? 1세기 로마의 역사가들은 당대의 사람들에게 예수님의 실존이나 진실성을 믿게 할 목적이나 의도가 전혀 없었다. 그런 상태에서 객관적인 역사만 까다로울 만큼 일일이 점검해 신빙성 있는 기록으로 남겨두기로 유명했던 그들의 짧고도 무심한 듯한 언급이야말로 성경 밖에서 꽤 믿을 만하게 확인할 수 있는 예수님의 역사성이라고 볼 수 있다.

예수도 신화에 나오는 허구적 존재들의 짜깁기 아닌가?

인류 역사를 통틀어 최대 미스터리는 예수님이다. 그분이 이 땅에 한 번 생존한 적이 있다면 '그런 사람이 있었구나' 하고 그냥 지나치면 큰일 난다. 스스로 자신을 가리켜 하나님이라고 한 만큼 어쩌면 예수님은 인류 역사상 존재했던 인물 중 가장 이상한 사람이라고 보는 게 정상이다.

그렇게 이상하고 정말 특이한 존재라고 느끼면서부터 그분을 제대로 알아가기 시작한다고 말할 수 있을지도 모른다. 진짜로 수수께끼 같은 존재라고 자각하면서부터 더 이상 그의 존재가 적당히 숨어 있지 못하고 어쩔 수 없이 본색을 드러내게 만들 수 있다. 예수님을 상식적으로 여겨서 그저 지나치면 영원히 지나치고 말 것이다.

하나님이 사람이 되어 인류 역사에 영원한 발자국을 한 번 남기셨기 때문에 아무도 이 사실을 그냥 적당히 피해가지 못한다. 그분으로 인한 심판도 누구에게든 한 번은 지나간다. 하나님이 사람이 된 적이 없다면 차라리 속 편할 뻔했다. 괜히 사람으로 태어나 애매하게 엮이게 되지 않을 수 없다.

예수라는 분이 이 땅에서 목수였다는 것은 낭만적인 그림이 아니다. 당시 목수는 돌이나 쇠, 목재로 자잘한 농기구를 만들고 크고 작은 건축 일까지 챙긴 막노동 잡역부였다. 예수님은 보통 성화 속에 곧잘 묘사되는 여리고 온유한 이미지의 서양 남자가 아니라 단단한 근육질의 중동 남자였다고 보는 게 더 정확하다.

예수님을 제대로 알려면 그분을 한 사람의 평범한 역사적 존재로 인식하는 데서부터 시작해야 한다. 괜히 덤벙대며 이것저것 건드리다 말면 그분만큼 더 애매모호한 걸림돌도 없다. 그래서 예수님은 당신을 포함한 후대의 모든 사람들을 염두에 두고 친히 이렇게 경고하신 바 있다.

누구든지 나로 말미암아 실족하지 아니하는 자는 복이 있도다 눅 7:23

아니나 다를까 이 경고대로, 인류 역사상 예수님을 오해한 사람들에 의해 그분에 대한 허황된 주장들이 많았고, 심지어 그분이 신화적 허구라고 우기는 사람들까지 등장했다. 이런 주장을 하는 사람들은 고대 지중해 지역에 존재했던 다양한 오시리스 - 디오니소스 신화 중에서 예수의 사역에 관한 이야기나 죽음, 부활 같은 사건들이 각색되었다고 말한다. 그러나 역사학자들이 밝혀낸 바에 따르면, 기독교가 발생하기 이전에 기독교의 주요 교리들을 모두 갖춘 고대 신비 종교는 단 하나도 존재하지 않았다.

오히려 기독교와 유사점을 보이는 혼합주의적 신비 종교들의 내용이나 의식은 기독교 발생 후에 기독교에서 모방한 것으로 본다. 예수님이 부활 승천하신 후 초반부터 기독교가 소아시아 지역과 유럽을 중심으로 워낙 기세 있게 확장되어가자 크게 위협을 느낀 그 지역의 신비 종파들이 2-3세기 경부터 자신들의 종교 안에 기독교와 유사한 이야기를 만들어 넣어 예수님의 존재를 폄하시키려 했다는 것이다.

그런데 이런 터무니없는 이야기들이 《예수는 신화다》 같은 책이나 공영방송 다큐멘터리를 통해 사실처럼 와전되어 널리 전해졌다. 요즘은 '시대정신'이라는 타이틀의 유튜브 동영상 등이 인터넷 공간에 무차별로 유포되면서 믿음이 약한 교회 내 청소년, 청장년들의 신앙마저 혼돈에 빠뜨릴 만큼 기세를 떨치고 있다.

예수가 하나님이라는 무슨 확고한 증거라도 있나?

예수라는 분이 역사적 실존 인물이라는 기독교의 주장이 사실이라면, 그는 정말 누구였느냐는 질문이 당연히 따라붙는다. 저명한 기독교 변증가 C. S. 루이스가 자신의 책 《순전한 기독교》에서 제안해 이미 고전이 되어버린 가정이 여기서도 유효하고 효과적이다. 예수님이 역사적 실존 인물이면서 동시에 그가 자신을 가리켜 하나님이라고 말한 것이 분명하다면, 그는 희대의 사기꾼이거나 정신병자이거나 자신이 말한 대로 진짜 하나님일 수밖에 없다는 것이다. 이 세 가지 가능성 외에 다른 가능성은 전혀 없다.

그가 사기꾼이거나 정신병자일 가능성은 그가 진짜 하나님일 가능성보다 훨씬 더 낮다. 건전한 상식과 교양을 갖춘 인류가 이미 오래전부터 그 예수라는 분을 세계 4대 성인의 한 사람으로 한껏 추켜올려 세워두었기 때문이다. 이는 온 인류가 나서서 복음서에 기록된 그의 언행으로 보아 상식적으로도 그가 사기꾼이거나 정신병자일 가능성은 전혀 없다는 사실을 널리 공표해온 것이나 다름없다.

성경에 나오는 예수님의 말씀은 그저 종교 경전 속에 얌전하게 담겨 있기에 좋은 인위적인 어록 정도가 아니다. 특정 시간에 특정 대상에게 실제로 공기를 가르며 전하신 말씀이다. 그것이 보편적인 구전으로 교회 안에 널리 가르쳐지다가 문자로 기록된 것이다. 그 문자는 성경의 복음서로 기록되기 전에 더 생생히 살아 있었다. 성경과 탈무드를 중심으로 암송을 중시한 고대 유대 문화에서 구전은 기록보다 더 정교하고 정확했다. 복음이 이방으로 전해지면서 기록된 문서를 중시한 헬라 문화에 적응시킨 전도 매체가 신약성경의 복음서였다. 그러나 복음서 이전에 교회 안에는 이미 완벽한 복음이 있었다.

어떤 사람의 인격이 신뢰할 만하다면 그의 말도 신뢰할 수 있다. 예수라는 분의 인격은 그저 믿을 만한 정도가 아니라 전 인류가 '최고의 인간' 석차 4등 안에 올려둘 만큼 그 탁월성이 공인된 것이다. 그렇다면 그가 스스로 자신을 가리켜 하나님이라고 한 말도 거짓이라고 볼 수 없어야 이치에 맞다. 이런 추론이 탐탁지 않고 못마땅할 세인들 역시 이런 추론에 적어도 논리상의 하자가 없다는 사실만큼은 인정할 수 있어야 할 것이다.

이슬람교의 알라와 성경의 삼위일체 하나님의 차이점을 살피면서 짚어본 대로 예수님이 하나님이시라는 사실에 대해서는 수많은 성경의 증언들이 있다. 그러나 직접적인 성경 기록 외에 역사적 측면에서 볼 때도 중요한 증거들이 많이 있다.

무엇보다 예수님의 모든 생애와 사역은 메시아에 대한 주된 48개의 예언을 포함해 구약성경에 미리 예언되어 있었고 예수님에게서 정확히 다 성취되었다(눅 24:44). 그러나 많은 회의주의자들은 복음서의 기자들이 메시아에 대한 구약의 예언들에 꿰맞춰서 마치 그 예언들이 예수님의 삶에서 모두 이루어진 것처럼 의도적으로 조작했다고 주장했다.

예를 들어, 예수님이 은전 30냥에 배신당할 것이라는 구약성경 스가랴서 11장 12,13절의 예언을 잘 알고 있던 복음서 기자들이 거기에 맞춰 유다가 은전 30냥에 예수님을 팔았다는 식으로 기술했다는 것이다. 그러나 이 예언의 경우 실제로 가룟 유다에게 은전 30냥을 건네주었던 제사장들의 무리가 예수님이 승천하신 후 제자들의 복음 전도가 진행되고 사도행전과 복음서가 기록될 당시에도 살아 있었지만 그들의 반발이 없었다는 점에서 이런 추정은 무리한 억측에 지나지 않는다.

어떤 사람들은 메시아의 출생 장소나 십자가 처형 등에 대한 구약성경의 구체적인 예언을 신약시대에 예수님의 생애에 맞게 고쳐서 다시 기록했을 것이라고 주장한다. 이것 역시 역사적으로 보면 앞뒤가 안 맞는다. BC 250년경 이집트의 프톨레미 2세에 의해 이미 구약성경의 모든 내용이 72인의 유대인 학자들을 통해 당시 오늘날의 영어와 같은 세계어였던 헬라어로 다 번역되어 완결된 내용으로 세계역사에 알려져 있었다. 이 70인역 성경의 존재 자체가 구약에 기록되어 있던 메시아에 대한 예언을 신약시대의 사람들이 과거로 소급해서 거슬러 올라가 임의로 바꿀 수 없었다는 명백한 증거이다.

세계사에서 공식적으로 확인되는 로마의 기독교 박해에서도 예수님의 하나님 되심이 입증된다. 초대교회 당시에 예수님의 사후 20년도 채 되기 전에 수많은 사람들이 예수님만을 하나님으로 경배하는 믿음 때문에 당시의 로마 황제 숭배를 거부했고, 그 죄로 그들은 원형경기장에서 굶주린 사자들의 밥이 되거나 카타콤에 숨어 살아야 했다. 이렇게 예수님이 죽으신 이유와 그를 따르는 그리스도인들이 죽은 이유가 신성모독죄로 동일했던 역사에서도 예수님의 하나님 되심이 확인된다.

무엇보다 예수님의 부활은 그가 죽기 전까지 자신을 가리켜 하나님이라고 공언해온 모든 것이 사실이라는 결정적인 증거이다. 제자들은 십자가 사형 직전의 스승을 버리고 겁에 질려 도망갔다. 수제자 베드로는 예수님을 저주하며 세 번이나 부인했다. 무엇이 그들을 다시 동력화하여 로마와 유럽, 전 세계에 담대히 복음을 전하게 했을까? 무엇이 그들로 하여금 온갖 핍박과 순교를 각오하고서라도 예수님이 하나님이라고 선포하며 그가 모든 사람의 구세주가 되신다고 강력히 증언하게 할 수 있었을까? 부활 외에는 다른 결정적인 동인이 없다.

이스라엘의 회복과 예수님의 신성

예루살렘에서 기독교가 태동되어 이방으로 복음이 전파되어갈 즈음 예수님을 메시아로 받아들이지 않은 유대인들은 전 세계로 흩어져 핍박받는 역사를 경험하게 되는데, 이 또한 예수님의 하나님 되심을 입증한다. 예수님 당시 유대인들은 오랫동안 구약성경에서 예언된 메시아가 바로 예수님이신 것을 인정하지 못했다. 예수님이 이스라엘 땅에 오셔서 그 누구도 행하지 못한 기적들을 행하고 메시아만이 보여주실 수 있는 언행을 남기셨지만, 정작 유대인들은 그분을 자신들의 메시아로 받아들이지 못했다.

그 이유는 단 하나였다. 예수님이 자신을 하나님의 아들, 곧 하나님이라고 주장했기 때문이다. 당시만 해도 유대인들은 삼위일체 하나님에 대한 이해가 전혀 없었고, 창조주 하나님은 오직 여호와 한 분밖에 없다고 믿었다. 그러한 당시의 유대인들에게 예수님은 친히 "나는 처음부터 너희에게 말하여 온 자니라"(요 8:25), "아브라함이 나기 전부터 내가 있느니라"(요 8:58), "나와 아버지는 하나이니라"(요

10:30)라는 말씀으로 자신의 하나님 되심을 분명하게 드러내셨다.

예수님의 이러한 거침없는 언행에 대해 유대인들은 예수님이 신성 모독의 죄를 범했다고 여겨 죽이고자 했다.

> 유대인들이 이로 말미암아 더욱 예수를 죽이고자 하니 이는 안식일을 범할 뿐만 아니라 하나님을 자기의 친 아버지라 하여 자기를 하나님과 동등으로 삼으심이러라 요 5:18

결국 유대인들은 예수님을 하나님의 아들인 메시아로 받아들이지 않고 배척하여 죽인 죄로 전 세계에 흩어지게 되고, 1948년에 옛 땅으로 돌아와 다시 한 국가로 독립하기까지 그들이 살던 땅도 오랫동안 황폐해지는 수난을 겪었다. 예수님은 "그들이 칼날에 죽임을 당하며 모든 이방에 사로잡혀 가겠고 예루살렘은 이방인의 때가 차기까지 이 방인들에게 밟히리라"(눅 21:24)라는 말씀으로 그들의 앞날을 분명하게 예언하셨다.

이 예언은 실제로 세계 역사 속에 그대로 이루어졌다. 예수님이 "이 천국 복음이 모든 민족에게 증언되기 위하여 온 세상에 전파되리니 그제야 끝이 오리라"(마 24:14)라고 예언하신 대로 예수님의 복음이 온 세상에 거의 다 전해져가는 것이 바로 이방인의 때가 다 차가는 것을 의미한다. 그렇게 되면 예루살렘이 다시 이스라엘 민족의 땅으로 회복된다고 말씀하신 것인데, 이런 일들이 실제로 이 시대에 이루어지는 것을 보면 마지막 때가 아주 가깝다는 것을 알 수 있다.

구약성경의 다른 여러 구절에도 유대인들이 겪어야 했던 이러한 이방으로의 디아스포라, 흩어짐과 방랑에 대해 예수님이 예언하신 것과 비슷한 예언들이 등장한다.

여호와께서 너희를 여러 민족 중에 흩으실 것이요 여호와께서 너희를 쫓아 보내실 그 여러 민족 중에 너희의 남은 수가 많지 못할 것이며 신 4:27

여호와께서 너를 땅 이 끝에서 저 끝까지 만민 중에 흩으시리니… 신 28:64

세상 모든 나라 가운데 흩어서 그들에게 환난을 당하게 할 것이며 또 그들에게 내가 쫓아 보낼 모든 곳에서 부끄러움을 당하게 하며… 렘 24:9

주후 70년 예루살렘이 멸망한 이후 유대인들이 전 세계로 흩어지고 나서부터 이스라엘 땅은 황무해졌다. 예루살렘을 가리켜 예수님은 "보라, 너희 집이 황폐하여 버려진 바 되리라"(마 23:38)라고 예언하셨는데, 그 예언대로 예루살렘이 멸망하고 난 후부터 줄곧 불모지처럼 되어버렸다.

역사적으로 예루살렘은 주후 70년 이후 비잔틴제국, 페르시아, 아랍, 십자군, 이집트, 터키, 영국, 요르단 등 10개국 이상의 지배를 받아왔다. 그러나 땅이 그렇게 황폐해지면서 점령국들의 변방으로 사람이 거의 살지 않는 땅이 되었고, 차례로 여러 제국이 그 땅을 차지했어도 탐내지 못하게 하는 요인이 되었다. 그래서 그 땅을 개간하지 않고 그대로 두게 됨으로써 그 땅이 황폐해진다는 성경의 예언이 정확하게 성취된 것이다.

그러나 역사적으로 하나님은 이스라엘이 거의 죽게 되었을 때 살리셨다. 이스라엘 민족의 시조 아브라함이 나이가 많이 들어 몸이 죽은 것 같을 때 독자 이삭을 주셨다. 400년 동안 이집트에서 노예생활로 거의 죽어갈 때 모세를 주셨다. 그리고 1900년 동안 마른 뼈처럼 피폐할 때 기적적으로 지금의 이스라엘 땅에 나라를 회복시키셨다.

19세기 말부터 유대인들이 고토로 귀환하기 시작하면서부터 초자연적으로 땅과 기후가 바뀌기 시작했다는 사실이 널리 알려져 있다. 그 전에는 그 땅이 황무지처럼 되어 모기와 말라리아가 창궐한 곳이었는데, 유대인들의 고토 귀환 이후로 몰라보게 달라지기 시작했다는 것이다.

유대인들의 시온주의 운동과 더불어 고토 귀환이 시작된 후 20세기 중반에는 평균 강수량이 이전보다 2.5배나 늘어났고 기후도 바뀌기 시작했다고 한다. 중동의 지역적 특성상 나무들이 줄어드는 나라들이 많은데 이스라엘 땅은 오히려 나무들이 급격히 증가하기 시작했다. 땅과 기후도 하나님의 뜻과 섭리에 따른 유대인들의 고토 귀환을 환영했다고 볼 수 있다. 특히 이스라엘이 독립을 선언한 1948년에는 이스라엘 역사상 강수량이 가장 많았던 해로 기록되어 있을 정도이다. 그런데 바로 이런 내용 또한 구약성경에 예언된 그대로 이루어진 것이다.

> 그러나 너희 이스라엘 산들아 너희는 가지를 내고 내 백성 이스라엘을 위하여 열매를 맺으리니 그들이 올 때가 가까이 이르렀음이라 겔 36:8

> … 내가 이스라엘 자손을 잡혀 간 여러 나라에서 인도하며 그 사방에서 모아서 그 고국 땅으로 돌아가게 하고 겔 37:21

> 여러 날 후 곧 말년에 네가 명령을 받고 그 땅 곧 오래 황폐하였던 이스라엘 산에 이르리니 그 땅 백성은 칼을 벗어나서 여러 나라에서 모여 들어오며 이방에서 나와 다 평안히 거주하는 중이라 겔 38:8

이렇게 성경에 예언된 그대로 진행된 이스라엘의 역사야말로 성경 속의 하나님이 여전히 살아 계시다는 확실한 증거이다. 또한 그 하나님께서 사람의 몸을 입고 오신 분이신 예수님이 이스라엘의 멸망과 회복에 관해 남기신 예언 또한 진실하다는 것을 입증한다.

또한 무엇보다 유대인이 전 세계로 흩어진 역사는 예수님이 하나님이심을 입증하는 강력한 증거이기도 하다. 예수님이 자신을 가리켜 하나님이라고 실제로 주장하지 않으셨다면 유대인들이 그를 신성모독죄로 몰아 죽였을 리가 없다. 그러나 그들은 "그 피를 우리와 우리 자손에게 돌릴지어다"(마 27:25)라고 말하면서까지 하나님의 아들을 죽였고, 바로 그 죄에 대한 형벌로 온 세계에 흩어지게 되었다.

예수님을 종교적으로나 역사적으로 미화시키지 않고 있는 그대로의 참사람으로 볼 수 있어야 참하나님으로도 만난다. 이런 부분에 관해 진지한 관찰 없이 그저 이름으로만 익숙하면 오히려 그분을 올바르게 아는 데 방해가 된다. 하나님이신 그분이 얼마나 실질적으로 사람이었는지를 알면 그 비범하고도 급진적인 성육신(Incarnation)의 사랑에 놀라지 않을 수 없다.

창조주 하나님이 그렇게 당신과 똑같은 사람으로 이 땅에 오신 이유가 있다. 바로 당신이 하나님을 떠나 그분을 무시하고 살아왔던 삶 가운데 지은 모든 죄에 대해 당신이 당해야 할 형벌을 대신 져주시기 위해서였다. 이 문제는 이 세상에 애초부터 왜 악과 고통과 죽음이 찾아오게 되었는지, 그리고 사람의 타락으로 나타난 죄의 결과들을 하나님은 어떤 기준으로 심판하셔야만 하는지를 먼저 살펴보아야만 성경적인 해답을 올바로 풀어낼 수 있다.

Q11

하나님이
있다 해도
나와
무슨 상관인가

?

내가 잘 모르는 누군가가 나의 죄를 위해 대신 죽었다고? 내가 그렇게 하도록 사전에 동의해준 적도 없는데? 게다가 그를 안 믿으면 무조건 지옥행? 이건 뭐 병 주고 약 주는 것도 아니고 뭐 하자는 건지. 게다가 하나님 믿는 거랑 기독교라는 종교가 내세우는 교회에 나가는 거랑은 또 뭔 관계인지 도통 모를 일이다.

일전에 신도시 아파트를 홍보하는 신문 전면광고의 사진이 새삼 참 인상적이었다. 자녀와 부모가 서로 손잡고 "행복의 나라로!"라고 말하듯 웃음 짓는 모습을 보면서 사람이 세상에 사는 목적은 서로 사랑하면서 행복을 누리기 위해서라는 사실을 다시금 실감할 수 있었다. 그런데 곧이어 이런 생각도 들었다. '왜 이 땅에서 원하는 만큼 천년이고 만년이고 그 행복을 지속할 순 없을까?'

아무도 원하지 않는데 왜 사람은 다 죽어야 할까? 사람들은 죽음을 당연한 자연현상의 하나로 생각한다. 그러나 그렇지 않다. 죽음은 누구나 흔쾌히 다 인정하는 상식의 하나일 수 없다. 오히려 아주 낯선 폭력과도 같다. 그리고 그 유일한 원인은 죄라는 질병이다. 그 질병이 자라서 결국 죽음을 낳는다.

　이 땅에서 사람들이 서로 온전히 사랑하지 못하고 미워하고 시기하며 거짓말하고 서로 죽이기까지 하는 악과 고통을 겪으며 살아가는 것은 결코 정상이 아니다. 이렇게 서로 죄를 짓고 살아가는 것이 정상이 아니라는 것만 인정할 수 있어도 그는 그 죄에서 구원받을 가능성이 상당히 커진다. 그렇게 죄짓고 사는 삶을 세상 사람들이 누구나 경험하는 상식으로 받아들이는 데서 벗어나면 그 죄의 결과로 누구에게나 찾아오는 죽음에서도 벗어날 수 있다.

　결국 죄와 죽음에서 벗어나려면 바로 그 죄와 죽음이 어떻게 시작되었는지를 먼저 알아야 한다. 이것을 알려면 첫사람 아담이 선악과를 먹지 말라는 창조주 하나님의 명령을 어긴 태곳적 현장으로 되돌아가 보아야 한다.

신이 존재하고 사랑이라면 왜 세상에 이렇게 고통이 많나?

창조주 하나님은 말씀이시고 그 말씀의 원리로 세상의 만물을 만드셨다. 그리고 사랑이신 그분은 이 사랑의 원리로 사람을 인격적인 사랑의 대상으로 만드시고 그와 교제하기 원하셨다. 그러나 역설적이게도 바로 이 사랑 때문에 세상에 악과 고통, 죽음이 들어오게 되었다. 기독교 진리는 이 문제를 해결하시기 위한 하나님의 사랑 이야기라고 할 수 있다.

　성경에 있는 말씀들 중 웬만한 비기독교인들도 알고 있을 만큼 유명한 구절인 요한복음 3장 16절이 바로 그 사랑 이야기의 정점이라고 할 수 있다. "하나님이 세상을 이처럼 사랑하사"라는 이 구절의 첫 부분만 봐도 하나님과 세상의 관계는 사랑인 것을 알 수 있다. 창조주 하나님께서 세상을 만드신 목적은 바로 그 세상을 사랑하시기 위해서이다. 성경에서 '세상'이라는 말은 '우주', '세속적', 그리고 '세상에 사는 사람들'이라는 세 가지 의미로 쓰인다. 이 말씀에서는 '세상에 사는 사람들'을 뜻한다고 볼 수 있다.

성경에는 하나님이 말씀이시라고도 하지만 사랑이시라고도 분명하게 밝힌다.

> 하나님이 우리를 사랑하시는 사랑을 우리가 알고 믿었노니 하나님은 사랑이시라 요일 4:16

사랑이신 하나님은 사람도 자신의 사랑의 형상을 따라 지으셔서 사람은 창조주 하나님을 사랑하고 서로 간에 사랑하며 살아가게 지어졌다. 그래서 하나님의 형상이 없는 동물들과 달리 사람에게는 보편적인 도덕의식이 있다. 사람만이 가진 양심은 동물과 달리 사람만이 하나님의 형상으로 지어졌다는 증거들 중 하나이다.

흔히들 죄라고 말하는 것도 사실은 사랑하지 않는 것을 말한다. 창조주 하나님을 사랑하지 않고 이웃을 사랑하지 않는 것이 죄이다. 사랑이야말로 하나님이 만드신 이 세상에서 어쩌면 가장 근본적인 창조질서의 법칙이다. 하나님께서 사람을 만드신 목적도 이 사랑을 나누시기 위해서였다. 자신이 사랑이시기 때문에 그 사랑을 드러내고 나눠주고자 세상과 사람을 만드셨다.

그런데 대등한 관계에서 인격적으로 사랑을 나누려면 사람을 그분의 형상을 따라 자유의지를 가진 존재로 지으셔야 했고, 그래서 사람을 만드신 후에 그에게 선악과를 먹지 말라는 명령을 내리셔야 했다. 희한하게도 기독교에 대해 잘 모르는 분들도 이 선악과에 대해서는 한 마디씩 불평을 늘어놓곤 한다. 하나님이 괜히 선악과를 만들어서 인간을 타락시키는 미끼로 삼은 거 아니냐고 생각하는 분들이 의외로 많다.

하나님께서 사람만 만들고 선악과는 만들지 않았다면, 굳이 사람을 만들 이유도 없었을 것이다. 하나님이 첫사람 아담을 만들어 에덴동산에 거주하게만 하고 선악과를 먹지 말라는 명령을 내리지 않았다면 어떻게 되었을까? 그랬다면 사람은 스스로 인격적으로 선택해서 하나님께 순종하는 자유를 발휘할 기회를 갖지 못했을 것이고, 결국 그저 에덴동산의 단순한 관리인이나 하수인 같은 존재에 불과했을 것이다. 그래서 하나님은 아담에게 선악과를 따먹지 말라고 명령하시며 이렇게 분명히 경고하셨다.

15 여호와 하나님이 그 사람을 이끌어 에덴동산에 두어 그것을 경작하며 지키게 하시고 16 여호와 하나님이 그 사람에게 명하여 이르시되 동산 각종

나무의 열매는 네가 임의로 먹되 **17** 선악을 알게 하는 나무의 열매는 먹지 말라 네가 먹는 날에는 반드시 죽으리라 하시니라 창 2:15-17

하나님은 선악과를 먹지 말라고 명령하심으로써, 사람을 단순한 종에서 주권에 자유롭게 순종하는 국민으로 승격시키려고 그의 자유의지를 발동시킬 위대한 시험에 올인 하셨다. 선악과를 먹으면 반드시 죽으리라고 경고하신 하나님이 선악과를 따먹은 아담에게 "다음엔 그러지 마. 네가 불순종할 줄 알고 내가 저기 선악과를 또 하나 만들어놨다" 하셨다면 그것은 인간을 진정으로 존중해주는 처사가 아니다.

첫사람 아담이 선악과를 따먹었는데도 하나님께서 미리 경고하신 대로 아담이 하나님과의 인격적인 관계가 끊어져 영적으로 죽고 나중에는 육체적으로도 죽게 되지 않았다면? 또 그에 따라 이 세상에 악과 고통과 재난이 찾아오게 되지 않았다면? 그것 역시 하나님께서 인간의 자유와 인격을 제대로 존중해주시지 않는 일이 되었을 것이다.

그러므로 이 세상에 존재하는 악과 고통, 재난이나 질병, 죽음 같은 것은 사실 하나님이 안 계신 증거가 아니다. 오히려 그분이 인간을 진정한 사랑의 대상으로 삼아 인격적으로 존중해주신 증거라고 할 수 있다. 사람들이 흔히 오해하듯 하나님이 악을 창조하신 것도 아니다. 악은 창조될 수 있는 특정 피조물이 아니다. 선이 부족할 때 발생되는 종속적 관계의 특성을 갖고 있다.

구멍은 다른 물체가 있어서 그 일부의 결함으로 생기는 것이지 처음부터 구멍 자체로 생겨나거나 존재할 수 없다. 어둠은 빛의 부재요 차가움은 열의 부재인 것처럼 악은 선의 부재요 절대선인 하나님의 부재로 종속적으로 발생하는 것이지 그 자체로 발생하거나 존재할 수 없다. 하나님은 처음부터 보시기에 심히 좋은(창 1:31) 선한 세상을 만드셨다. 다만 인간을 고도의 자유의지를 가진 인격적인 존재로 지으셔야 했기 때문에 악이 발생될 가능성이 허락된 세상을 창조하시지 않을 수 없었다. 악은 그 인간이 선택한 선의 부재로 발생했다.

물론 하나님은 사람이 저지른 악과 죄를 조금도 용납할 수 없는 거룩한 분이시다. 그러나 하나님은 또한 사랑이시기 때문에 사람들이 각자의 범죄와 허물로 죽어가는 것을 그냥 두고 보실 수 없었다. 이것이 바로 그 창조주 하나님이 사람의 몸을 입고 친히 이 땅에 오셔야 했던 이유이다.

사랑의 하나님이라면서 지옥은 왜 만들었나?

하나님께서는 우주를 창조하실 때 아주 정교한 법칙을 세워 만물을 유지하시고 지금도 쉼 없이 운행하신다. 나무는 뿌리를 땅에 박고 있어야지, 땅을 박차고 뿌리를 하늘로 뻗치면 살 수 없다. 물고기가 물 밖이나 공중에서 못 살듯 인간은 물속이나 대기권 밖에서는 못 산다. 하나님의 형상으로 지어진 인간은 물리적 법칙뿐만 아니라 도덕적 법칙에도 예속된다. 창조주는 전능하시고도 거룩하신 분이며, 그 거룩한 형상의 특성은 인간만이 가진 양심에 지울 수 없는 흔적으로 남아 있다.

우주의 물리적 세계는 법칙대로 질서정연하다. 우주의 일원인 우리의 몸도 준법정신 하나만큼은 투철하다. 때가 되면 밥을 먹고, 노쇠하면 죽는다. 단 한 곳 '치외법권' 지대처럼 보이는 데가 있다. 제멋대로 고삐 풀린 듯한 인간의 죄악상이다. 양심에 새긴 창조주의 도덕법을 어기는데도 즉사하지 않는다. 우주는 고요하고 아름답지만 세상은 자유의지를 가진 인간들의 온갖 죄악으로 어수선하다.

우주의 물리적 운행에는 빈틈없이 적용되는 법이 왜 인간의 도덕성에는 그대로 적용되지 않을까? 지금 이 지상에서 활개 치는 악인들을 처벌하는 일에 왜 하나님은 그저 침묵하는 방관자처럼 보일까? 답은 하나이다. 지옥이 있기 때문이다.

악한 일에 관한 징벌이 속히 실행되지 아니하므로 인생들이 악을 행하는 데에 마음이 담대하도다 전 8:11

우주를 만들고 만물의 운행법칙을 주관하는 통치권자가 전능하기만 하고 선하지 않다면 어떻게 될까? 변덕이 죽 끓듯 하는 악한이라면 어떨까? 만일 그렇다면 지구의 하루가 24시간이다가 어느 날은 17시간 28분이기도 할 것이다. 그리고 우주는 예측 불가능한 무질서와 대혼돈에 빠질 것이다. 인간의 삶도 뒤죽박죽 어디 하나 안정된 구석이 없게 될 것이다.

거룩함과 신실함의 속성이 따르지 않는 전능함은 불완전하다. 그 자체가 통제 못할 악이 될 수도 있다. 창조주의 전능함으로 정교하게 지어진 우주 만물은 그분의 선하고 신뢰할 만한 주권과 통치권 아래 존재할 때 온전한 조화를 이룬다. 첫 사람 아담의 타락은 바로 이 주권에 대한 어처구니없는 반항이요 불순종이었다.

만일 하나님께서 통치법을 어긴 죄인을 차후 지옥에서라도 공정하게 심판하지 않으신다면, 그분 자신이 죄인이 되실 것이다. 지옥이 없다고 말하려는 것은 하나님을 '범인은닉죄'의 공범자로 전락시키는 무모한 시도이다. 온 우주 가운데서 티끌만 한 죄 한 톨이라도 그냥 눈감아준다면 우주의 떳떳한 통치자가 될 자격이 없다. 우주 공간 어느 한 귀퉁이에라도 엎혀사는 한 이 엄격한 통치권의 영역에서 예외인 자는 없다.

첫 사람 아담의 타락으로 하나님과 인격적인 관계가 끊어지면서 모든 인간은 영적으로 죽었다. 태어나면서부터 하나님을 모른다. 물론 양심으로 하나님의 온전한 기준을 어느 정도 감지한다. 도덕적인 선도 웬만큼 행할 수 있다. 그러나 하나님께서 기뻐하시는 영적인 선은 전혀 행할 수 없다.

성경이 말하는 악인이나 죄인은 살인, 강간 같은 흉악한 죄를 범한 사람이 아니다. 하나님을 떠난 인간의 마음 상태가 이미 가장 큰 죄의 본질이요 영적 죽음이다. 범죄는 그 죽음의 가시적 열매들에 불과하기에 티끌만한 죄도 낱낱이 문제가 된다. 영적인 죽음은 영원한 지옥 말고는 다른 어떤 종류의 형벌로도 대가 지불이 안 된다.

> 진실로 네게 이르노니 네가 한 푼이라도 남김이 없이 다 갚기 전에는 결코 거기서 나오지 못하리라 마 5:26

예수님의 경고는 세세한 범죄 항목 이전에 영적인 죽음 자체를 문제 삼으신다. 그래서 형제에게 미련한 놈이라고만 해도 살인죄와 같고, 여자를 보고 음욕만 품어도 간음죄와 같다(마 5:21-30). 심지어 수군거리거나 자랑하는 것, 비방하거나 교만한 것, 무정하고 무자비한 것까지도 하나님께는 모두 '사형'에 해당하는 중죄이다(롬 1:32). "마음에 하나님 두기를 싫어하매 하나님께서 그들을 그 상실한 마음대로 내버려 두신"(롬 1:28) 결과이다.

인간이 아무리 도를 닦아도 이 속병을 어찌할 수 없다. 위대한 작가나 종교인일수록 이 속병의 실상에 더 철저히 진실하게 절망한 사람들이다. 영적 죽음을 인정하고 살아계신 하나님께로 돌이키지 않고는 누구도 심판을 피할 수 없다.

죄를 조금도 용납하실 수 없는 거룩한 하나님이 살아 계신다면 죄를 지은 사람이 죽은 후에 가야 할 지옥도 반드시 존재해야만 한다. 지옥이 없다면 거룩하신 하나님도 없다. 지옥이나 천국이 존재한다는 것에 대해서는 기독교뿐만 아니라 힌두교나 불교, 이슬람교를 포함한 거의 모든 종교와 신화들에서도 한결같이 이야기한다. 왜 그럴까? 실제로 천국과 지옥이 있기 때문이다.

천벌을 직감하는 이유

오래 전에 어느 TV드라마에 나오는 대사 하나가 오랫동안 기억에 남았다. 어떤 동네에서 아주 못되게 살던 사람이 죽었는데, 주변 사람들이 그에 대해 얘기할 때 이런 말이 있었다. "지옥은 반드시 있어야 돼. 이렇게 악한 사람이나 착하게 살았던 사람이나 죽은 후가 똑같으면 세상에서 그것만큼 불공평한 일이 어디 있겠어?"

이런 생각은 드라마 속 그들만의 것이 아니다. 우리의 일상을 돌아봐도 천국과 지옥이 당연히 존재하는 것처럼 예사로 이야기하는 경우가 의외로 많다. 사이버 공간에서도 착하게 살던 누군가가 죽었다는 뉴스가 전해지면 "부디 좋은 데 가셨기를 바란다"라고 축복하는 댓글이 달리지만, 아주 악한 사람이 죽으면 "지옥에나 갈 사람!"이라는 노골적인 악플이 달리기도 한다. 그런가 하면 뭔가를 잘못한 사람을 볼 때 "저런 천벌 받을 놈!" 같은 말을 내뱉기도 한다.

어디엔가 천벌이 반드시 있어야 공평하다는 생각은 모든 사람의 마음속에 본능적으로 스며 있다. 천국과 지옥이 실제로 없다면 어떻게 사람들의 깊은 마음속에 이런 생각이 자리할 수 있을까? 이런 타고난 도덕의식 또한 사후에 천국과 지옥이 존재한다는 것을 증명해주는 증거들 가운데 하나이다.

모든 사람은 다 반드시 죽는다. 성경은 "모든 사람이 죄를 지었으므로 사망이 모든 사람에게 이르렀느니라"(롬 5:12)라고 말씀한다. 죽음은 사람들이 지은 죄 탓이라는 것이다. 죄가 없는 사람은 안 죽는다. 사람이 죽는다는 것은 죄가 있다는 뜻이다.

그러므로 언젠가는 죽음을 맞아야 할 사람이라면 누가 되었든 이 땅에 살아 있는 동안, 완전히 거룩하셔서 모든 사람을 심판하지 않으실 수 없는 그 하나님과 화해하는 것이 아주 중요하다. 하나님 앞에서 각자의 죄를 해결해줄 그 화목제물을 올바로 찾는 것이 어쩌면 죽음을 앞둔 모든 사람의 일생에서 가장 중차대한 문제라고도 할 수 있다. 사람은 하나님을 믿든 안 믿든 죽고 나면 영원히 살아야 하는 존재이므로, 그 영원을 어디서 보낼 것이냐는 각자에게 너무도 중대한 일이 아닐 수 없다.

이 세상에 창조주 하나님이라는 존재가 있다는 사실을 확인하게 되었다면, 그것을 확인한 데 그치고 가만히 있으면 안 된다. 반드시 그 하나님을 미리 만나서 죽기 전에 각자의 죄를 그분에게 직접 용서받아야만 한다. 이것은 죽기 전에 이 땅에서 반드시 해결해야 할 문제이다. 그래서 기독교에서는 특히 인간의 죄 문제를 그토록 심각하게 다루는 것이다.

성경은 최후 심판의 날, 이 세상에 살았던 모든 사람이 심판장이신 하나님 앞에 서게 될 날이 온다고 경고한다. 그 심판대에는 모든 사람 각자의 행위가 기록된 책들이 펼쳐지고 그 책들에 기록된 대로 심판을 받게 된다고 말한다.

11 또 내가 크고 흰 보좌와 그 위에 앉으신 이를 보니 땅과 하늘이 그 앞에서 피하여 간 데 없더라 12 또 내가 보니 죽은 자들이 큰 자나 작은 자나 그 보좌 앞에 서 있는데 책들이 펴 있고 또 다른 책이 펴졌으니 곧 생명책이라 죽은 자들이 자기 행위를 따라 책들에 기록된 대로 심판을 받으니 13 바다가 그 가운데에서 죽은 자들을 내주고 또 사망과 음부도 그 가운데에서 죽은 자들을 내주매 각 사람이 자기의 행위대로 심판을 받고 14 사망과 음부도 불못에 던져지니 이것은 둘째 사망 곧 불못이라 15 누구든지 생명책에 기록되지 못한 자는 불못에 던져지더라 계 20:11-15

이런 심판에 관해 죽기 전에 이 땅에서 내 눈으로 미리 볼 수 있고 미리 경고 받을 수 있다는 것이 얼마나 큰 복인지 모른다. 그러나 지금 이 글을 읽는 당신이 만약 이 이야기를 대수롭지 않게 여겨 그냥 지나친다면 결국 죽고 난 후 여기에 기록된 이 최후 심판의 현장에 서서 이 이야기가 정말 진실한 기록이었다는 것을 확인하게 될 날이 반드시 온다. 완전히 선하신 창조주 하나님은 절대로 거짓말하는 분이 아니시기 때문에 그분의 책인 성경에는 거짓말이 하나도 없다.

모든 사람이 각자 우주 공간에 떠 있는 둥근 지구에 매순간 발 딛고 사는 것 자체가 중력 없이는 불가능한 기적이다. 그런 만큼 날마다 창조주 하나님의 은혜의 손길 안에 살고 있지 않은 사람은 아무도 없다. 각각의 사람이 이 지상에 사는 동안 그 하나님을 만나 죄와 죽음의 문제를 해결 받지 못하면 죽은 후에 반드시 그 문제에 영원히 발목을 잡히고 만다.

이 땅에 사는 동안 하나님을 무시하고 살다가 죽은 후에야 하나님이 계시고 천국과 지옥이 있다는 것을 알게 된다면 얼마나 황당할까? 죽은 후 지옥에 갈 확률이 50퍼센트만 되어도 상당히 높은 확률이다. 내가 영원을 어디서 보낼 것인가의 문제에서 확률이 50퍼센트가 아니라 49퍼센트, 아니 1퍼센트만 있어도 상당히 큰 관심을 갖고 살펴야 하는 게 당연하다.

더구나 한 번 죽고 난 후에는 누구도 다시 그 죽음을 돌이킬 수 없다면 얼마나 더 신중해야 할까? 죽고 나서 '아이쿠, 이거 하나님이 계셨구나. 지옥도 있었네' 하게 된다면 그보다 낭패도 없을 것이다. 그러니 "하나님이 있다고 생각하느냐?"라는 질문에 "있는지 없는지 잘 모르겠다. 그걸 내가 꼭 알아야 할 필요가 있느냐?"라고 무심하게 대답하고 넘어가는 것은 아주 위험천만한 일이다.

사람들이 막연하게 동경하는 파라다이스나 유토피아는 실제로 존재한다. 예수님은 죄에 빠진 우리를 하나님이 계시는 그 천국으로 인도하시려고 모든 사람 각자의 죄를 대신 지고 죽으셨고, 그 죽음이 속죄의 효력이 있다는 사실을 공포하시려고 장사된 지 사흘 만에 무덤에서 부활하셨다. 그 어떤 종교의 창시자도 추종자들에게 자신이 죽고 나서 부활할 것이라고 가르치지 않았고, 실제로 부활한 사례도 없다. 그러나 그 자신이 생명을 창조한 하나님이신 예수님만은 달랐다. 그분은 죽은 지 사흘 만에 다시 살아날 거라고 죽기 전에 미리 말씀하셨고, 그 예언대로 부활하셨다.

이 땅에 오셔서 모든 죄인 각자가 자신의 죄로 마땅히 받아야 할 형벌을 대신 지고 죽으시고 그 대속의 효력을 입증하시기 위해 다시 살아나신 예수님이 천지만물을 만드신 바로 그 창조주 하나님이시다. 당신이 그 하나님을 떠나 살던 이전의 모든 죄의 뿌리에 대해 진정으로 회개하고 이 구원의 진리를 믿음으로 받아들인다면, 모든 죄를 용서받고 그분이 계신 천국에 갈 수 있다. 이것이 기독교에서 제시하는 가장 기본적인 구원의 복음이다.

나 한 사람을 위한 신의 죽음

하나님은 인간이 연약하여 죄를 지을 때 동정은 하셔도 그냥 용서하실 수는 없다. 영원히 형벌 받아 마땅한 인간의 죄를 용서해주시고 싶어도 합법적인 대속제물이 없이는 사면이 불가능하다. 그래서 성경은 "인자와 진리로 인하여 죄악이 속하게 되고"(잠 16:6)라고 밝힌다. 그분의 사랑과 공의를 동시에 만족시킬 방법이 필요했다.

바로 그 방법이 선민 이스라엘에게 제사법으로 제시되었고, 그 제사를 완성한 분이 예수님이시다. 하나님이 직접 사람의 몸을 입고 대속 제물이 되기 위해 이 땅에 오셔야만 했던 이유는 온전한 속죄에 성경적으로 다음과 같은 세 가지 요건이 필요하기 때문이다.

첫째, 피를 흘려야 한다는 원칙이다. 죄의 삯은 사망이며(롬 6:23), 육체의 생명은 소화된 음식의 영양분을 온 몸에 공급하는 피에 있다. 음식이 잘게 쪼개져 몸 안에 들어가면 정말 피가 되고 살이 된다. 음식에서 영양분을 흡수한 피는 몸 곳곳을 돌며 각 세포를 살리고 노폐물은 거두어 밖으로 퇴출시킨다. 혈관이 막히면 온 몸이 다 막힌다. 이렇게 육체의 생명이 피에 있기 때문에 죄인의 생명을 구하려면 속죄 제물은 반드시 흘릴 피를 가진 산 짐승이어야 했다. 죽은 짐승은 죄의 삯인 사망을 생명의 값으로 대신 지불해서 무효로 만들 수 있는 제물이 못 된다.

내가 이 피를 너희에게 주어 제단에 뿌려 너희의 생명을 위하여 속죄하게 하였나니 생명이 피에 있으므로 피가 죄를 속하느니라 레 17:11

둘째, 대신 형벌을 받는다는 원칙이다. 죄를 지으면 원래는 당사자가 죽어야 하는데 다른 짐승이 그의 죄를 대신 지고 죽는 제사법이 허락되었다. 인간의 죄는 안수를 통해 그 짐승에게 전가된다(레 1:4). 이 대속제물은 예수님을 상징한다.

보라 세상 죄를 지고 가는 하나님의 어린양이로다 요 1:29

셋째, 완전한 제물만 용납된다는 원칙이다.

그 짐승이 흠이 있어서 절거나 눈이 멀었거나 무슨 흠이 있으면 네 하나님 여호와께 잡아 드리지 못할지니 신 15:21

예수님은 피 흘릴 육체를 가지되 죄 없는 온전한 인간으로 오셨다. 그분은 교수형이나 종신형으로 죽으실 수 없었다. 십자가에 못 박혀 피를 뚝뚝 흘리셔야 했다. 그 예수님의 죽음은 바로 모든 사람을 지으신 하나님의 죽음이기 때문에 필연적으로 모든 사람과 관련이 있다. 성경에서도 말 그대로 '모든' 사람의 죄가 예수님의 십자가에 지워졌다고 분명하게 밝힌다.

우리는 다 양 같아서 그릇 행하여 각기 제 길로 갔거늘 여호와께서는 우리 모두의 죄악을 그에게 담당시키셨도다 사 53:6

'정말 그럴까. 그래도 무언가 줄이 닿거나 그럴 법한 특정인만을 위한 희생은 아닐까' 이렇게 의심하는 사람이 있을까봐 여러 차례 거듭 확언해두셨다.

그는 우리 죄를 위한 화목제물이니 우리만 위할 뿐 아니요 온 세상의 죄를 위하심이라 요일 2:2

그가 모든 사람을 위하여 자기를 대속물로 주셨으니 기약이 이르러 주신 증

거니라 딤전 2:6

이 '모든 사람'에 들 자격 조건은 딱 하나이다. 당신이 '사람'이기만
하면 된다! 선하든 악하든, 부하든 가난하든, 유식하든 무식하든 상
관없다. 당신이 사람이라면 하나님께서 당신의 백체를 친히 만드셨
고 당신을 개인적으로 잘 아신다. 그분의 피조물 관리대장에 당신의
신상이 올라 있다. 모르신다면 어떻게 당신의 죄를 미리 낱낱이 기록
해놓았다가 최후심판 날에 다 끄집어내실 수 있겠는가?

바로 그 죄를 예수님이 가져가셨다. 예수님은 하나님이 모르시는
사람의 죄는 가져가실 수 없다. 심판과 구원은 아담 한 사람과 예수
한 사람 간의 일대일 맞거래이다. 한꺼번에 '모든 사람'만을 거래 대
상으로 삼기에 처음부터 개인적으로 그 거래 대상에서 누락될 사람은
아무도 없다. 나는 아담이 범한 죄를 짓지 않았지만, 대표성과 연합의
원리로 아담이 초래한 법정적인 정죄의 근거와 타락의 부패성을 그대
로 물려받았다. 하나님 앞에서 아담은 한 사람으로서 전 인류였다.

한 사람으로 말미암아 죄가 세상에 들어오고 롬 5:12

그러나 첫사람 아담의 범죄와 불순종의 효력이 대표성을 갖고 온
인류에게 미친 영향은 둘째 아담인 예수님의 순종과 희생의 효력이 미
친 영향과 똑같다. 내가 직접 관여하지 않았지만 아담의 불순종이 내

게도 적용된 것처럼 예수님의 순종 또한 내게도 그대로 적용된다. 이 것이 아주 중요한 속죄의 대원칙이다. 이것을 인정하고 믿음으로 받 아들이느냐, 거부하느냐로 구원 여부가 결정된다.

> 아담 안에서 모든 사람이 죽은 것같이 그리스도 안에서 모든 사람이 삶을 얻으리라 고전 15:22

> 23 모든 사람이 죄를 범하였으매 하나님의 영광에 이르지 못하더니 24 그리 스도 예수 안에 있는 속량으로 말미암아 하나님의 은혜로 값 없이 의롭다 하심을 얻은 자 되었느니라 25 이 예수를 하나님이 그의 피로써 믿음으로 말미암는 화목제물로 세우셨으니 이는 하나님께서 길이 참으시는 중에 전 에 지은 죄를 간과하심으로 자기의 의로우심을 나타내려 하심이니 26 곧 이 때에 자기의 의로우심을 나타내사 자기도 의로우시며 또한 예수 믿는 자를 의롭다 하려 하심이라 롬 3:23-26

예수라는 한 실존 인물의 역사적 죽음이 정말 지금 나에게도 적용 될까? 이것이 명확하지 않으면 십자가는 언제까지나 애매모호한 남 의 이야기이다. 예수님이 액면 그대로 모든 사람을 위해 돌아가시지 않았다면 정말 당신 한 사람을 위해 돌아가셨는지도 확인할 길이 없 다. 그러니까 이 '전체집합' 말고는 어떤 다른 공식이나 변수도 증거 불충분이다. 각양각색의 모든 사람을 위한 십자가이기에 무한 감사

한 것이며, 그 어떤 흉악한 죄인도 회개하고 믿으면 구원의 소망을
가질 수 있다.

하나님은 모든 사람이 구원을 받으며 진리를 아는 데에 이르기를 원하시느
니라 딤전 2:4

하나님은 그럴 의향도 없이 괜히 빈말 하시거나 기분에 따라 이랬
다저랬다 하는 변덕쟁이가 아니시다. 그분의 약속은 한 번 공표되면
영영 중도변경되지 않는다. 이제라도 그 속죄의 약속을 있는 그대로
받아들이면 하나님이 확고하게 보증하시는 구원을 선물로 받는다.

십자가가 바로 나 한 사람과 직접 연관되지 않는다면 모든 인류와
도 연관되지 않는다. 뜬구름 잡듯이 그냥 '모든 인류'라고만 하면 막
연하다. 나 한 사람이 곧 모든 인류라고도 말할 수 있다. 예수님이
바로 나 한 사람을 위해 돌아가신 게 아니라면, 그러니까 내가 예수
님이 대신해 돌아가신 사람들의 목록에서 빠져 있다면 예수님은 실질
적으로 그 어떤 사람을 위해서도 돌아가신 게 아니다. 나 하나가 없
으면 모든 인류도 없기 때문이다. 고귀한 한 개개인이 합쳐 모든 인
류가 된다. 그래서 이 문제에 관한 한 하나님께는 나 외에 다른 특정
인이란 없다고 봐도 무방하다.

이제 이 사실을 믿은 사람들은 더 이상 죽음을 두려워할 필요가 없
고, 죽음 이후에 내 죄에 대한 심판이 진행될 것이라고 불안해하거나

의심할 필요가 없다. 복음이 정말 좋은 소식인 이유는 바로 이 엄청난 속죄의 은혜 때문이다.

> 한 분이신 주께서 모든 사람의 주가 되사 그를 부르는 모든 사람에게 부요하시도다 롬 10:12

참된 예배의 출발점

지금은 온 세상에 예수님의 십자가가 너무도 흔해졌다. 그러나 정작 그 십자가가 모든 사람이 영원한 지옥에서 각자 자기의 죄로 당해야 할 형벌을 영원히 대신 져주신 하나님의 사랑의 결정적 표현이라는 진리는 진정으로 하나님을 찾는 자들에게만 드러날 만큼 소중한 선물처럼 감춰져 있는 듯하다. 물론 믿음으로 말미암아 하나님의 은혜로 주어지는 이 구원의 선물은 누구도 차별하지 않고 진실한 마음으로 구하는 모든 사람 각자에게 지금 이 순간에도 활짝 열려 있다.

구원은 하나님을 등지고 살던 삶에서 돌아서서 그분께로 향하는 데서 시작된다. 그 자체가 구원이다. 기독교인이 하나님 안에서 꾸려가는 거룩한 삶이란 하나님께 더 가까이 나아가는 방향과 관련된 삶이지, 문자 그대로 도덕적인 죄가 하나도 없는 상태가 아니다. 원천적으로 하나님을 떠나 그분을 여전히 무시하며 살아가는 것 자체가 악이요 죄이다. 그러나 누구든 진정으로 삶의 방향을 하나님께로 바꾸는 순간 그의 삶은 이전과 다르게 완전히 새로워질 수 있다. 그 삶의 주인이 이제 더 이상 자신이 아니라 하나님이 되시기 때문이다.

하나님을 떠나 있는 사람이 세상에서 그 어떤 대단한 선행을 할지라도 그것은 하나님 앞에서 전혀 인정받지 못한다. 인간이 하나님을 떠나 있는 가장 근원적인 죄를 벗어나지 못한 가운데 행한 선이기 때문이다. 그러나 하나님께로 돌아선 사람의 삶은 아무리 부족한 가운데서 일궈나가는 연약한 삶이라도 하나님 보시기에 하나님 없이 이룬 어떤 대단한 삶보다 더 가치 있는 삶이다.

사람이 어떻게 하나님을 떠나 있는 죄에서 벗어날 수 있을까? 아담과 하와가 하나님의 말씀을 거역하고 그분을 떠날 때 가졌던 교만을 버리는 데서부터 가능하다. 사람이 하나님을 무시한 채 그분께 돌아서지 않고 사는 것은 하나님과 같이 되려는 교만 때문이다. 하나님 없이도 스스로 잘 살아갈 수 있다고 생각하는 그 교만이 모든 죄의 뿌리이므로, 교만을 버리고 하나님 앞에서 겸손하게 자신을 낮추는 데서부터 진정한 구원이 시작된다.

하나님의 진리에 관해 아무리 많은 증거들을 본다 해도 당신의 의심은 쉽게 사라지지 않고, 또 하나님을 믿고 그분의 사랑을 받아들여야겠다는 마음이 여전히 내키지 않아 머뭇거릴 수 있다. 그러나 그 자리에만 머물러 있으려 한다면, 창조와 구원의 진리를 포함해 사랑의 하나님이 정말 존재하신다는 사실에 관해 앞으로 그 어떤 확고한 증거를 들이댄다 해도 믿음을 가질 수 없을 것이다. 결정적으로 당신을 믿음으로 이끌 만한 확실한 증거 또한 찾기 어려울 것이다.

그래서 어느 순간에는 반드시 믿음의 도약이 필요하다. 하나님은 당신이 인격적인 결단을 내리게 인도하시려고 실마리 이상의 증거들을 헤프게 보여주시지 않는다. 확고한 증거들의 단서를 확인하고 나서는 하나님을 떠나 있던 자신의 삶을 돌이켜 그분께로 향해야 한다. 그럴 때에만 맛보고 누릴 수 있는 은혜, 가장 좋은 것이 뒤에 남아 있다. 이 은혜를 무시하면 아무리 많은 증거들을 본다 해도 못 믿을 이유가 꼭 하나씩은 남는다. 하나님께서 준비하신 믿음의 선물은 진정으로 그분께로 삶의 방향을 돌이키는 진실한 회심을 통해서만 주어진다.

사람들은 다 타고난 예배자이다. 사람은 한 완전한 존재를 온전히 숭배하고 높여야만 만족하도록 지어진 피조물이다. 이 목적이 사라질 경우 자신이나 타인을 예배 대상으로 삼든 무엇을 하든 참 만족과 기쁨이 없다. 피조물은 창조주를 예배할 때 가장 행복하다. 하나님께로 삶의 방향을 돌이켜 그분과 잃어버린 인격적인 관계를 회복하는 구원이야말로 그 예배의 출발점이다.

각자의 삶에서 이렇게 참된 예배가 회복되면 하나님께서 실제로 이 땅에 두신 천국의 지부와도 같은 예배 공동체인 교회에 소속되는 축복을 누리게 된다. 거기서 정기적인 예배와 말씀과 교제 가운데 하나님을 신뢰하며 그분과 동행하는 만큼 믿음이 자라는 과정을 경험하고, 그럴수록 하나님 사랑, 이웃 사랑의 참된 기쁨을 더욱 깊이 누리게 되는 삶이 기독교인의 신앙생활이다.

하나님만 믿으면 되지 꼭 교회에 나가야 하나?

예수님을 믿는 것은 입술의 고백에 그치지 않고 마땅히 삶으로 이어져야 한다. 그 진정한 믿음의 첫 번째 증거가 교회에 참여하는 것이다. 대학에 진학하려는 사람이 학교에 가서 함께 어울려 공부하고 병을 치료받고자 하는 사람이 병원에 가서 좋은 의료 환경을 제공받으며, 교사나 의사 같은 전문가의 도움을 받을 때 소정의 목적을 더 잘 이룰 수 있듯이, 예수님을 믿고 신앙생활에 들어선 사람들도 교회공동체의 도움이 반드시 필요하다.

하나님을 제대로 믿는 통로인 교회에 소속되는 것은 진실한 믿음을 가지려는 이들에게 최소한의 책임이자 의무이다. 정말 하나님을 믿고자 한다면 이보다 더한 요청에도 기꺼이 응하지 않을까? 하나님은 믿는데 교회는 나가기 싫다는 이들은 실제로는 그분을 온전히 믿기 싫은 것일지도 모른다. "하나님만 믿으면 된다"라는 사람의 믿음이 진짜라면, 하나님은 반드시 그를 교회로 인도하실 것이라고 믿는다. 하나님을 만나는 것보다 내 삶에서 더 중대한 일이 없다는 것을 알게 된 사람이 그분을 만난다.

너희가 온 마음으로 나를 구하면 나를 찾을 것이요 나를 만나리라 렘 29:13

그런 만큼 그에게는 적어도 교회에 나가는 일 정도는 그리 어렵지 않아야 상식적이다. 교회에 나가는 것은 하나님을 만나는 구도의 과정과 만난 이후 신앙생활의 여정에서 결정적인 축복의 통로이다. 자신의 선입견을 내려놓고 하나님 앞에서 어린아이처럼 자기를 낮출 수 있다면 교회로 들어가는 입구가 너무 낮거나 좁거나 불편하게 느껴지지 않을 것이다.

그러나 여전히 많은 사람이 정교하고도 복잡한 창조물들의 신비를 통해 지성적인 창조주의 존재를 의식하고도 그분의 간섭을 받기 싫어 그냥 무신론자로 남으려 한다. 신을 인정하게 되더라도 교회 참여만은 꺼리는 이유 역시 간섭받는 삶이 싫어서이다. 그러나 신을 이론적으로 인정하기만 하고 인격적으로 믿고 자신의 삶 가운데 실제로 받아들이며 교제해나가지는 않겠다는 태도에는 진정한 구원이 없다.

일차적으로 구원은 하나님과의 관계 회복이다. 그래서 하나님과 잃었던 인격적 교제의 관계를 회복한 개개인이 곧 교회이며, 동시에 그 개인들의 모임 또한 교회이다. 그 교회공동체를 통해 하나님은 구원받은 개인들이 서로 친밀한 교제의 관계를 맺기 원하신다. 그 공동체의 관계성이 삼위일체 하나님의 관계성을 이루어내 참된 하나님의 형상을 회복해나가도록 도와주기 때문이다.

기독교 신앙은 하나님과 나의 개인적인 관계에서 출발하지만 나와 이웃의 관계로 완성된다. 하나님과 나의 올바른 관계는 나와 이웃의 올바른 관계로 표현된다. 그래서 "하나님만 믿으면 되지 교회는 왜 나가냐?"라는 물음은 어쩌면 기독교 신앙의 본질을 잘 모르거나 오해해서 갖게 된 의문일 수도 있다. 교회에서 건실한 공동체성을 올바르게 경험할 때 사회의 각 영역에 나가서도 올바르고 건강한 공동체성을 발휘할 수 있다. 교회는 예수님을 머리로, 신자들을 지체로 삼은 한 몸이다.

그는 몸인 교회의 머리시라 골 1:18

너희는 그리스도의 몸이요 지체의 각 부분이라 고전 12:27

이러한 교회공동체에 한 지체로 참여하는 일은 각 신자가 경험한 구원의 진정성을 가늠하는 핵심 잣대라고도 볼 수 있다. 사람이 참으로 하나님의 사랑을 경험하면 동일하게 그 사랑을 아는 다른 신자들과 사귀고 싶어진다. 공동체가 아쉽지 않다면 신앙의 진정성을 재점검해봐야 할지도 모른다.

보는 바 그 형제를 사랑하지 아니하는 자는 보지 못하는 바 하나님을 사랑할 수 없느니라 요일 4:20

몸에서 떨어져나간 손은 손의 본래 역할을 제대로 감당할 수 없다. 교회가 한 몸이라는 유기체라면 지체인 신자는 생명력을 공급받기 위해서 몸체에 붙어 있어야 한다. 여러 은사와 기질을 가진 다양한 지체들이 교회공동체로 함께 모여 서로 격려하고 용납하는 훈련을 하면서 믿음이 자라고 각자의 삶 속에서도 신앙의 힘을 발휘할 수 있다. 교회를 한 유기체로 고안하신 하나님의 배려는 사랑이지 짐이나 부담이 아니다.

천국에 가기는 각 개인이 가지만 천국은 혼자서 이룰 수 없다. 천국에 갈 사람은 먼저 이 땅에서 천국의 삶의 방식을 훈련받아야 한다. 교회공동체를 무시하는 신앙생활은 목적지를 잃은 방랑생활과도 같다. 교회에 참여하기가 번거롭고 싫다고 천국 훈련을 포기할 수는 없다. 물론 무턱대고 교회만 열심히 다닌다고 해서 믿음이 저절로 자라는 것은 아니다. 그 교회공동체를 통해 실제로 하나님이 주시는 다양한 영적 영양분을 흡수하며 일상의 삶 속에서 믿음을 지키고 키워가야 한다.

하나님과 인격적인 관계를 맺고 그분께 내 삶을 온전히 맡기는 데까지 나아가야 성숙한 참된 믿음을 가질 수 있다. 인격적 관계는 상호간에 주고받는 영향력 없이는 올바로 성립되지 않는다. 교회는 바로 그러한 수직적인 하나님과의 관계를 수평적인 이웃들과의 관계 속에서 더 풍성하게 맛보게 해주는, 하나님께 대한 동일한 믿음을 가진 지체들의 공동체이다. 그래서 교회의 역할로 부여된 예배와 교제, 교육과 봉사, 전도와 선교는 모두 공동체적인 활동을 전제로 한다.

24 서로 돌아보아 사랑과 선행을 격려하며 **25** 모이기를 폐하는 어떤 사람들의 습관과 같이 하지 말고 히 10:24,25

한 공동체로 모이게 하는 교회라는 구심점이 각 지체들이 각자의 일상 가운데로 흩어져 세상으로 나아가 복음의 증인이 되는 삶을 지속시켜주는 매개체 역할을 한다. 성경에서 두세 사람은 증인의 최소치이다. 그래서 예수님은 교회공동체를 염두에 두고 "두세 사람이 내 이름으로 모인 곳에는 나도 그들 중에 있느니라"(마 18:20)라고 말씀하셨다. 증인공동체인 교회를 무시한 개인적인 신앙생활만으로는 세상에서 건강한 신앙인으로 살아가는 데 무력할 수밖에 없다. 공동체에만 주시는 하나님의 지혜와 능력이 하나님께 대한 믿음을 가진 개개인에게도 꼭 필요한 이유이다.

더구나 교회공동체를 무시하는 이들은 살아계신 하나님의 권위로 다스림 받고 보호받을 특권도 누릴 수 없다. 예수님은 교회에 소속된 지체가 죄를 범하면 그를 판단할 최종권위는 교회에 있다고 말씀하셨다. 믿음 안에서 하나님이 인정하시는 삶을 살아가려면 교회의 권위를 존중하며 그 울타리 안에 머물러 있어야 한다는 원칙을 규정한 말씀이기도 하다.

> 만일 그들의 말도 듣지 않거든 교회에 말하고 교회의 말도 듣지 않거든 이 방인과 세리와 같이 여기라 마 18:17

교회, 우주가 존재하는 이유

성경적 공동체는 늘 하나님을 만나는 제사와 예배 공동체였다. 기도와 말씀묵상으로 각자의 골방과 일상에서 드리는 개인 예배도 귀하지만, 하나님의 백성들이 한데 모여 함께 드리는 공동체 예배는 더욱 귀하다. 혼자서도 신앙 생활할 수 있다고 여기는 사람은 삼위일체 하나님이 누리는 사랑과 기쁨의 공동체성을 온전히 경험하기 어렵다. 그래서 교회는 예수님이 삼위일체 하나님의 하나 됨과 같이 세상에 있는 신자들의 연합을 원하신 데서 비롯된 것이기도 하다.

우리와 같이 그들도 하나가 되게 하옵소서 요 17:11

믿음 이후 공동체적인 신앙생활 과정이 중요하다는 게 올바로 강조되지 않으면 사람마다 자기 취향을 따라 "교회가 뭐 그리 중요하냐?"라며 뛰쳐나가도 말릴 도리가 없다.

교회는 단순히 기독교라는 한 종교의 '사원' 같은 곳이 아니다. 하나님나라의 회복과 관련하여 교회는 이스라엘과 연결되고, 이스라엘은 거슬러 올라가면 결국 하나님과 교제하며 동거했던 에덴동산의 아담과 하와와 연결된다. 하나님께서 아담과 하와를 만나주신 에덴동산이 아브라함의 제단으로, 모세의 성막과 솔로몬의 성전으로, 그리고 교회공동체로 발전했다. 이것이 장차 영원한 새 하늘과 새 땅으로 완성될 것이다.

내가 지을 새 하늘과 새 땅이 내 앞에 항상 있는 것같이 너희 자손과 너희 이

름이 항상 있으리라 여호와의 말이니라 _사 66:22

교회는 태생 자체가 종교로 출발하지 않았다. 그것은 인류사의 시작과 맥을 같이한다. 그것은 당신이 모태에서, 아니 태초에 에덴동산의 흙으로 창조된 이야기와 연결되고 현재 당신의 삶과 죽음에 속속들이 아주 깊이 관련된, 원초적이고도 본질적인 어떤 것이다. 그래서 교회는 궁극적으로 모든 사람이 지향하는 존재의 완성과도 깊이 관련된 존재의 정점이기도 하다.

예수님의 십자가 사랑이 전해진 나라와 민족마다 교회가 세워진 것 또한 예수님이 "이 천국 복음이 모든 민족에게 증언되기 위하여 온 세상에 전파되리니 그제야 끝이 오리라"(마 24:14)라고 예언하신 그대로 이루어진 선교의 역사이다. 교회를 통해 이 명백한 인류 역사의 대로에서 이탈하지 않는 참된 믿음과 구원의 복을 누리길 바란다.

사도 바울은 하나님께서 교회라는 예수님의 몸 된 공동체, 신랑이신 예수님의 그 신부 하나를 얻기 위해 온 우주와 인류 전체의 역사가 진행되어온 것이라고 격려한다. 영화나 드라마 대부분이 그러하듯 인류 역사라는 대하드라마 역시 서로 사랑하는 신랑과 신부의 혼인식으로 대단원의 막을 내릴 것이기 때문이다.

21 그런즉 누구든지 사람을 자랑하지 말라 만물이 다 너희 것임이라 **22** 바울이나 아볼로나 게바나 세계나 생명이나 사망이나 지금 것이나 장래 것이나

다 너희의 것이요 **23** 너희는 그리스도의 것이요 그리스도는 하나님의 것이

니라 고전 3:21-23

1 또 내가 새 하늘과 새 땅을 보니 처음 하늘과 처음 땅이 없어졌고 바다도

다시 있지 않더라 **2** 또 내가 보매 거룩한 성 새 예루살렘이 하나님께로부터

하늘에서 내려오니 그 준비한 것이 신부가 남편을 위하여 단장한 것 같더라

계 21:1,2

교회 다닌다면서 삶은 엉망인 사람들은 어떻게 봐줘야 하나?

"기독교가 절대 진리라면 교회 다니는 사람들이 왜 저 모양이냐?"

전도할 때 자주 듣는 말이다. 물론 눈에 보이는 조직을 갖춘 유형

교회에 속하면서도 구원받지 못한 사람들이 있다. 그래서 유형 교회

만 볼 때는 여러모로 부족하고 흠도 많다. 그러나 그 안에 참된 신자

들이 있다. 알곡과 가라지가 한데 섞여 있는 유형 교회만 보고 마냥

교회를 멀리하려고 한다면 나만 손해를 본다.

무엇보다 예수님 믿고 구원받는다고 해서 다 그 순간부터 거룩해

지는 것은 아니다. 기독교인 역시 타락한 상태에서 건짐 받은 자, 말

하자면 '용서받은 죄인'이다. 자신이 중병에 든 것을 알고 건강을 회

복하려고 의원을 찾아온 연약한 사람들이다. 거기에는 치유가 꽤 진

척된 사람도 있지만 한창 수술중인 사람도 있다. 그러나 한결같이

자신의 '죽을병', 곧 하나님을 떠난 죄를 인정하고 삶의 근본 방향을

그분께로 분명히 고쳐 잡은 사람들이다. 기독교는 선한 사람이 아니라 '죄인'이 구원받는다고 말한다.

물론 신자가 되고 나서도 죄를 짓게 될 때는 거듭 회개해야 한다. 구원받고 거듭날 때 단 한 번 하는 회개와는 다른 일상 속의 회개이다. 죄의 자백과 회개를 게을리하면 하나님과 친밀한 교제를 나눌 수 없다. 하나님과 친하지 않으면 결코 새로운 삶을 살 수 없다. 저마다 행복을 구하는 시대에 거룩해지려면 고통이 따른다. 행복을 구한다고 거룩해지는 것은 아니지만 거룩해지길 구하면 반드시 참 행복을 누리게 된다. 이기심을 깨뜨리는 고통을 통과해야 거룩해질 수 있다. 죄인이 거룩 없이 얻는 행복은 가짜일지도 모른다.

개인적으로는 구원받고서도 자아의 연약함으로 죄를 지었을 때 즉각 회개하고 계속해서 거룩한 삶을 추구하는 사람들이 많지 않아서 세상 사람들에게 비난받는 기독교인들이 눈에 띄었을 수 있다. 그러나 대사회적으로도 기독교인 전체가 비난을 받는 면에 대해서도 여전히 변명할 여지는 있다.

어느 단체든 대사회적인 이미지는 늘 모난 면이 먼저 부각된다. 그것을 이슈로 삼는 것이 사회 곳곳의 치부에 민감한 저널리즘의 생리이다. 목회자의 성적 타락이나 교회 분열 같은 사건은 매스컴을 빨리 탄다. 그 기사 하나 때문에 다른 선의의 목회자나 교회들이 피해를 본다. 어떤 한국인이 뭔가 잘못을 했다고 해서 모든 한국인이 다 비난받아야 하는 것은 아니듯, 일부 기독교인들의 잘못이 교회 전체의 허물로 섣불리 매도될 수는 없다.

선행이 아니라 믿음으로 말미암아 하나님의 은혜로 구원받는다. 기독교인은 구원 이후 조금씩 거룩해져 가는 과정에 있다. 물론 교회 안에는 거듭나지 못한 명목상의 교인들, 진짜 위선자들도 있다. 하나님도 그들을 아시고 훗날 심판하신다. 예수님은 "나더러 주여 주여 하는 자마다 다 천국에 들어갈 것이 아니요 다만 하늘에 계신 내 아버지의 뜻대로 행하는 자라야 들어가리라"(마 7:21)라고 경고하셨다.

그들은 예수님의 이름으로 기적도 행하고 주목받는 큰 업적도 이루지만 바로 그 예수님께 '불법을 행하는 자들'이라는 최종 선고를 받는다(마 7:22,23). 심판은 하나님의 몫이다. 사람은 함부로 하나님의 자리에 올라가려 해선 안 된다.

교회 안에는 연약한 자와 위선자들도 있지만 신실하고 귀한 목회자와 성도들도 있다. 예수님은 "너는 구제할 때에 오른손이 하는 것을 왼손이 모르게 하여 네 구제함을 은밀하게 하라"(마 6:3,4)라고 말씀하셨다. 교회의 선행은 외부에 그리 잘 알려지지 않는다. 그러나 세상의 그 어느 조직체가 하는 것보다 더 많은 구제와 선행이 진실한 그리스도인들의 손발을 통해 행해지고 있다.

성경적인 기독교 윤리와 제자도로 가정과 직장을 지키고 사회 공동체의 발전에 이모저모로 공헌하는 건실한 '시민 그리스도인'들도 있다. 이들 역시 자신을 잘 드러내지 않는데, 이들이야말로 세상이 아무리 타락해도 아주 썩지는 않게 하는 소금 같은 존재들이다.

너희는 세상의 소금이니 소금이 만일 그 맛을 잃으면 무엇으로 짜게 하리요
마 5:13

하나님을 만나면 내 삶에 뭐가 달라지나?

하나님은 왜 굳이 세상을 만들고 사람을 만드셨을까? 만일 하나님이 뭔가 부족함이나 심심함을 느껴서 세상을 만들고 사람을 만들었다면 그는 완전한 신이 아닐 것이다. 완전한 신은 그 자체로 부족한 것이 전혀 없어야 한다. 그러니까 하나님은 우리 같은 사람이 없어도 아쉬울 게 하나도 없는 분이다. 그런데 왜 뭔가가 매우 아쉽기라도 하듯 세상을 만들고 사람을 만들어 그에게 자유의지를 허락하는 바람에 이 무법천지 같은 세상을 날마다 마주하게 되신 걸까?

하나님이 세상과 사람을 만드신 이유는 크게 두 가지이다. 하나님 자신의 영광을 위해서이고, 진실하게 인격적으로 사랑할 대상을 얻기 위해서였다. 하나님은 무슨 결핍이나 부족을 채우려고, 뭔가가 필요해서가 아니라, 그 사람에게 자신의 사랑을 보여주고 부어주고 인격적으로 나누시기 위해서 사람을 지으신 것이다.

사람들이 만들어낸 세상의 여러 종교나 사상들은 이 사랑이신 신의 존재를 분명하게 드러내지 못했다. 기독교만이 역사적으로 이 부분에서 분명한 진리를 제시한다. 무엇보다 기독교만이 "온 세상과 사람을 만드신 창조주 하나님은 사랑이신 분인데, 그 사랑의 형상을 따라 사람을 만들고 그 사람이 자신을 사랑하고 사람들끼리도 서로

사랑하도록 지으셨다"라고 말한다.

우주 만물을 만든 신이 있는데 그가 세상을 사랑하지 않았다면 그것은 상상하기 어려운 비극일 것이다. 다행히도 우주를 만든 신은 세상을 사랑한다고 성경이 증언한다. 성경은 창조주 하나님의 가장 중요한 속성이 사랑이라고 밝힌다. 만일 사랑이 무엇인지를 정확하게 안다면 하나님이 어떤 분이신지도 가장 정확하게 안다고 말할 수 있을 것이다.

사랑이 뭘까? 단지 그냥 좋아하는 것일까? 감정적으로 좋아하는 그 느낌만일까? 거의 모든 가요의 주제가 사랑이다. 그런데 그들이 그렇게 노래하는 그 사랑이 진짜 사랑일까? 인생을 살면서 참된 사랑이 무엇인지 정확히 알고 체득하게 된 사람은 아마도 사랑이신 하나님 또한 가장 많이 경험한 사람일 것이다.

누군가가 사랑이 무엇이냐고 묻는다면 나는 "사랑은 동사다" 또는 "사랑은 성숙한 삶 그 자체다"라고 말해주고 싶다. 사랑은 단순히 어떤 대상을 좋아하는 감정만을 의미하지 않는다. 단순히 좋아하는 감정을 느끼는 정도의 사랑은 얼마든지 나 중심의 이기적인 사랑으로 전락할 수 있고, 감정의 기복에 따라 오락가락할 수도 있다. 성경은 사랑을 아주 성숙한 성품과 행동의 특성을 지닌 것으로 묘사한다.

4 사랑은 오래 참고 사랑은 온유하며 시기하지 아니하며 사랑은 자랑하지 아니하며 교만하지 아니하며 **5** 무례히 행하지 아니하며 자기의 유익을 구하

지 아니하며 성내지 아니하며 악한 것을 생각하지 아니하며 6 불의를 기뻐하지 아니하며 진리와 함께 기뻐하고 7 모든 것을 참으며 모든 것을 믿으며 모든 것을 바라며 모든 것을 견디느니라 고전 13:4-7

성경에서 하나님이 사랑이시라고 할 때는 하나님께서 바로 이러한 사랑을 하시는 분이라는 의미가 있다. 이쯤 되면 사랑은 생각보다 단순히 정의하기가 쉽지 않은 그 무엇이다. 사랑은 상대방에 대한 올바른 지식과 그를 위한 배려와 헌신, 희생을 포함하며, 진리에 대한 사랑과 그 진리대로 살아가는 것까지 포함하는 그 무엇이다.

하나님의 형상은 지성, 감정, 의지를 말하는데, 사랑 역시 지성과 감정, 의지의 측면을 그대로 다 가지고 있다. 어떤 대상을 사랑한다는 것은 그에 대해 아는 지식 가운데 감정으로 사랑을 느끼며 의지적으로도 그 사랑을 유지해나가는 것을 의미한다고 볼 수 있다. 거듭 강조해온 대로 사랑이신 그 창조주 하나님은 그 사랑의 대상으로 지으신 사람을 자신의 형상으로 지으셨다.

하나님이 자기 형상 곧 하나님의 형상대로 사람을 창조하시되 창 1:27

따라서 하나님의 형상으로 지어진 각 사람은 이미 사랑이 무엇인지 잘 안다. 그 사랑이 남녀 간에 나타날 때에는 성적인 사랑(에로스)으로, 동성 친구 간에는 우정(필로스)으로, 부모와 자식 간에는 무조건적인 사랑(아가페)으로 나타난다. 하나님은 그러한 사랑의 요소를 다 가지셨고 그러한 사랑으로 사람을 사랑하신다. 하나님의 형상으로 지어진 사람도 본질적으로 사랑인 존재여서 창조주 하나님을 사랑하고, 또 서로 사랑할 때 진정한 만족과 행복을 누리며 살아갈 수 있다.

사랑이 무엇인지를 정말 알고 그 사랑을 따라 살아갈 수 있다면 그것이야말로 하나님의 형상을 가장 온전하게 구현하는 삶이라 하겠다. 그래서 사도 바울도 "사랑은 율법의 완성"(롬 13:10)이라고 말한 것이리라. 예수님도 이러한 사랑은 하나님 사랑과 이웃 사랑으로 나타나며 그것이 성경에 기록된 모든 율법의 대강령이라고 하셨다.

37 네 마음을 다하고 목숨을 다하고 뜻을 다하여 주 너의 하나님을 사랑하라 하셨으니 38 이것이 크고 첫째 되는 계명이요 39 둘째도 그와 같으니 네 이웃을 네 자신 같이 사랑하라 하셨으니 40 이 두 계명이 온 율법과 선지자의 강령이니라 마 22:37-40

당신이 하나님을 진실하게 인격적으로 만나면 사랑이신 그 하나님이 주시는 사랑의 능력을 날마다 공급받을 수 있다. 그 능력은 기도로 그분께 당신의 마음을 나누고, 하나님의 말씀인 성경을 읽고 묵상하여 더 깊이 배워가며 인격적인 교제를 나눌 때 지속적으로 얻고 누릴 수 있다.

이 교제가 친밀해지는 만큼 이웃을 사랑하는 삶에도 더욱 성숙해진다. 그제야 당신은 하나님께서 원래 사람을 만들 때 계획하셨던 창조질서를 온전히 회복해가는 삶을 살 수 있다. 이것이 참된 행복이요 천국에 가서도 영원히 이어질 영생의 내용을 이 땅에서부터 경험하며 살아가는 진정한 복이다.

사람은 돈이 많아서 행복한 게 아니다. 잘 먹고 잘 산다고 진짜로 행복한 것은 아니다. 나를 만드신 하나님을 진정으로 사랑하게 되고, 그 사랑으로 가족과 이웃과 세상에서 소외된 자들, 약한 자들을 진실하게 사랑하고 섬기며 살아간다면 그것이야말로 가장 행복한 삶이라고 할 수 있다.

하나님을 만나면 내 삶에 뭐가 달라지냐고? 하나님을 진정으로 만나면 참된 사랑이 무엇인지 알게 되어 그 사랑을 일상에서 이웃과 나누는 삶을 구체적으로 체득하게 된다. 사람은 이렇게 자신을 창조하신 하나님과 온전하고도 친밀한 사랑의 관계를 회복하고, 그 사랑으로 이웃을 진정으로 사랑하며 살아갈 때 참된 인간성을 회복하고 진정한 행복과 만족을 누릴 수 있다.

그래서 무엇보다 성경을 통해 하나님의 사랑을 지적으로 더 깊이 알아가고, 그분과 대화하며 마음을 나누는 기도 생활로 하나님을 감정적으로 친밀하게 느끼며, 일상에서 나의 의지로 그분의 뜻에 순종하며 사랑의 열매를 맺으며 살아가는 것이 전인적이고도 건실한 그리스도인의 삶이다. 교회는 바로 이러한 균형 잡힌 그리스도인의 삶이 믿음 안에서 더욱 견고해져서 지상에서 천국의 삶을 살아갈 수 있도록 도와주는, 지상에서 천국을 가장 많이 닮은 공동체이다.

생전에 복음을 듣지 못한 사람들의 구원은?

이렇게 기독교만이 가진 참된 구원의 복음을 전해도 여전히 많은 사람들이 한 가지 질문을 끝까지 부여잡고 있다. "그러면 복음이 전해지기 전에 살았던 사람들, 생전에 복음을 듣지 못했던 사람들의 구원은 어떻게 되냐?"라는 질문이다. 기독교 진리에 대한 다른 이야기들을 다 수긍해도 결국 이 의문 하나가 풀리지 않아 그 자리에 그대로 묶여 있는 사람들이 의외로 많다.

물론 복음이 전해지기 전에 살던 사람들의 구원 여부는 전적으로 하나님의 소관이며, 지금 우리는 모른다. 다만 분명한 것은 하나님께서는 사람들 각자에게 알게 해주신 지식만큼 심판하신다는 사실이다. 하나님은 모든 사람 각자가 언제 어디서 태어났는지, 복음을 들었는지 못 들었는지, 들었다면 어떤 동기로 거부했는지를 속속들이 다 아신다. 하나님의 심판을 받는 사람 중에 "하나님은 불공평하다"라고 말할 사람은 아무도 없다. 이것 말고는 이 문제를 놓고 사람이 알 수 있는 게 별로 없다.

그러나 하나님의 말씀인 성경 전체의 맥락을 고려해보면, 어느 시대 사람이든 그들 각자의 구원자이신 예수님의 공로를 통해 믿음으로 구원받는다는 것만큼은 분명하다고 생각된다. 그 누구도 자기 선행이나 업적으로, 인간이 만든 특정 종교의 교리나 의식을 준수하는 것으로 천국에 들어가는 사람은 없을 것이라고 믿는다. 시대를 초월해 적용되었을 이 믿음을 통한 구원의 방도 역시 오직 하나님께서만 다 아신다고 생각한다.

성경에 그 구원의 방법에 관해 약간의 힌트를 얻을 만한 단서들이 전혀 없지는 않다. 예수님의 죽으심과 부활로 완성된 구원의 복음을 이방 나라에 전파해가던 초대교회 당시에 복음을 접한 한 로마인에게 사도 베드로가 복음 이전 시대 사람들의 구원에 대해 남긴 말이 그런 단서 중 하나라고 볼 수 있다.

> **34** 내가 참으로 하나님은 사람의 외모를 보지 아니하시고 **35** 각 나라 중 하나님을 경외하며 의를 행하는 사람은 다 받으시는 줄 깨달았도다
> 행 10:34,35

한국인들이 가장 존경하는 세종대왕이나 이순신 장군의 구원에 대해 이 말씀을 기준으로 생각해본다면 어떤 결론을 얻을 수 있을까? 이 부분 역시 정답은 "우리는 모른다"이다. 비록 복음을 직접 접촉하지 못한 시대에 살았어도 그들이 정말 "하나님을 경외하며 의를 행하는" 사람이었는지는 하나님만 아신다. 사람들 눈에 아무리 좋아보여도 하나님을 경외하는 삶은 별개일 수 있다.

어쩌면 의를 행하는 도덕군자는 교회보다 세상에 더 많을 수도 있

다. 그러나 하나님을 경외하는 믿음의 관계에서 의를 행하는 것이 중요하다. 하나님의 의는 그분과 회복된 관계로 얻는다. 그 친밀한 관계를 기초로 그분의 이끄심 가운데 의를 행한 사람을 하나님께서 받으신다고 믿는다. 구약시대 유대인들이 제사와 율법을 다 지킨다고 해서 구원받은 게 아니듯 지금도 교회만 잘 다닌다고 해서 구원받는 게 아니다. 중심에 하나님을 경외하는 참된 믿음으로 의를 행하는 사람을 하나님만은 알아보신다. 예나 지금이나, 유대인이나 헬라인이나(롬 2:6-11) 여기에는 차별이 없다.

복음 이전 시대 사람들의 구원에도 하나님을 경외하는 믿음의 기준이 이 정도로 중시되었다면 복음이 전해지고 있는 지금은 이 믿음이 얼마나 더 중요한 기준이겠는가? 무엇보다 지금 이렇게 복음을 듣고 있는 당신과 같은 이 시대의 사람들은 그 누구도 예외 없이 반드시 이 복음에 계시된 하나님의 사랑을 알고 그분께 인격적으로 의탁하는 믿음을 통해 구원받는다.

지금 이 복음을 거절하면, 또 달리 어디 딴 데 가서 구원을 얻을 다른 방도를 찾을 수가 없다. 성경에서 지금 당신에게 이 구원의 복음을 제시하시는 분이 바로 유일하신 창조주 하나님, 다른 종교나 신화들에서는 결코 찾아볼 수 없는 오직 하나뿐인 바로 그분이시기 때문이다. 그래서 초대교회 당시의 중요한 전도자였던 사도 바울 역시 철학의 본고장인 그리스 아테네에 가서 이렇게 선포했다.

알지 못하던 시대에는 하나님이 간과하셨거니와 이제는 어디든지 사람에게 다 명하사 회개하라 하셨으니 행 17:30

복음이 전해진 이후에는 어디에 있는 누구든 반드시 회개하고 복음을 믿어야 할 책임이 있다는 경고이다. 예수님께서도 친히 "이 천국 복음이 모든 민족에게 증언되기 위하여 온 세상에 전파되리니 그제야 끝이 오리라"(마 24:14)라고 말씀하셨다. 실제로 이 예언이 인류 역사 속에 그대로 성취되어 천지 만물을 만드신 창조주 하나님의 은혜의 복음이 온 세상에 전파되어왔고, 지금은 거의 모든 민족에게 전해져 세상의 종말이 가까운 시대를 살아가고 있다.

하나님께는 인류사의 모든 시공간에 진리를 한 번씩은 다 드러내시는 게 중요한데, 그렇게 예수님의 복음이 전해지는 시공간에선 예외 없이 그 복음을 듣고 믿음으로만 구원이 이루어진다. 또한 그때부터는 모든 곳에서 교회가 공동체적인 구원의 방주 역할을 하게 된다. 그래서 이 시대에는 하나님께서 구원받은 영혼들을 친히 교회로 불러 모으고 계시다고 믿는다.

그러나 교회 시대에 살든, 그 이전에 살았든 예수님이 모든 사람에게 구원의 방도가 된다는 사실은 동일하다. 복음 이전 사람들은 장차 오실 예수님을 통해, 복음 이후 사람들은 이미 오신 예수님을 통해 구원받는다. 이 사실 하나만큼은 모든 세대의 모든 사람에게 적용되지 않은 적이 없다.

그러므로 지금 당신이 이 절대 진리를 거부한다면 다시는 기회가 없다. 설령 복음 이전 사람들이 다 구원받는다 해도 당신만은 제외이다. 그러나 만일 당신이 지금 예수님을 믿는다면 그들이 다 지옥에 갔다 해도 당신만은 확실하게 구원받을 것이다. 예수님은 복음이 전해진 뒤에 불순종한 자들의 형벌이 더 크다고 경고하신다.

심판 날에 (복음을 듣지 못한) 두로와 시돈이 너희보다 견디기 쉬우리라

마 11:22

종교 다원주의를 넘어

"하나님!" TV 드라마에서 어디서 많이 듣던 이름이 들려 깜짝 놀랐다. 아니나 다를까 부처님 이름도 곧이어 등장했다. 하나님을 사람과 동격으로 만드는 방법도 다양한 것 같다. 석가 자신도 모든 사람이 부처가 될 수 있다 했건만, 왜 사람을 억지로 신격화시키려고 하는지 이해할 수 없다.

파스칼은 "진짜 다이아몬드가 있기에 가짜 다이아몬드들이 있다"라고 말했다. 가짜만 있고서는 또 다른 가짜가 존재할 수 없다. 가짜의 존재 근거는 진짜이다. 확실한 진리가 하나 있기에 유사진리들이 있다. 진짜 신이 만든 진짜 종교가 꼭 하나 있기에 가짜 신이나 사람들이 만들어낸 유사 종교와 가르침들이 있다.

사람이 만든 종교들도 인류에게 도덕적으로는 유익을 주고, 시대

마다 그 나름의 순기능적 역할을 해온 만큼 인류 문화로서 충분히 존중받아야 하지만, 그 종교들 안에는 이 세상의 이치에 실제로 부합하는 창조주 하나님이 계시지 않기에 궁극적으로 인간의 삶과 죽음의 문제를 해결해줄 절대 진리라고 볼 수는 없다.

많은 종교가 인간의 죄악과 죽음의 문제를 해결하고 구원에 이르게 하고자 애썼다. 불교는 "악과 고통은 처음부터 영원히 되풀이된다. 그 윤회의 사슬을 끊고 열반에 드는 것이 구원"이라며 이기적 욕망이 일으키는 번민에서 벗어나려 한다. 힌두교는 신과 인간이 하나임을 모르는 무지에서 깨어나 합일을 추구하고, 악과 고난을 업의 법칙, 곧 숙명으로 받아들여 각 계급에 부과된 규칙과 제의를 잘 준수하는 데서 구원의 길을 모색한다. 이슬람교는 율법을 지키는 선행으로 신의 인정을 받으려 하며, 선을 행하는 인간의 공로를 통해 구원에 이르려 한다.

그러나 불교는 무신론, 힌두교는 다신론, 이슬람교는 단일신론(알라)이다. 이들 종교는 성경에 나오는 창조의 삼위일체(성부, 성자, 성령) 하나님을 인정하지 않으며 결국 인류의 유일한 구원자로 이 땅에 오신 예수님 역시 인정하지 않음으로써 그 종교들을 통해서는 궁극적으로 죄와 죽음의 문제를 해결할 수 없게 되었다.

이슬람교의 율법적 선행 쌓기, 힌두교의 공덕과 요가를 통한 윤회의 사슬 벗기, 불교의 고행과 참선에 따른 해탈에는 인본적이라는 공통점이 있다. 인간 스스로 무거운 짐을 진 채 자기해방과 구원을 이루려 한다면 참된 하나님과의 관계 회복은 요원하다.

기독교만이 죄의 뿌리와 결과를 통째로 제거한다. 기독교 외의 다른 종교들은 인간 스스로 신을 찾고 구원을 얻으려 노력하지만, 하나님은 초자연적인 분이셔서 인간이 찾을 수 없다. 인간 혼자 힘으로는 결코 그분을 알거나 만날 수 없다. 신이 인간을 찾아와 자신을 밝혀주실 때만 가능한 기적이다.

개미가 사람을 도무지 몰라보니 사람이 개미와 똑같이 되어 눈높이를 맞춰가며 특별과외를 시켜준 사건, 그 성육신 사건이 실제로 인류 역사 속에 일어났다고 말하는 유일한 종교가 바로 기독교이다. 그렇게 하나님께서 친히 사람으로 오셔서 유일한 구원자가 되어주신 분이 바로 예수 그리스도이시다. 사람들이 보통 초자연적인 기적이라며 못 미더워하는 예수님의 동정녀 탄생이나 부활 사건은 그분이 바로 창조주 하나님이시라는 사실, 바로 그 무한 광대하신 하나님이 작디작은 사람의 몸을 입고 이 땅에 오셨다는 사실 그 자체에 비하면 도저히 믿지 못할 기적이라고 말하기에는 오히려 너무 평범하다.

불교나 유교는 그 창시자인 석가나 공자의 삶이나 죽음보다 그들의 가르침이 중요하다. 그 교훈들만으로도 훌륭한 종교가 된다. 그러나 기독교만은 예수라는 한 역사적 인물의 인격과 삶과 죽음, 부활이라는 실제적인 구원의 사건 없이는 성립 자체가 불가능하다.

기독교를 종교의 하나로 보면 특히 삶의 실천이라는 면에서 타 종교들의 가르침과 비슷해 보이기도 하지만, 기독교는 종교이기 이전에 철저한 역사이다. 예수라는 한 실존 인물의 삶과 사역과 인격과 죽음을 포함해 그 모든 것이 역사라야만 모든 진리가 제대로 성립되는 체계이다. 기독교를 가장 크게 오해하는 지름길은 그것을 종교로만 취급하는 것이다.

기독교 외에 인간들이 만든 타 종교들은 모두 인간이 신을 찾으려는 노력의 산물이거나 자신의 지혜나 선행으로 구원을 이루려는 의지의 소산이다. 그러나 기독교는 신이 친히 인간을 찾아와 스스로 자신을 계시하시고 구원의 길까지 열어놓으신 유일한 절대 진리이다. 성경은 바로 그 길을 구체적으로 안내하는 매개체이다.

세상 살 동안 창조주 하나님을 만날 기회를 다 놓치고 그분과 영원히 분리되는 지옥에 가게 되면 사람들은 그제야 예수라는 분이 어떤 존재인지, 왜 그 이름이 세상에서 그토록 중요했는지를 비로소 깨닫게 된다. 성경은 천국에 있든 지옥에 있든 모든 사람이 장차 언젠가는 그 예수님을 주님이라고 스스로 시인하게 될 날이 온다고 말한다.

5 너희 안에 이 마음을 품으라 곧 그리스도 예수의 마음이니 6 그는 근본 하나님의 본체시나 하나님과 동등됨을 취할 것으로 여기지 아니하시고 7 오히려 자기를 비워 종의 형체를 가지사 사람들과 같이 되셨고 8 사람의 모양으로 나타나사 자기를 낮추시고 죽기까지 복종하셨으니 곧 십자가에 죽으심이라 9 이러므로 하나님이 그를 지극히 높여 모든 이름 위에 뛰어난 이름을 주사 10 하늘에 있는 자들과 땅에 있는 자들과 땅 아래에 있는 자들로 모든

무릎을 예수의 이름에 꿇게 하시고 11 모든 입으로 예수 그리스도를 주라 시인하여 하나님 아버지께 영광을 돌리게 하셨느니라 빌 2:5-11

내 삶의 주인은 내가 아니다

"10대는 철이 없고, 20대는 답이 없고, 30대는 집, 40대는 돈, 50대는 일, 60대는 낙, 70대는 이, 80대는 처, 90대는 시간이 없고, 100대는 '다 필요' 없다."

이런 말이 인터넷에서 유행한 적이 있습니다. 인생의 모든 세대를 지나갈 때마다 계속 무언가가 없다가 말년에 가서는 끝내 '다 필요' 없게 되는 이유는 뭘까요? 인생의 진짜 주인을 못 만나서인 것은 아닐까요?

많은 사람들이 "내 삶의 주인은 나"라고 생각하며 살아가지만 내가 원해서 이 세상에 온 것도 아니고, 또 내가 원해서 세상을 떠나는 것도 아닙니다. 그러므로 내 삶의 주인은 내가 아니라 나를 이 세상에 나게 하신 창조주 하나님이십니다. 그 하나님을 내 삶의 주인으로 믿고 의탁하는 가운데 살아가는 사람이야말로 인생의 진짜 주인을 만난 사람입니다. 그 주인을 만나지 못하면 인생의 답은 끝내 찾지 못하고 맙니다.

> 집마다 지은 이가 있으니 만물을 지으신 이는 하나님이시라 히 3:4

성경 속의 하나님이 정말 만물을 지으신 바로 그 유일하신 분, 세상에서 사람들이 만들어낸 그 어떤 종교나 신화, 사상에서도 찾을 수 없는 바로 그분인 것을 알면 그제야 성경 말씀이 열립니다. 만물이 우연히 만들어진 게 아니라면 창조주가 있고, 창조주가 없다면 우연히 만들어진 것입니다. 그러나 어딘가에 제3의 신통한 존재나 방편이 있으려니 하며 내내 망설이다가 끝내 스스로 하나님을 저버린 채 지옥에 가는 사람들이 많습니다.

창조주 하나님이 만드신 이 세상에 살면서 그분을 무시하고 못 본 체하는 것은 자녀가 자라 부모 집에 살며 온갖 혜택을 다 누리고도 부모가 없는 듯 여기며 살아가는 것과 같습니다. 하나님은 모든 생명의 근원이신 창조주를 외면하고 살아가는 것이 가장 큰 죄의 뿌리라고 말씀하십니다.

내 백성이 두 가지 악을 행하였나니 곧 그들이 생수의 근원 되는 나를 버린 것과 스스로 웅덩이를 판 것인데 그것은 그 물을 가두지 못할 터진 웅덩이 니라 렘 2:13

성경은 하나님을 무시하는 무신론자들이 습관적으로 하는 말이 무엇인지 정확하게 지적합니다.

어리석은 자는 그의 마음에 이르기를 하나님이 없다 하는도다 시 14:1

하나님이 없는 것과 하나님이 없다고 하는 것은 다릅니다. 하나님이 없다고 여기면 끝내 못 만나지만, 있다고 믿으면 반드시 그분을 만납니다. 있다 하면 있고 없다 하면 정말 없습니다. 그 이전에 하나님이 정말 있나 없나 확인하는 것만도 사실 엄청난 일입니다. 사람의 일생 중에 이보다 더 중대한 일은 없습니다. 거듭 강조하지만, 정말 하나님이 있다면 그분은 자신을 어디서 만날 수 있는지도 분명히 밝혀두셨을 것입니다. 진정으로 찾고자 하는 이들은 누구나 만날 수 있도록 이미 그 약도를 공개해두셨다고 믿습니다.

성경은 하나님을 찾아가는 약도

물론 하나님의 존재를 온전히 증명할 사람은 없습니다. 사람이 어떤 존재인지 개미가 증명할 수 없는 이치와 같습니다. 그러나 하나님은 직접 자신을 계시한 자연계와 인간의 양심, 성경, 그리고 친히 이 땅에 사람으로 오신 성육신 사건을 통해 모든 사람이 그분의 존재를 부인할 수 없게 하셨습니다. 이 책에서 소개한 이러한 진리의 내용들을 접하고도 여전히 하나님의 존재와 당신을 죄에서 구원하시는 그분의 간곡한 사랑을 무시하고 거부한다면 더 이상 답은 없습니다. 세상에 있는 그 어떤 종교나 신화나 사상을 통해서도 끝내 인생의 정답을 찾지 못할 것입니다.

피조물들이 지성적인 창조주를 분명하게 드러내주는데도 왜 사람들은 신의 존재를 거부할까요? 신의 간섭을 떠나 내 맘대로 죄 짓고 사는 것이 신을 만나 그에게 예속되는 삶보다 자유롭다고 오해하기 때문입니다. 그러한 삶이 정말 자유로운 삶인 줄 안다면 신뿐만 아니라 어떤 인격적인 존재와도 의미 있는 관계를 맺기 어렵습니다. 사람의 간섭에서 신의 간섭을 느끼면 그제야 진정한 유신론자의 첫걸음을 제대로 내딛는 것이 아닐까 싶습니다.

창조주는 누구나 진심으로 찾고자 하면 자신을 알 수 있도록 성경을 주셨습니다. 성경은 전체가 유기적으로 다 연결되어 있어 하나가 풀리면 다 풀리고 하나가 막히면 다 막히는데, 그 하나가 바로 창조주 하나님이시며, 삼위일체 하나님의 진리로 그 하나를 대표하시는 예수님이십니다. 성경은 사람들에 대한 그 하나의 사랑과 공의에 대한 이야기입니다.

서양 문명의 거대한 두 기둥은 그리스의 헬레니즘과 이스라엘의 헤브라이즘입니다. 성경에서 비롯된 유구한 역사적, 종교적 뿌리를 섣불리 얕잡아보다가는 혼자 무지해질 뿐입니다. 문명과 사상과 역사를 아우르며 삶과 죽음의 진리를 일관성 있게 제시한 종교는 기독교뿐입니다. 이 책은 모든 사람 각자가 알아야 할 이 진리를 분명한 논리적 근거들을 바탕으로 확인할 수 있도록 돕고자 한 책입니다.

누군가가 성경에서 '하나님'이라는 단어를 만날 때 그 단어를 '여러 신화와 종교와 민족들의 신들 중 유대교적 신의 한 존재' 쯤으로 여기면 그에게 성경은 없는 것과 같습니다. 성경은 역사의 주관자이신 유일무이한 절대자가 그 안에 기록된 모든 사건들의 주인공이신 책이기 때문이지요.

세상에서도 특정 사건을 보도한 매체의 권위가 얼마나 믿을 만한가에 따라 그 사건의 사실성 여부가 결정됩니다. 사람들은 지금도 직접 눈으로 어떤 사건을 보아서가 아니라 그 사건을 보도한 언론 매체의 권위를 믿고 사실 여부를 판단합니다. 인류사에서 성경만큼 오랜 세월 동안 독보적인 여러 증거들을 통해 그 신빙성을 확고하게 입증 받은 권위 있는 매체도 없습니다.

세계사에서도 객관적으로 확인되는 것처럼 이스라엘 민족의 전 세계 이산(離散)과 회복의 역사를 포함해 성경에 기록된 2천 여 개의 예언이 구체적으로 성취된 확실한 증거들이 있습니다. 그런 만큼 일일이 확인해보지 않는다 해도 이 매체가 보도하는 내용들은 모두 진실하다는 것을 확신해도 좋습니다.

무엇보다 만일 이 매체가 살아계신 창조주 하나님께서 한 민족의 실제 역사를 배경으로 직접 엮어내신 책, 그래서 그 하나님께서 친히 저자를 자처하신 유일한 책이라면 거짓말을 하실 수 없는 하나님의 성품에 따라 이 매체에 거짓 보도가 조금도 섞여 있지 않다는 것을 믿어도 좋습니다.

바로 그 책, 성경의 주인공인 하나님께서 사람의 몸을 입고 인류 역사에 들어오심으로써 누구나 다 알 수 있는 존재로 자신을 계시하셨습니다. 그렇게 하나님을 계시하신 분이 바로 예수님이시고, 바로 이 예수라는 존재야말로 인류사의 모든 종교와 신화와 사상을 통틀어 성경 기독교가 왜 유일한 절대 진리일 수밖에 없는지에 대한 가장 확고한 역사적 증거가 됩니다.

인생에서 가장 가치 있는 일은 하나님을 만나는 것

모든 사람 각자의 일생에서 이 세상과 나를 만드신 창조주가 정말 존재하는지, 존재한다면 그를 어디서 어떻게 만날 수 있는지를 아는 것보다 더 중대한 문제는 없습니다. 모든 사람이 다 원치 않아도 반드시 죽음을 경험해야 하고, 그 죽음 이후에는 반드시 창조주 하나님 앞에 서서 자신이 살아온 일생을 꼭 한 번은 심판을 받아야 하기 때문입니다. 그러나 그 심판을 면하게 해주시려고 우리 각자를 찾아오신 하나님이 바로 예수님이십니다.

모든 사람 각자의 죄를 해결해주신 예수님이 곧 하나님 그 자신이시라는 이것이 기독교의 복음입니다. 이 진리를 제대로 알면 이보다 더 신기하고 놀라운 사실은 없습니다. 무한 광대하신 창조주 하나님이 사람이 되어 이 땅에 오시고, 내 죄를 용서해주시기 위해 십자가에서 처참하게 죽으셨다는 사실 하나만 놓고도 사실 며칠 밤을 지새우며 흥분하고 감동해도 모자랄 일인지 모릅니다. 부디 이 책을 통해바로 그 엄청난 사랑의 진리를 붙잡으시길 바랍니다.

또한 아직 하나님의 구원의 진리에 대해 마음이 열리지 않았더라도가능하면 가까운 교회에 나가보시길 권해드립니다. 교회는 이 지상에서 유일하게 하나님의 진리의 말씀이 선포되는 곳이며, 하나님께서지상에 허락하신 유일한 천국의 문입니다. 그 곳에 정기적으로 참여하여 복음을 꾸준히 접하면서 "믿음은 들음에서 나며 들음은 그리스도의 말씀으로 말미암았느니라"(롬 10:17)라는 말씀을 실제로 체험하게 되길 바랍니다. 교회에 나가보는 것과 함께, 이 책을 한 번 읽은 것으로 만족하지 말고 충분히 잘 이해하게 될 때까지, 그래서 이 책 안에 있는 하나님의 말씀을 통해 예수님을 개인적인 구원자와 주님으로 만나게 될 때까지 거듭 반복해서 읽어보시기 바랍니다.

이 땅에 태어난 모든 사람 각자에게 그분과의 만남보다 더 중요하고도 영원한 가치를 가진 만남은 없습니다. 물론 사람마다 다양한 경로로 하나님을 만나는 만큼 각자의 개별적인 체험을 섣불리 절대화해서는 안 되지만, 사람이라면 누구에게든 합리적인 납득의 과정이 필요하고, 그런 후에야 회심의 은혜가 유의미하게 작동합니다. 하나님께서 사람을 자신의 형상인 지성, 감정, 의지를 가진 존재로 지으셨기에 우리 각자의 이성으로 먼저 납득되어야 마음이 열리고 손발이 움직이게 됩니다.

만일 당신이 이 책을 통해 지금까지 하나님을 무시하고 살아오던 삶을 진심으로 뉘우치고 돌이켜 그분께로 향하기로 결심하고 다음과 같은 기도를 진정으로 드린다면 구원받은 하나님의 자녀가 될 수 있습니다. 이 작은 책이 당신이 이 기도를 하나님께 진심으로 올려드리게 되기까지 믿음의 여정에 의미 있는 길동무가 되길 소망합니다.

하나님,

저는 지금껏 저를 모태에서 지으신 분이

성경에 나오는 바로 그 하나님이신 줄 몰랐습니다.

이 시간, 제가 당신을 무시하고 살아온 지난날의 죄를 회개합니다.

제 마음에 하나님 두기를 싫어한 채

상실한 마음 그대로 살아온 모든 것이

죄요 영혼의 죽음이라는 사실을 알았습니다.

이제 저는 하나님과의 잃었던 관계를 다시 회복하기 원합니다.

예수님이 제 죄를 용서하고 하나님과의 관계를 회복시켜주시려고

친히 십자가에서 큰 고통 가운데

피 흘려 죽으신 것을 믿습니다.

또한 그 구원을 확증해주시려고

죽은 자 가운데서 부활하신 것을 믿습니다.

저는 지금 제 마음을 열고

예수님을 나를 구원하신 구주로,

그리고 제 삶의 주인으로 받아들입니다.

죄인인 저를 불쌍히 여기시고 은혜를 베풀어주셔서

예수님의 공로를 힘입어

하나님 앞에 담대히 나아갈 수 있게 해주시옵소서.

이후로는 모든 죄를 버리고

하나님께서 원하시는 거룩한 삶을 살 수 있도록

예수님의 지혜와 능력으로 제 삶을 인도해주시옵소서.

예수님의 이름으로 기도드립니다.

아멘.

하나님은 정말 어디 계시는가

초판 1쇄 발행	2018년 4월 16일		
지은이	안환균		
펴낸이	여진구		
책임편집	안수경, 최현수		
편집	김아진, 배정아, 이영주, 김윤향		
책임디자인	마영애 ǀ 노지현		
기획·홍보	김영하	해외저작권	기은혜
마케팅	김상순, 강성민, 허병용	마케팅지원	최영배, 정나영
제작	조영석, 정도봉	경영지원	김혜경, 김경희
이슬비전도학교	최경식		303비전성경암송학교 박정숙
303비전장학회 & 303비전꿈나무장학회	여운학		

펴낸곳   규장

주소   06770 서울시 서초구 매헌로 16길 20(양재2동) 규장선교센터
전화 02)578-0003   팩스 02)578-7332
이메일 kyujang0691@gmail.com
페이스북 facebook.com/kyujangbook   홈페이지 www.kyujang.com
카카오스토리 story.kakao.com/kyujangbook   인스타그램 instagram.com/kyujang_com
등록일 1978.8.14. 제1-22

책값   뒤표지에 있습니다.
ISBN 978-89-6097-533-0 03230

규ǀ장ǀ수ǀ칙

1. 기도로 기획하고 기도로 제작한다.
2. 오직 그리스도의 성품을 사모하는 독자가 원하고 필요로 하는 책만을 출판한다.
3. 한 활자 한 문장에 온 정성을 쏟는다.
4. 성실과 정확을 생명으로 삼고 일한다.
5. 긍정적이며 적극적인 신앙과 신행일치에의 안내자의 사명을 다한다.
6. 충고와 조언을 항상 감사로 경청한다.
7. 지상목표는 문서선교에 있다.

하나님을 사랑하는 자 곧 그의 뜻대로 부르심을 입은 자들에게는 모든 것이 合力하여 善을 이루느니라(롬 8:28)

규장은 문서를 통해 복음전파와 신앙교육에 주력하는 국제적 출판사들의
협의체인 복음주의출판협회(E.C.P.A:Evangelical Christian Publishers
Association)의 출판정신에 동참하는 회원(Associate Member)입니다.